TEXAS

In der vorderen Umschlagklappe: Übersichtskarte Texas

In der hinteren Umschlagklappe: Stadtplan Austin

Ute Ritzenhofen

TEXAS

DUMONT

Titelbild: Cowboy auf einer Ranch bei Amarillo
Umschlagklappe vorne: Barton Creek, Austin
Umschlagklappe hinten: The Lighthouse, Palo Duro Canyon
Umschlagrückseite oben: Texaner mit Gürteltier
Umschlagrückseite mitte: McKittrick Canyon in den Guadalupe Mountains
Umschlagrückseite unten: Dallas
Vignette S. 1: Institute of Texan Cultures, San Antonio
S. 2/3: Motorradfahrer bei Van Horn

Über die Autorin: Ute Ritzenhofen ist promovierte Amerikanistin. Sie hat mehrere Jahre in Texas und in Kalifornien gelebt und kehrt immer wieder für ausgiebige Reisen in die USA zurück.

Die Deutsche Bibliothek – CIP-Einheitsaufnahme

Ritzenhofen, Ute
Texas / Ute Ritzenhofen. – Köln : DuMont, 2001
(DuMont-Reise-Taschenbuch)
ISBN 3-7701-5255-7

© DuMont Buchverlag, Köln
Alle Rechte vorbehalten
Umschlaggestaltung: Groschwitz, Hamburg
Satz und Druck: Rasch, Bramsche
Buchbinderische Verarbeitung: Bramscher Buchbinder Betriebe

Printed in Germany   ISBN 3-7701-5255-7

INHALT

LAND & LEUTE

Natur, Geschichte, Wirtschaft

Gesellschaft und Kultur

UNTERWEGS
IN TEXAS

Tex-Mex:
San Antonio und das südliche Rio-Grande-Tal

Halb so wild: Der weite Westen

Auf dem flachen Land: Der Panhandle

TIPPS & ADRESSEN

Verzeichnis der Karten und Pläne

Bitte schreiben Sie uns, wenn sich etwas geändert hat.
Alle Angaben in diesem Buch wurden von der Autorin nach bestem Wissen erstellt und von ihr und dem Verlag sorgfältig überprüft. Gleichwohl sind – wie wir im Sinne des Produkthaftungsrechts betonen müssen – inhaltliche Fehler nicht vollständig auszuschließen. Daher erfolgen die Angaben ohne jegliche Verpflichtung oder Garantie des Verlages oder der Autorin. Beide übernehmen keinerlei Verantwortung und Haftung für etwaige inhaltliche Unstimmigkeiten. Wir bitten dafür um Verständnis und werden Korrekturhinweise gerne aufgreifen:
DuMont Buchverlag, Postfach 10 10 45, 50450 Köln
E-Mail: reise@dumontverlag.de

LAND & LEUTE

Ich habe gesagt, dass
Texas ein Geistes-
zustand ist, aber ich
glaube, es ist sogar
mehr als das. Es ist
ein Mythos, ein
Glaube, der einer
Religion nahe-
kommt. Und dies
stimmt, insofern als
Menschen Texas
entweder leiden-
schaftlich lieben
oder leidenschaftlich
hassen …

John Steinbeck

Natur, Geschichte, Wirtschaft

Geografie und Landschaft

Daten zur Geschichte

Wirtschaft

McKittrick Canyon in den Guadalupe Mountains

Howdy!

Texas ist ein Phänomen. Es gibt wohl kaum einen anderen amerikanischen Staat, über den wir so viel und doch zugleich so wenig wissen. Texas ist einerseits einer der bekanntesten Staaten der USA, mit dessen Name jeder etwas anfangen kann. Schließlich ist es die Heimat der Cowboys, der Ölmillionäre und Rinderbarone, der Staat, in dessen heißen und trockenen Prärien die meisten Western spielen. Viele Klischees über den amerikanischen Nationalcharakter haben hier ihren Ursprung und Texas scheint der amerikanischste aller amerikanischen Staaten zu sein. »The Super Americans« nannte etwa der Autor John Bainbridge seine Studie zur texanischen Mentalität. Jenseits dieser Stereotype ist Texas andererseits völlig unbekannt und, zumindest für Europäer, touristisches Neuland. Die wenigen Reisenden, die den Lone Star State erkundet haben, können allerdings von einem überraschend anderen Staat berichten, der sich als vielfältiger und abwechslungsreicher herausstellt, als man es angesichts der eindimensionalen Hollywood-Version erwarten würde.

Der Witz an vielen populären Vorstellungen von Texas ist, dass sie zugleich richtig und falsch sind. Man kann sie auf ein und derselben Reise bestätigt und widerlegt finden. Natürlich gibt es in Texas Cowboys. Die Mehrzahl der Texaner aber ar-

Gut behütet: Texaner mit Gürteltier

beitet heutzutage im Büro oder im Geschäft. Natürlich ist Texas ländlich und provinziell. Zugleich gibt es aber 24 Städte mit über 100 000 Einwohnern, darunter gleich mehrere Millionenstädte. Natürlich gibt es in Texas Prärien und Wüsten. Zugleich findet man aber auch üppige Waldgebiete, über tausend Kilometer Meeresküste, hohe Ausläufer der Rocky Mountains, mehr Flüsse und Seen als in jedem anderen Staat der kontinentalen USA.

Texas liegt auf der Schnittstelle zwischen den Südstaaten und dem Westen und zugleich zwischen dem anglo-amerikanischen Nordamerika und dem indianisch-hispanischen

Mittelamerika. Die Bevölkerung des Staates ist daher eine der buntesten Mischungen der USA. Auch die Sehenswürdigkeiten lassen an Vielfalt nichts zu wünschen übrig. Wo könnte man sich sonst spanische Missionsstationen und südstaatliche Baumwollplantagen, Indianerreservate und Westernstädte ansehen – in ein und demselben Staat?

Dass Texas so gegensätzlich und vielfältig ist, liegt zum Teil schlicht an seinen Ausmaßen. Texas ist riesig – ziemlich genau doppelt so groß wie Deutschland. Wer bei Sonnenaufgang von Houston Richtung Westen aufbricht, ist bei Sonnenuntergang immer noch in Texas. Von El Paso an der Westgrenze bis nach Orange an der Ostgrenze ist es weiter als von Frankfurt nach Rom oder von Wien nach Paris. Von Amarillo im Panhandle nach Brownsville am Golf von Mexiko ist es weiter als von Bern nach Belgrad oder von Berlin nach Florenz. Wenn man in Texas ausdrücken will, dass etwas noch größer als groß ist, ob nun ein überdimensionaler Swimming Pool oder besonders riesige Shrimps, dann beschreibt man solche Ausmaße als ›Texas size‹.

Texas ist eben anders. Es ist nicht nur anders als die übliche Vorstel-

Top Twelve

Was man in Texas nicht verpassen sollte

In Houston: Das Hauptquartier der NASA, wo Raketen gebaut und Astronauten ausgebildet werden. Die postmoderne Architektur von Downtown.

In Dallas und Osttexas: Das Sixth Floor Museum, das über J. F. Kennedy und seine Ermordung informiert. Den sumpfigen Caddo Lake, den malerischsten See in Texas.

In San Antonio: Die legendäre Alamo, wo Amerikaner und Mexikaner um Texas kämpften. Den River Walk, der zum Flanieren entlang des San Antonio Flusses einlädt.

In Austin und im Hill Country: Das imposante Kapitolsgebäude, von dem aus der Staat Texas regiert wird. Spuren deutscher Pioniere in Fredericksburg.

Im Trans-Pecos-Gebiet: Die spanischen Kirchen des Mission Trail bei El Paso. Die Berge und Wüstenlandschaften im Big Bend Nationalpark am Rio Grande.

Im Panhandle: Das Ranching Heritage Center in Lubbock, das an die Pionierzeit erinnert. Den dramatischen Palo Duro Canyon bei Amarillo.

lung, die wir von ihm haben, es ist auch anders als andere amerikanische Staaten. Welcher zweite amerikanische Staat käme schon auf die Idee, das eigene Bruttosozialprodukt separat zu errechnen und in offiziellen Verlautbarungen stolz darauf hinzuweisen, dass er – im Falle der Unabhängigkeit – die elftgrößte Wirtschaftsmacht der Welt wäre? »It's like a whole other country«, lautet ein beliebter texanischer Spruch. Und eine Zeit lang war Texas wirklich ein anderes Land. Als einziger der fünfzig amerikanischen Bundesstaaten kann Texas auf ein Jahrzehnt der Unabhängigkeit zurückblicken, mit eigenem Präsidenten, mit eigener Armee, mit eigenen Botschaftern in Paris und London. Aus dieser Zeit stammt sein Spitzname ›Lone Star State‹, der an die Flagge der Republik Texas erinnert, die im Gegensatz zum amerikanischen Sternenbanner nur ein einsamer Stern zierte und die heute noch als Staatsflagge dient. Die Jahre der Unabhängigkeit haben die Mentalität geprägt und eine gewisse Eigenständigkeit hinterlassen – vor allem aber das Gefühl, etwas Ungewöhnliches, etwas Besonderes zu sein.

Strand, Land, Fluss: Geografie und Landschaft

Kaum einen anderen us-amerikanischer Staat erkennt man auf der Landkarte so leicht an seinen Konturen wie Texas. Die markante Form des Staates erklärt sich teilweise aus

der Geschichte, größtenteils aber aus den natürlichen Gegebenheiten.

Im Südosten grenzt Texas an den Golf von Mexiko. Und diese tausend Kilometer Küste sind so ziemlich das einzige Stück Grenze, über das nie gestritten wurde. Die Grenze zum östlichen Nachbarstaat Louisiana folgt dem Sabine River. Auch die geschlängelte Nordgrenze zu Oklahoma ist eine natürliche, denn sie folgt dem Lauf des kurvigen Red River. Westlich schließt sich dann der *panhandle* an, der so genannte ›Pfannenstil‹, der an Oklahoma und Neu-Mexiko grenzt. Seine auffallend gradlinigen Grenzen haben Landvermesser mit dem Lineal gezogen. Der heutige Verlauf der Nordwestgrenze wurde erst Mitte des 19. Jh. festgelegt, nachdem Texas ein Teil der USA geworden war. Vorher reichte das Gebiet der Republik Texas weiter in den Nordwesten und Norden, bis ins heutige Wyoming. Die Südwestgrenze des Staates Texas folgt schließlich über knapp 1300 Kilometer dem Rio Grande – von El Paso im Norden bis nach Brownsville im Süden. Diese Grenze zu Mexiko ist die, die am härtesten umkämpft wurde. Für sie kamen die meisten Menschen ums Leben.

Die östliche Region, der Teil von Texas, in dem sich die ersten Angloamerikaner niederließen, sind die so genannten *piney woods.* Dieses

Der Santa Elena Canyon im Big Bend National Park

Blue Bonnets: Die blaue Lupine ist eines der Symbole des Staates Texas.

Gebiet beginnt nördlich von Houston und erstreckt sich entlang der Ostgrenze bis hoch zur Nordostecke des Staates, wo Texas mit Arkansas zusammentrifft. Die Region wird von Wäldern dominiert, deren Ausmaße etwa denen der gesamten Neuenglandstaaten entsprechen. Hier gibt es Seen, Sümpfe, in denen Orchideen wachsen, Bayous und Mangrovenwälder wie im benachbarten Louisiana.

Östlich schließt sich die *prairies and lakes*-Region an. Ihre Südgrenze bildet in etwa die Autobahn I-10 von Houston nach San Antonio und sie reicht hoch in den Norden bis an die Grenze zu Oklahoma. Die flachen Prärien mit kleineren Seen werden von den Großstädten Fort Worth und Dallas dominiert.

Eine weitere, klar abzugrenzende Region ist der Küstenstreifen von Orange an der Ostgrenze bis Brownsville an der Grenze zu Mexiko. Der östlichste Teil der Golfküste wird von der Riesenstadt Houston und den Ölorten Beaumont und Port Arthur beherrscht. Am Golf von Mexiko findet man aber auch unendliche Sandstrände, kleine Fischerorte und geschäftige Hafenstädte. Die der Küste vorgelagerte, lang gestreckte Padre-Insel ist das Urlaubsparadies dieser Region.

Wenn man sich im Süden des Staates von der Küste entfernt, kommt man in das Gebiet der *South Texas plains*. Es reicht von San Antonio in der nordöstlichsten Ecke bis zum südlichen Rio Grande, dessen Tal seine Südwestgrenze markiert. Dieser Teil von Texas, in dem mehr Spanisch als Englisch gesprochen wird, ist flach und wird größtenteils landwirtschaftlich genutzt. Besonders das Rio-Grande-Tal fällt durch seine subtropische Vegetation, durch die vielen Palmen und Zitrusplantagen auf.

Das *Hill Country*, das sich von Austin nach Westen erstreckt, ist eine abwechslungsreiche, grüne, hügelige Landschaft. Sein – für texanische Verhältnisse – gemäßigtes Klima gilt als das angenehmste im ganzen Staat. Daher ist das Hill Country ein beliebtes Ausflugs- und Urlaubsgebiet mit vielen Gästeranches und Freizeitangeboten.

›Steckbrief‹ Texas

Größe: Mit einer Ausdehnung von 700 000 Quadratkilometern ist Texas doppelt so groß wie Deutschland. Alaska ist der einzige amerikanische Bundesstaat, der größer ist.

Einwohner: Seine zwanzig Millionen Einwohner machen Texas nach Kalifornien zum bevölkerungsreichsten Bundesstaat der USA. Die Bevölkerungsdichte ist mit weniger als dreißig Personen pro Quadratkilometer aber immer noch sehr niedrig (Deutschland: 225!). Im Jahr 2000 bildeten Angloamerikaner die Hälfte der Bevölkerung. Die größte ethnische Minderheit sind Texaner hispanischer Abstammung (etwa ein Drittel), gefolgt von Afroamerikanern (etwa ein Achtel). Zu den kleineren Gruppen zählen Amerikaner asiatischer Abstammung und Indianer.

Politik und Verwaltung: Texas wird von einem Gouverneur regiert, der alle vier Jahre neu gewählt wird. Das aus zwei Kammern bestehende Parlament hat seinen Sitz im Kapitol in Austin. Der Bundesstaat Texas besteht aus 254 Verwaltungsbezirken.

Wirtschaft: In der Landwirtschaft dominieren Viehzucht und Baumwollanbau. Die wichtigsten Rohstoffe bilden Petroleum und Gas. Die bedeutendsten Industriezweige sind Chemieunternehmen und Petroleum verarbeitende Betriebe.

Name: Texas kommt von Tejas, der spanischen Version eines Wortes, das in der Sprache der Caddo-Indianer ›Freunde‹ oder ›Verbündete‹ bedeutet. Das offizielle Motto des Staates Texas heißt daher auch heute noch *friendship*.

Nördlich an das Hill Country schließt sich der Panhandle an. Um die Städte Lubbock und Amarillo erstreckt sich der Llano Estacado hoch bis zur Nordgrenze des Staates. Diese riesige, karge Ebene ist von Canyons durchschnitten, so etwa vom malerischen Palo Duro Canyon.

Der westlichste Teil von Texas wird manchmal als *Big Bend Country*, häufiger aber als das Trans-Pecos-Gebiet bezeichnet, weil es sich um die Region westlich des Rio Pecos handelt. Dies ist der am dünnsten besiedelte Teil von Texas – und zugleich der landschaftlich dramatischste. Von den gebirgigen Ausläufern der Rocky Mountains im Guadalupe-Mountains-Nationalpark bis zu den Schluchten des Big Bend lockt im Trans-Pecos-Gebiet vor allem die Natur, die sich hier unberührter und ursprünglicher erhalten hat als in anderen Teilen des Staates.

Sechs Flaggen über Texas: Daten zur Geschichte

30 000 – 10 000 v. Chr.	Archäologische Funde belegen, dass das Gebiet des heutigen Texas in dieser Zeit von den so genannten Paleoamerikanern bewohnt wird.
5000 v. Chr.	Die Paleoamerikaner werden von einer Gruppe archaischer Stämme verdrängt. Es handelt sich um Jäger und Sammler, die im Lauf der folgenden Jahrhunderte lernen, Mais anzubauen, Töpferwaren herzustellen und Wohnungen aus Lehm zu errichten.
Um 1500 n. Chr.	Im Gebiet des heutigen Texas sind mehrere unterschiedliche Indianerkulturen zuhause. Die Stämme des Ostens – etwa der große Caddo-Stamm – sind sesshaft, wohnen in Dorfgemeinschaften und betreiben Landwirtschaft. An der Golfküste leben die Karankawas, die sich von der Jagd und vom Fischfang ernähren. Der Süden ist in der Hand der Coahuiltecans und der Jumanos, die besonders im Tal des Rio Grande siedeln und deren Lebensweise der Pueblokultur des Südwestens ähnelt. Die Bewohner des nördlichen und westlichen Texas sind die nomadischen Apatschen, in deren Gebiet sich später die Komantschen und die Kiowas ausbreiten.

Spanische und französische Kolonisation

1519	Der erste Europäer »entdeckt« Texas. Es ist der Spanier Alonso Alvarez de Piñeda, der die Küste des Golfs von Mexiko entlangsegelt, eine erste Landkarte anfertigt und Texas zu spanischem Besitz erklärt.
1528	Cabeza de Vaca strandet mit seiner Mannschaft auf Galveston Island, verbringt dort mehrere Jahre und durchquert anschließend zu Fuß das südliche Texas.
1541	Francisco Vásquez de Coronado leitet eine Expedition nach Texas, die die sieben goldenen Städte finden soll, von denen Cabeza de Vaca berichtet hatte.
1598	Juan de Oñate kommt mit etwa 500 spanischen Siedlern über den Rio Grande, um sich in der Gegend des heutigen El Paso niederzulassen.
1685	Der Franzose Robert Cavalier Sieur de LaSalle landet an der Küste bei Matagorda Bay und gründet dort Fort St. Louis.
1690	In der Nähe des heutigen Weches wird die erste spanische Mission in Osttexas errichtet.

1718	Mit dem Bau einer Missionsstation und eines Forts beginnt die Geschichte San Antonios, das zur wichtigsten spanischen Siedlung in Texas wird.
1755	Tomás Sánchez gründet eine Siedlung am Rio Grande, aus der das heutige Laredo entsteht.
1803	Texas bekommt einen neuen Nachbarn, als Napoleon Louisiana an die USA verkauft. In den folgenden Jahren kommen erste Angloamerikaner nach Texas.

Das mexikanische Texas

1810	Mexiko rebelliert gegen die spanische Kolonialherrschaft. Mit der Unabhängigkeit Mexikos wird Texas 1821 zu mexikanischem Besitz.
1821	Der Amerikaner Stephen F. Austin führt eine Gruppe von 300 Siedlern nach Texas, die sich am Brazos und am Colorado, westlich des heutigen Houston, niederlassen.
1830	Nach verschiedenen Konflikten zwischen angloamerikanischen und mexikanischen Interessen versucht die mexikanische Regierung, die zunehmende amerikanische Einwanderung nach Texas zu stoppen.
1835	Die amerikanischen Siedler in Texas lehnen sich gegen die mexikanische Herrschaft auf.

Die Zeit der Unabhängigkeit

1836	Der mexikanische Diktator Santa Anna fällt mit seinen Streitkräften in Texas ein. Als er San Antonio erobert, kommen alle Texaner ums Leben, die sich in der Alamo verschanzt hatten. Wenige Wochen später wird Santa Anna von Sam Houstons Armee bei San Jacinto geschlagen. Die mexikanischen Truppen ziehen sich zurück und Texas wird unabhängig. Sam Houston wird zum ersten Präsidenten der Republik Texas gewählt. Die im selben Jahr gegründete Siedlung Houston wird 1837 zur Hauptstadt.
1838	Die Texaner wählen Mirabeau B. Lamar zu Houstons Nachfolger. Er führt einen unerbittlichen Krieg gegen die texanischen Indianerstämme.
1839	Die Regierung zieht in die neu gegründete Stadt Austin.
1841	Der unter dem Pseudonym Charles Sealsfield schreibende

Autor Karl Anton Postl veröffentlicht den Roman »Das Kajütenbuch«, der Texas in Deutschland bekannt macht.

John Neely Bryan gründet die Siedlung Dallas, die in den
ersten Jahren aus ganzen zwei Blockhütten besteht.

1842   In Mainz wird der »Verein zum Schutze deutscher Einwanderer in Texas« gegründet, der Tausende von Siedlern in das
Hill Country bringt.

1845   Am 29. Dezember des Jahres endet die Unabhängigkeit: Texas wird zum 28. Staat der USA.

Texas als US-Staat

1846   Nach Streitigkeiten über den Verlauf der texanischen Südwestgrenze beginnt der amerikanisch-mexikanische Krieg.

1848   Die USA gewinnen den Krieg und zwingen Mexiko, den Rio
Grande als Grenze anzuerkennen.

1850   Die in den USA alle zehn Jahre stattfindende Volkszählung
erfasst zum ersten Mal auch Texas. Der Staat hat zu diesem
Zeitpunkt 212 592 Einwohner, darunter 58 161 Sklaven.

1852   In Harrisburg bei Houston wird mit dem Bau der ersten Eisenbahnlinie in Texas begonnen.

1857   Eine Postkutschenroute verbindet San Antonio mit San Diego in Kalifornien. Die Kutsche fährt zweimal im Monat; eine
(einfache) Fahrt dauert dreißig Tage.

Bürgerkrieg und Wiederaufbau

1861   Wie die anderen Südstaaten erklärt Texas seinen Austritt aus
den USA und schließt sich den Konföderierten Staaten an. Es
kommt auch in Texas zu militärischen Zusammenstößen. So
gelingt es den Nordstaaten 1862, Galveston zu erobern. In
Südtexas landen 1863 ebenfalls nordstaatliche Truppen und
nehmen Brownsville ein.

1865   Nach der Kapitulation des Südens wird Texas von Unionssol-
daten besetzt. Bei seiner Ankunft in Galveston proklamiert
General Gordon Granger am 19. Juni die Befreiung der
400 000 Sklaven in Texas.

1867   Die Strecke, auf der Jesse Chisholm eine Viehherde von Südtexas nach Kansas getrieben hatte, wird zum Chisholm Trail,
einer der beliebtesten Routen der großen Viehtriebe.

1870	Die Zeit der Militärregierung geht zu Ende und Texas wird wieder Teil der USA.
1875	Der legendäre Komantschenhäuptling Quanah Parker verliert im Panhandle seine letzte Schlacht. Dies ist das Ende der texanischen Indianerkriege.
1883	Die University of Texas wird gegründet.
1900	Ein Orkan zerstört halb Galveston; Tausende kommen ums Leben.

Das zwanzigste Jahrhundert

1901	Bei Beaumont wird die zu diesem Zeitpunkt größte Ölquelle der Welt entdeckt.
1916	Der mexikanische Bandit Pancho Villa überfällt wiederholt Siedlungen auf der texanischen Seite des Rio Grande.
1925	Mit Miriam Ferguson wird zum ersten Mal eine Frau zur Gouverneurin von Texas gewählt.
1953	Dwight D. Eisenhower wird der erste in Texas geborene US-Präsident.
1959	Der frühe Rock 'n' Roller Buddy Holly aus Lubbock kommt bei einem Flugzeugabsturz ums Leben.
1961	Vizepräsident Lyndon B. Johnson sorgt dafür, dass das Hauptquartier der NASA in Clear Lake bei Houston errichtet wird.
1963	John F. Kennedy wird in Dallas erschossen. Der Texaner Lyndon B. Johnson wird sein Nachfolger und gewinnt 1964 die Präsidentschaftswahlen.
1969	Neil Armstrong betritt als erster Mensch den Mond, nachdem er – an das NASA-Kontrollzentrum gerichtet – das erste Wort gesprochen hat, das jemals vom Mond die Erde erreichte: »Houston …«
1988	Der in Houston lebende George Bush wird zum Präsidenten gewählt.
1993	In Waco stürmt das FBI die Festung der fanatischen Davidianersekte. Dabei kommen über achtzig Menschen ums Leben.
1994	Der NAFTA-Vertrag (= North American Free Trade Agreement) erleichtert den Handel mit Mexiko.
2000	Der Gouverneur von Texas, George W. Bush, wird zum Präsidenten der USA gewählt.

J. R. lässt grüßen: Die Wirtschaft

Ob sie aus den östlichen USA über den Sabine River kamen, aus Mexiko den Rio Grande überquerten oder auf europäischen Einwandererschiffen in Galveston eintrafen, frühe Siedler lockte immer dasselbe: Land. Um Siedler anzuziehen, wurden in spanischer und mexikanischer Zeit und während der Unabhängigkeit ganze Landstriche kostenlos vergeben. Wer damals nach Texas kam, nutzte sein Land je nach Region für Landwirtschaft oder Viehzucht. Texas wurde ein Staat der Farmer, Rancher und Cowboys.

Noch um die Mitte des 20. Jh. lebte und arbeitete ein Viertel der Bevölkerung auf Farmen und Ranches, doch dies hat sich in der zweiten Jahrhunderthälfte grundlegend geändert. Durch die zunehmende Mechanisierung der Landwirtschaft gab es auf dem Land immer weniger Arbeit. Internationale Konkurrenz und ein allgemeiner Preisverfall taten das Ihre. Es gibt in Texas zwar immer noch über 200 000 Farmen und Ranches, doch viele davon sind Wochenendranches und für ihre Besitzer eher ein Hobby als eine Einnahmequelle. Wer ernsthaft Landwirtschaft betreibt, der baut Mais oder Erdnüsse an, auf den Prärien der Küstenebene auch Reis und im Rio-Grande-Tal Zitrusfrüchte. Das wichtigste Anbauprodukt ist die Baumwolle – hier ist Texas die Nummer eins unter den US-Staaten. Sie wird heutzutage maschinell gepflückt. Wie in den Zeiten vor dem Bürgerkrieg wird Baumwolle praktisch nie vor Ort verarbeitet, sondern exportiert. Mehr Geld als mit landwirtschaftlichem Anbau macht man in Texas immer noch mit der

Historische Tankstelle bei Waco

Viehzucht. Der Staat ist – von Rindern bis zu Schafen und Ziegen – bei fast allen Viehsorten der Marktführer in den USA.

Auch das Ölgeschäft hat in letzter Zeit deutlich an Bedeutung verloren. Etwa 150 000 Texaner arbeiten auf Ölfeldern – eine ziemlich kleine Gruppe, wenn man bedenkt, dass mehr als zehnmal so viele im Einzelhandel beschäftigt sind oder dass

1,5 Millionen für die Regierung arbeiten. Der wichtigste Wirtschaftssektor ist zu Beginn des 21. Jh. der Dienstleistungsbereich, in dem mittlerweile über sieben Millionen Arbeitnehmer beschäftigt sind.

Die meisten Texaner sind zu Beginn des 21. Jh. mit der wirtschaftlichen Lage zufrieden und sehen mit Optimismus in die Zukunft. Die Wirtschaft des Staates erfreut sich ei-

Der Cowboy

Beruf, Legende, Mode

Die Jahre nach dem amerikanischen Bürgerkrieg waren die Blütezeit der großen texanischen Ranches. Damals gab es in Texas riesige Rinderherden und in den Industriestädten an der Ostküste und im Mittleren Westen einen ständig steigenden Fleischbedarf. Ein Rind, das in Texas keine zehn Dollars wert war, konnte auf den Fleischmärkten des Nordens für das Vierfache verkauft werden. Man musste die Tiere dazu allerdings erst zu den Bahnhöfen und Viehhandelszentren in Dodge City oder Abilene bringen. Auf den *cattle trails* wurden Tausende von Rindern über achthundert Meilen vom südlichen Texas nach Norden getrieben – diese Viehtriebe sind der Ursprung des Cowboymythos. Und der zähe Cowboy, der auf seinem Mustang mit Colt und Lasso bewaffnet seine Herde gegen Indianer und Banditen verteidigt, der den Gefahren und der Trockenheit der Prärie trotzt, verkörpert heute noch das Selbstverständnis mancher Texaner.

Dabei hat die texanische Cowboykultur, die oft für eine uramerikanische Sache gehalten wird, eigentlich spanisch-mexikanische Wurzeln. Obwohl man dies im Western kaum erkennen kann, stammte gerade in Texas ein großer Teil der Rinderhirten aus Mexiko. Ihre Arbeitstechniken, etwa den Umgang mit dem Lasso, brachten sie aus dem Süden mit. Ihre Kleidung – der Hut, die Weste und die charakteristischen Stiefel – wurde von mexikanischen *vaqueros* schon getragen, als es in Texas noch keine angloamerikanischen Siedler gab. Auch die Sprache zeigt, dass die texanische Cowboywelt von der mexikanischen abstammt: Die Viehkoppel

nes stetigen Wachstums. Die Arbeitslosigkeit ist in den 1990er Jahren stark zurückgegangen und liegt mittlerweile unter fünf Prozent, wobei es allerdings große regionale Unterschiede gibt. Während Houston und Dallas boomen, tut sich z. B. El Paso schwerer. Hier sind zehn Prozent der Bevölkerung ohne Arbeit. Auch im Einkommen gibt es ein enormes Gefälle. Einerseits liegt das Lohnniveau in Houston und Dallas deutlich über dem amerikanischen Durchschnitt, andererseits gibt es im ländlichen Süden Bezirke, in denen die Löhne extrem niedrig sind. Das Schlusslicht bildet Starr County am Rio Grande, wo das durchschnittliche Jahreseinkommen bei ganzen 7500 Dollars liegt. Die

heißt wie in Mexiko *corral. Chaps,* wie die von Reitern zum Schutz vor Gestrüpp und Kakteen über den Hosen getragenen Ledergamaschen genannt werden, leitet sich vom spanischen *chaparejos* ab. Und das Wort *ranch* ist nichts anderes als eine verkürzte Version des spanischen *rancho.*

Die goldene Zeit der Cowboys sollte nicht lange andauern. Mit dem Einzäunen des Ranchlandes und durch die Verlegung von Eisenbahnlinien nach Texas veränderte sich die Welt der Cowboys gegen Ende des 19. Jh. grundlegend. Die langen Viehtriebe wurden überflüssig und die Cowboys konnten sesshaft werden. Um die Jahrhundertwende erschienen die ersten Westernromane, in denen Autoren wie Owen Wister und Zane Grey Cowboys zu Helden machten und das Leben im Wilden Westen romantisierten. Diese meist als Groschenhefte publizierten Geschichten waren phänomenale Bestseller und viele wurden in der ersten Hälfte des 20. Jh. verfilmt.

Was von der Cowboywelt außer Büchern und Filmen noch weiterlebt, ist die Westernmode, die sich in Texas wie eh und je großer Beliebtheit erfreut. Fast alle Elemente dieses Kleidungsstils waren einmal rein zweckmäßig. Cowboystiefel müssen z. B. so unbequem spitz zulaufen, damit sie leicht in einen Steigbügel passen und man zügig auf sein Pferd aufsteigen kann. Ein Hut ist bei längerer Arbeit unter der heißen Sonne von Texas einfach unerlässlich. Auch die *bandana,* das kleine, bunte Halstuch, das im Western jeder trägt, schützt nicht nur den Hals vor Sonnenbrand, es kann im Falle eines Sandsturms auch als Atemschutz verwendet werden. In den ländlichen Regionen von Texas gibt es zwar noch Leute, für die Cowboyhut, Stiefel und Jeans Arbeitskleidung sind, doch die Mehrzahl der Texaner, die man heute in diesem Outfit antrifft, hat schon lange auf keinem Pferd mehr gesessen.

texanisch-mexikanische Grenzregion ist das ärmste Gebiet des Staates. Doch gerade sie kann durch die immer enger werdenden wirtschaftlichen Beziehungen zu Mexiko auf einen Aufschwung hoffen, der sich in manchen Städten am Rio Grande auch schon zeigt. Der Handel mit dem südlichen Nachbarn, der durch den 1994 abgeschlossenen NAFTA-Vertrag erleichtert wurde, blüht. Schon jetzt exportiert Texas jährlich Güter im Wert von an die dreißig Milliarden Dollars nach Mexiko. Andere Wachstumsbranchen sind die Computerindustrie und der Tourismus. In den USA ist Texas mittlerweile nach Kalifornien das beliebteste Reiseziel geworden und liegt sogar vor dem populären Florida.

Gesellschaft und Kultur

Rodeo Queen in den Stockyards, Fort Worth

Powwow in Houston

Schmelztiegel Texas: Die Bevölkerung

Da man in Texas auf Superlative und Rekorde sehr stolz ist, hätte es gegen Ende der neunziger Jahre des 20. Jh. eigentlich eine große Feier geben müssen, denn irgendwann in diesen Jahren hat die Einwohnerzahl von Texas die des Staates New York überholt. Seitdem ist Texas der bevölkerungsreichste US-Bundesstaat nach Kalifornien.

Das rasante Bevölkerungswachstum der letzten Jahre liegt nicht nur an der stetigen Einwanderung aus Mittel- und Südamerika: Texas ist auch der wichtigste inneramerikani-sche Einwanderungsstaat. In Houston oder Dallas scheint es in manchen Firmen fast unmöglich, jemanden zu finden, der in Texas auf die Welt gekommen und nicht erst vor zehn Jahren von der Ostküste oder aus dem Mittleren Westen zugezogen ist. Auch in Austin werden Witze darüber gerissen, dass mittlerweile jeder dritte Einwohner aus Kalifornien stammt. San Antonio und El Paso andererseits sind wie eh und je fest in hispanischer Hand.

Jedenfalls sind die über zwanzig Millionen Texaner selbst für amerikanische Verhältnisse eine ungewöhnlich bunte Mischung. Zur Zeit machen Angloamerikaner noch etwa die Hälfte der Bevölkerung aus. Ein Achtel sind Afroamerikaner, etwa ein Drittel ist lateinamerikanischer Abstammung. Die am schnellsten wachsende ethnische

Oktoberfest in Fredericksburg

Gruppe bilden die hispanischstämmigen Texaner, für die es eine etwas verwirrende Vielfalt an Bezeichnungen gibt. *Hispanics* meint alle Amerikaner, deren Vorfahren aus einem spanischsprechenden Land stammen. Ähnlich wird auch der Begriff *Latinos* verwendet. *Chicanos* ist eine engere Bezeichnung, die sich nur auf Amerikaner mexikanischer Abstammung bezieht und die sich von der indianischen Aussprache des Wortes *Mejicanos* ableitet. Diese Gruppe wird manchmal auch schlicht *Mexican Americans* genannt. Wie auch immer ihr Name, an dieser großen und ständig wachsenden Gruppe liegt es, dass Texas einer der wenigen Staaten der USA ist, in denen Angloamerikaner bald nicht mehr die Mehrheit sein werden.

Da Texas lange spanischer Besitz war und später zu Mexiko gehörte, mit dem es außerdem noch eine lange gemeinsame Grenze hat, wird es kaum jemanden wundern, dass die Geschichten so vieler texanischer Familien in Lateinamerika beginnen. Wie aber sieht es mit der Geschichte der zweieinhalb Millionen Afroamerikaner in Texas aus? Die ersten Schwarzen kamen mit den ersten Angloamerikanern im frühen 19. Jh. in den Staat. Sie sind die einzige ethnische Gruppe, die damals nicht vom Traum eines besseren Lebens nach Texas gelockt, sondern dorthin verschleppt wurde. Die Mehrzahl der weißen Amerikaner, die während der Zeit der Unabhängigkeit und in den Jahren vor

Texanische Frauenpower

Von Angelina zu Ann Richards

»Am Anfang der Welt gab es nur eine Frau, und diese Frau hatte zwei Töchter ...«, zumindest in der Mythologie der texanischen Caddo-Indianer. Ihre Gesellschaft war matriarchalisch organisiert, ähnlich wie bei den Tonkawas in Zentraltexas oder den Wichitas in Osttexas. Frauen waren die Familienoberhäupter und spielten auch in der Politik der Stämme eine wichtige Rolle. Dies fanden die ersten spanischen Entdecker und Missionare natürlich bemerkenswert und in ihren Berichten trifft man daher auf interessante Frauengestalten. Eine einflussreiche Indianerin, die in spanischen Berichten aus dem späten 17. und frühen 18. Jh. immer wieder vorkommt, ist die Caddo-Indianerin Angelina, die in der Schule einer Missionsstation am Rio Grande ausgebildet worden war, danach aber zu ihrem Stamm zurückkehrte und jahrzehntelang als Dolmetscherin zwischen Indianern und Weißen vermittelte. Angelina County in Osttexas, der einzige der 254 texanischen Verwaltungsbezirke, der den Namen einer Frau trägt, wurde nach ihr benannt.

In der spanischen Kolonialzeit kamen zwar zunächst nur Männer nach Texas – Soldaten und Missionare –, doch bereits die Gründung der ersten zivilen Siedlung ist untrennbar mit der Geschichte einer ungewöhnlichen Frau verbunden. María Bentacour, eine Witwe mit fünf Kindern, führte eine Gruppe spanischer Kolonisten von den kanarischen Inseln ins ferne Texas und gründete 1731 San Antonio, wo sie immer noch als ›La Pobladora‹, als erste Ansiedlerin und Gründerin, gefeiert wird. Auch das südtexanische Victoria wurde in seiner Frühzeit stark von einer – in diesem Fall mexikanischen – Frau geprägt. Doña Patricia de la Garza da León lenkte nach dem frühen Tod ihres Mannes die Geschicke der Siedlung, gründete Schulen und Kirchen und galt lange als die reichste Person in Texas. Schließlich war sogar der erste große Rinderbaron in Texas eigentlich eine Rinderbaronin: Doña María Hinojosa de Ballí besaß im 18. Jh. einen Großteil des Rio-Grande-Tals und begründete die Rinderzucht in Südtexas.

Während der texanischen Revolution gab es ebenfalls einige Episoden, in denen Frauen eine zentrale Rolle spielten. Bei der Belagerung der Alamo befanden sich auch einige Frauen in der alten Missionsstation. Sie pflegten die verwundeten Texaner und waren die einzigen, die die mexikanische Eroberung der Alamo überlebten. Ihren Erzählungen ist es zu verdanken, dass man überhaupt weiß, was sich damals auf der texanischen Seite abspielte. Die Schlacht, die wenige Wochen später den Krieg beendete, wurde dann sogar von einer Frau entschieden – zumindest, wenn man der Legende glauben darf. Dass es Sam Houston am 21. April 1836 bei San Jacinto gelang, die zahlenmäßig und militärisch überlegene mexikanische Armee zu überrumpeln und in weniger als zwanzig Minuten zu schlagen, soll nämlich Emily Morgan zu verdanken gewesen sein, die den mexikanischen Heerführer Santa Anna in seinem Zelt ›ablenkte‹, während die Texaner angriffen. Das Volkslied »Yellow Rose of Texas« soll von dieser jungen Mulattin inspiriert worden sein.

Solche Geschichten über die Rolle einzelner Frauen sollen nicht darüber hinwegtäuschen, dass Frauen in Texas bis weit ins 20. Jh. in jeder Hinsicht benachteiligt waren. Die Liste erfolgreicher Frauen, die es in Politik, Wirtschaft und Kultur weit gebracht haben, ist zwar erstaunlich lang, es gibt aber kaum einen amerikanischen Staat, in dem Frauen um solche Erfolge härter kämpfen mussten als in Texas. Der Kampf um die politische Gleichberechtigung zog sich eine Ewigkeit hin, und erst 1920 erhielten Frauen das Wahlrecht. Dann dauerte es allerdings nur wenige Jahre, bis die erste Frau den Lone Star State regieren durfte. Miriam Ferguson wurde 1925 und noch einmal 1933 zur Gouverneurin gewählt. Sie blieb allerdings lange eine Ausnahme und erst im späten 20. Jh. konnten Frauen mehr Einfluss im öffentlichen Leben erobern. Die aus El Paso stammende Juristin Sandra Day O'Connor z. B. wurde zu Beginn der 1980er Jahre als erste Frau in den amerikanischen obersten Gerichtshof nach Washington berufen. Nachdem bei der NASA in Houston schon seit einigen Jahren Frauen zu Astronauten ausgebildet worden waren, reiste Sally Ride 1983 als erste Frau in den Weltraum.

Über die Frage nach der bedeutendsten texanischen Politikerin könnte man sich streiten. Für manche ist es sicher die aus Houston stammende Barbara Jordan. Sie vertrat ihre Heimatstadt bereits in den 60er Jahren im texanischen Senat und wurde später die erste schwarze Frau aus dem Süden, die in den Kongress in Washington gewählt wurde. Obwohl Barbara Jordan, die mittlerweile an der University of Texas in Austin unterrichtet, in ihrer Heimat sehr verehrt wird, ist ihre demokratische Parteikollegin Ann Richards auf der nationalen Ebene noch bekannter. Sie sprach in den achtziger und neunziger Jahren auf jedem Parteitag und wurde 1990 zur texanischen Gouverneurin gewählt. Die intelligente und schlagfertige Politikerin ist bei den Medien sehr beliebt – in »Harper's Bazaar« konnte man vor einiger Zeit sogar lesen, dass sie das Zeug hätte, eines Tages die erste Präsidentin der USA zu werden.

dem Bürgerkrieg nach Texas zogen, stammte aus den Südstaaten, und viele von ihnen brachten auch ihre Sklaven mit nach Texas. Sie ließen sich vor allem im östlichen Teil des Staates nieder, errichteten Plantagen und bauten Baumwolle an. Im Süden und im Westen des Staates hingegen konnte die Sklaverei nie richtig Fuß fassen. Die Grenze zu Mexiko, das die Sklavenhaltung schon früher verboten hatte, war dafür einfach zu nah. Durch die Konzentration der Plantagenwirtschaft in Osttexas lässt es sich erklären, dass Afroamerikaner auch heute noch in dieser Region zahlreicher vertreten sind als in anderen Teilen des Staates.

Aus jedem Western weiß man, dass es in Texas außer Anglos, Hispanics und Afroamerikanern zumindest noch eine weitere ethnische Gruppe gibt: die Indianer. *Native Americans* oder *American Indians* bilden heute allerdings nur noch weniger als ein Prozent der Bevölkerung. Die texanischen Ureinwohner wurden im 19. Jh. systematisch vertrieben. Stämme, die nicht weichen wollten, wurden ausgerottet. Es gibt nur drei kleine Reservate in Texas, die alle an den äußersten Rändern des Staates liegen. Die Alabama-Coushatta-Indianer leben bei Livingston in Osttexas, die Tiguas bei El Paso und die Kikapoos bei Eagle Pass am Rio Grande.

Europäische Einwanderer haben mehr sichtbare Spuren hinterlassen als die Ureinwohner des Landes. Besonders das Hill Country in Zentral-texas ist stark europäisch geprägt. Viele deutsche und französische Ortsnamen zeigen schon bei einem Blick auf die Landkarte, dass die Pioniere in dieser Gegend nicht nur Anglos waren. Auch die Architektur, die Musik und die Küche können an vielen Orten ihre kontinental-europäischen Wurzeln nicht verleugnen. Deutsche waren unter den im 19. Jh. aus Europa eingewanderten Siedlern die größte Gruppe, aber auch Franzosen, Iren, Polen, Tschechen, Skandinavier, Griechen und Italiener kamen nach Texas. Eine weitere, deutlich wahrnehmbare Gruppe bilden die aus dem benachbarten Louisiana stammenden Cajuns, deren Küche und Musik aus Südosttexas kaum wegzudenken sind.

In der zweiten Hälfte des 20. Jh. gesellten sich zu all diesen Gruppen noch Einwanderer aus Asien hinzu. Bereits gegen Ende des 19. Jh. hatten sich einige hundert Chinesen in Texas niedergelassen. Wie in anderen amerikanischen Bundesstaaten war es ursprünglich der Bau der Eisenbahnstrecken gewesen, der sie von der Westküste nach Texas brachte. Die älteste Chinatown in Texas findet man in El Paso, aber auch in San Antonio und Houston gibt es mittlerweile chinesische Viertel. Bis zur großen vietnamesischen Einwanderungswelle der 1970er Jahre waren Chinesen die wichtigste asiatische Bevölkerungsgruppe in Texas. Die ersten Vietnamesen waren meistens ›Kriegsbräute‹, die von amerikanischen Soldaten mit in die Heimat genommen wurden. Im Laufe der Jahre kamen aber auch Tausende von Flüchtlingen aus Vietnam nach Texas. Die etwa 60 000 vietnamesischstämmigen Texaner leben besonders in Houston und an der Golfküste, wo sie in der Fischindustrie Arbeit fanden.

God's own country: Religionen in Texas

Zwar sind die USA insgesamt ein stark vom Protestantismus geprägtes Land, doch auch in dieser Hinsicht tanzt Texas aus der Reihe. Bereits die ersten Europäer, die im frühen 16. Jh. nach Texas kamen, waren spanische Katholiken und sie haben viele Spuren hinterlassen. Ortsnamen, die wie ›Corpus Christi‹ an katholische Feiertage (Fronleichnam) oder wie ›San Antonio‹ an Heilige erinnern, zeigen, wie wichtig ihr Glaube für die frühen Kolonisatoren war. Solange Texas zum spanischen Kolonialreich gehörte, versuchten franziskanische Mönche systematisch, den Katholizismus nach Texas zu bringen und die einheimischen Indianerstämme zu bekehren. Die ältesten texanischen Kirchengebäude sind daher die spanischen Missionskirchen, die man u. a. in El Paso, San Antonio und Goliad immer noch besichtigen kann.

Nachdem Texas zunächst unabhängig und dann ein Teil der USA

geworden war, kamen vor allem protestantische Siedler in den Staat, die im späten 19. und frühen 20. Jh. die Mehrheit der Bevölkerung bildeten. Radikale Protestanten brachten ebenso radikale Übezeugungen mit: Die Auseinandersetzung über Alkoholkonsum z. B. wurde in Texas genauso heftig geführt wie im Rest der USA, und sie gipfelte im völligen Verbot von Alkoholproduktion, -verkauf und -ausschank, der so genannten Prohibition, die in manchen Teilen des Staates auch heute noch fortlebt. In ländlichen Regionen gibt es auch zu Beginn des neuen Millenniums noch ›trockene‹ Bezirke.

Im 20. Jh. wurde das religiöse Leben in Texas lange von drei Kirchen dominiert, denen jeweils etwa ein Drittel der Bevölkerung angehörte. Baptisten bildeten die größte Gruppe, dicht gefolgt von Methodisten und Katholiken. Außer diesen großen Kirchen gab es diverse kleinere Religionsgemeinschaften wie Presbyterianer, Lutheraner, Episkopalier und Juden. Auch heute herrscht in Texas eine große religiöse Vielfalt. In den Großstädten sieht man neben christlichen Kirchen aller Konfessionen auch Synagogen, Moscheen und Tempel. Schwarze Gospelgottesdienste gehören ebenso zur religiösen Landschaft wie mexikanische Mariachimessen oder fundamentalistische Fernsehprediger, die die Bibel wortwörtlich verstanden wissen wollen.

Genau wie im 19. Jh. besteht in Texas auch heute noch eine Verbindung zwischen Ethnizität und

Religion: Angloamerikaner sind häufig Methodisten oder Baptisten, deutschstämmige Texaner sind Lutheraner oder Katholiken, Afroamerikaner sind meistens Baptisten, Texaner mexikanischer Abstammung sind katholisch. Ihnen ist es vor allem zu verdanken, dass – bei aller religiösen Vielfalt – die katholische Kirche deutlich schneller wächst als alle anderen. So hat sich durch die stetige Einwanderung aus Mittelamerika und durch den Kinderreichtum vieler hispanischer Familien der Kreis geschlossen und die Religion, die vor fünfhundert Jahren von spanischen Missionaren über den Rio Grande gebracht wurde, ist zu Beginn des 21. Jh. wieder die größte im Staat.

Prähistorie bis Postmoderne: Kunst und Architektur

Die ältesten einheimischen Kunstwerke, die man sich in Texas ansehen kann, sind Höhlenmalereien. Vor etwa vier Jahrtausenden wurden sie von den Bewohnern des mittleren Rio-Grande-Tals in der Gegend nördlich des heutigen Del Rio geschaffen. Ihre Piktogramme, die z. B. mit Speeren bewaffnete Schamanen zeigen, sind die Hauptattraktion des Seminole Canyon State Historical Park bei Comstock. Die Kunstformen der in Texas lebenden Indianerstämme waren, je nach Le-

bensweise der Stämme, sehr unterschiedlich. Die sesshaften Caddos in Osttexas beherrschten neben dem Korbflechten und Weben auch die Töpferei und stellten gerne Kunstwerke aus Federn her. Für nomadische Stämme wie die Komantschen oder Apatschen war Büffelleder das wichtigste Material, das sie mit bunten Symbolen und Bildern bemalten und zu Kleidung und Zelten verarbeiteten.

Die texanischen Indianerstämme haben keine Bauwerke hinterlassen, zumindest nicht aus der Zeit vor der Ankunft der ersten Weißen. Die ältesten Gebäude aus der spanischen Zeit können allerdings indianische Einflüsse nicht verleugnen, denn die ersten Missionskirchen entstanden in spanisch-indianischer Zusammenarbeit. Nicht nur die Arbeiter, die etwa die Kirchen in San Antonio errichteten, auch viele der Künstler, die sie mit Fresken verschönerten, waren Einheimische. Reste dieser Malereien kann man sich in den Nebengebäuden der Mission Concepción ansehen. Hier sind dekorative, geometrische Muster und einfache Bilder zu erkennen, die z. B. die Sonne darstellen, ein Lieblingsmotiv vieler Indianerstämme.

Die Missionskirchen sind zugleich die schönsten architektonischen Zeugen der spanischen Herrschaft in Texas. *Spanish Colonial* wird ihr Baustil heute genannt – eine koloniale Verbindung von europäischen, mexikanischen und arabischen Elementen. An den Kirchen in San Antonio kann man eine erstaun-

Gemälde von Frederick Remington im Amon Carter Museum, Fort Worth

liche Mischung unterschiedlicher Bauelemente erkennen, die von gotischen Bögen und barocken Fassaden bis zu Details im Stil der Romanik und der Renaissance reichen. Die größte Kirche, die San José Mission, wird allerdings insgesamt vom Barock dominiert. Sie ist mit ihrem von Statuen umgebenen Haupteingang und dem bekannten ›Rose window‹ zugleich das am aufwendigsten gestaltete Gebäude aus der spanischen Kolonialzeit.

Während die Missionskirchen vom Schönheits- und Kunstsinn ihrer Erbauer zeugen, wurden die ersten angloamerikanischen Gebäude in Texas ganz von ihrem Zweck bestimmt. Die Siedler, die in der ersten Hälfte des 19. Jh. aus den USA nach Texas kamen, bauten schlichte Blockhütten, wie man sie sich in vielen Freilichtmuseen des Staates noch heute ansehen kann. Wer erfolgreich war, versuchte, möglichst bald ein größeres und bequemeres Haus zu errichten, aus Holz, mit mehreren Zimmern und wegen des warmen Klimas natürlich mit einer *porch*, einer Art Veranda. Reiche Plantagenbesitzer ließen sich Häuser aus Stein mit weißen Säulen im Stil des alten Südens bauen. Das bekannteste Haus in diesem so genannten *Greek revival style* ist zwar die Gouverneursvilla in Austin, doch typisch war der Stil eigentlich für Osttexas.

Im 19. Jh. wurden von europäischen Einwanderern auch ganz andere Bauformen nach Texas gebracht. Deutsche Siedler brachten

Mural am Chamizal National Monument, El Paso

zum Beispiel den Fachwerkbau nach New Braunfels und Fredericksburg.

Auch der Anfang der modernen Bildhauerei in Texas ist einer deutschen Einwanderin zu verdanken. Elisabet Ney, die in ihrem Atelier in Austin eine Art informelle Kunstakademie unterhielt, schuf u. a. die Statuen Stephen F. Austins und Sam Houstons für das texanische Kapitol. Unter den texanischen Malern des 19. Jh. finden sich ebenfalls viele europäische Einwanderer: der Franzose Théodore Gentil z. B., der in der elsässischen Siedlung Castroville bei San Antonio lebte, oder die beiden Deutschen Hermann Lungkwitz und Richard Petri. Der bedeu-

tendste Künstler, den Texas im 20. Jh. hervorbrachte, ist sicher der Pop-Art-Künstler Robert Rauschenberg aus Port Arthur. Die Werke von Alexandre Hogue befassen sich im Gegensatz zu Rauschenbergs Kunst mit genuin texanischen Themen. Sein bekanntestes Gemälde, das eine kleine Ranch während der großen Dürre in den 1930er Jahren zeigt, wurde in den USA geradezu ein Symbol dieses Jahrzehnts. Die bedeutende Malerin Georgia O'Keeffe lebte mehrere Jahre in Canyon in Nordtexas und verewigte die karge Landschaft der Gegend in ihren Gemälden.

Auch in der texanischen Kunst spiegelt sich die ethnische Vielfalt der Bevölkerung wieder. Das Kunsthandwerk in San Antonio und in Südtexas ist von mexikanischen Produkten kaum zu unterscheiden.

Auch in der Malerei gibt es eine ganze Schule von Künstlern, die sich an der Malerei Mexikos und besonders am Vorbild von Diego Rivera orientieren. Eine typische Kunstform der texanisch-mexikanischen Grenzregion sind die *murales,* knallbunte, häufig politisch engagierte Wandmalereien. Tom Lea aus El Paso ist der prominenteste Vertreter dieser Malerei.

In der Architektur eiferte man in Texas zu Beginn des 20. Jh. noch europäischen Vorbildern oder der Ostküste nach. So wurde der Art-déco-Stil importiert, den man in den Gebäuden des Fair Park in Dallas, etwa in der Hall of State, wieder erkennt. In der zweiten Hälfte des Jahrhunderts wurde man zunehmend mutiger und insbesondere auf dem Gebiet der Hochhausarchitektur wurden jetzt in Texas Trends entwickelt, die dann der Rest der Welt imitierte. Der weltberühmte amerikanische Architekt Philip Johnson, der 1960 das Amon Carter Museum in Fort Worth entworfen hatte, baute in den folgenden Jahrzehnten ein bahnbrechendes Gebäude nach dem anderen. So gelten der Williams Tower im Neo-Deco-Stil und das von der Gotik inspirierte Nations-Bank-Hochhaus in Houston als die ersten postmodernen Wolkenkratzer der Welt, da sie Elemente historischer Baustile mit Modernem verbinden.

Außerdem wurde in Texas viel in den Bau von neuen Museen investiert. In Houston beauftragte man Ludwig Mies van der Rohe mit dem Bau des ersten Kunstmuseums. Philip Johnson entwarf außer dem Amon Carter Museum auch das Art Museum of South Texas in Corpus Christi. O'Neil Ford aus San Antonio, der für seinen einfallsreichen Umgang mit traditionell texanischen Bauelementen bekannt ist, kombinierte beim Cowboy Artist of America Museum in Kerrville die Formen eines Forts mit modernen Elementen. Ein faszinierendes Museumsgebäude, das ebenfalls lokale Bauformen geschickt mit der internationalen Moderne verbindet, ist das Kimbell Art Museum in Fort Worth. Louis Kahn ließ sich bei der Planung der kühlen, von grauen Gewölben überdachten, indirekt beleuchteten Hallen von der Architektur der Viehhöfe inspirieren, für die Fort Worth im 19. Jh. bekannt war.

The Sound of Texas: Musiktraditionen im Lone Star State

Texas ist ein wahres Paradies für Musikliebhaber. Country, Folk, Jazz, Blues, Rock 'n' Roll, Tejano – fast alle amerikanischen Musikrichtungen des 20. Jh. wurden von texanischen Musikern geprägt. Viele Groß- und Kleinstädte besitzen eine lebendige Musikszene, und Austin ist nicht nur die Hauptstadt des Staates, sondern gilt in den USA zugleich als die Livemusik-Hauptstadt der Nation.

Country

Texas ist zwar nicht die Heimat, aber eine Hochburg der Country Musik. Country hat seinen Ursprung in den Liedern der Bewohner des ländlichen Südens, die häufig irischer oder schottischer Abstammung waren. Als sie zu Beginn des 20. Jh. zu Scharen vom Land in die Stadt zogen, brachten sie auch ihre Musik mit. Bald wurden ihre mit der Fiedel begleiteten Songs auch im Radio gespielt und fanden eine immer größere Zuhörerschaft.

In Texas entstanden schon früh regionale Ableger des Country, so etwa der Western Swing, der in den 1920ern erste Triumphe feierte und Elemente des klassischen Country mit Ragtime, Blues, Jazz, Polka und Tejano verbindet. Die bekanntesten Vertreter dieser Richtung waren Bob Wills und seine »Texas Playboys«, an die das kleine Bob Wills Museum in seiner Heimatstadt Turkey in Nordtexas erinnert. Typisch texanisch waren auch die *singing cowboys*. In ihren Liedern besangen sie nicht nur das Leben der Cowboys, sondern trugen diese auch häufig auf ihrem Pferd sitzend vor. Der Star der Richtung, der Texaner Gene Autry, trat singend und reitend in über hundert Hollywood-Filmen auf.

Einer der Wendepunkte in der Entwicklung des Country ereignete sich Anfang der 1970er Jahre. Willie Nelson, damals schon einer der beliebtesten Musiker der Staaten, verließ die Countrymetropole Nashville, da ihm die dortige Musikszene

Livemusik in Arkey Blue's Silver Dollar Bar, Bandera

zu langweilig und zu kommerziell geworden war. Er zog zurück in seine Heimatstadt Austin, wo er als Außenseiter der Countrymusik mehr künstlerischen Freiraum genoss. Eine der Institutionen des Country in Austin hat in derselben Zeit ihren Ursprung. Die populäre Musiksendung ›Austin City Limits‹ wird seit den 70er Jahren auf dem Campus der University of Texas aufgenommen und in den ganzen USA ausgestrahlt. Willie Nelsons Rückkehr nach Texas signalisierte eine echte Trendwende und andere Country-Stars wie Waylon Jennings und Kris Kristofferson – beides gebürtige Texaner – folgten Nelsons Vorbild. Auch zu Beginn des 21. Jahrhunderts gruppiert sich die Countryszene immer noch um zwei unterschiedliche Pole. Wer eher seichte Lieder mit braven Texten singt, der musiziert und produziert wie eh und je in Nashville, wer etwas Neues wagen will, der zieht nach Austin. Heute wird die innovative texanische Variante des Country u. a. von Lyle Lovett und Kelly Willis vertreten, aber auch einige der Stars des konventionellen Country – so etwa Reba McEntire, George Strait oder die Dixie Chicks – stammen aus Texas.

Blues

Auch der Blues hat seine Wurzeln auf dem Land, wurde aber erst im städtischen Milieu zu dem, was er eigentlich ist. Die afroamerikani-

sche Landbevölkerung, die es zu Beginn des 20. Jh. in die Stadt zog, brachte ihre eigenen Rhythmen und Melodien mit, aus denen sich in den folgenden Jahren der Blues entwickelte. Die schwermütige Stimmung des Blues hat ihren Ursprung im Elend der Sklaverei, drückt aber zugleich Liebeskummer, Heimweh und andere Formen von Schmerz und Leid aus. ›To have the blues‹ oder ›to feel blue‹ heißt nichts anderes, als sich niedergeschlagen und deprimiert zu fühlen. In Texas waren in den 1920er Jahren die schwarzen Gegenden von Dallas ein wahres Bluesmekka. Hier spielte Blind Lemon Jefferson, dessen Aufnahmen zu den ältesten erhaltenen Bluesaufnahmen überhaupt gehören. Der ebenfalls aus Texas stammende Aaron »T Bone« Walker gilt als der Pionier des modernen Gitarrenblues. Heute ist Antone's in Austin der bekannteste Bluesclub des Staates, in dem regelmäßig Bluesgrößen wie Buddy Guy, Etta James oder Edgar Winter auftreten.

Rock 'n' Roll und Rock

In den 1950er Jahren, als im Süden der USA aus Blues-, Pop-, Country- und Gospelelementen der Rock 'n' Roll entstand und Elvis Presley zum Weltstar wurde, wurde auch in Texas im Panhandle Musikgeschichte geschrieben. Buddy Holly aus Lubbock war in der Szene schon bekannt, als er 1957 seinen ersten Hit aufnahm: »That'll be the Day« schlug wie eine

Daheim in Texasville

Der Schriftsteller Larry McMurtry

Das Werk des Schriftstellers Larry McMurtry ist mit Texas untrennbar verbunden. Texas ist in seinen Romanen mehr als nur der Ort der Handlung, auch die Themen und die Charaktere sind texanisch. In McMurtrys mehr als zwanzig Romanen trifft man auf Cowboys und Rancher, auf Indianer und Texas Rangers, auf Rodeoreiter, Ölmillionäre und NASA-Astronauten, aber auch auf mythische Westernfiguren wie Buffalo Bill, Roy Bean und Calamity Jane.

Bereits in seinem ersten Roman »Horseman, Pass By«, der 1961 erschien, widmete sich McMurtry seinem Lieblingsthema, dem Untergang des alten Westens. McMurtrys Erstlingswerk wurde bald nach seinem Erscheinen unter dem Titel »Hud« mit Paul Newman in der Hauptrolle verfilmt. Ebenso rasch erkannte Hollywood das dramaturgische Potential seiner nächsten Romane. So wurde »The Last Picture Show«, das von dem Aufwachsen in einer texanischen Kleinstadt erzählt, von Peter Bogdanovich verfilmt. Wie in allen seinen Romanen, zeichnet McMurtry in »The Last Picture Show« ein kritisches Bild seiner Heimat. Einsamkeit und Langeweile durchdringen das Leben in dem Ort Thalia, in dem man leicht Archer City erkennen kann, die kleine Stadt in Nordtexas, in der McMurtry aufwuchs: »Manchmal kam es Sonny vor«, heißt es zu Beginn des Romans über den jugendlichen Helden, »als sei er das einzige menschliche Wesen in der Stadt. Es war ein schlimmes Gefühl, das ihn meistens in der Früh packte, wenn die Straßen noch völlig leer waren …«.

Während McMurtry in seinen frühen Büchern vor allem über das provinzielle Texas, über das Leben auf dem Land und in der Kleinstadt schreibt, wenden sich seine Romane der siebziger Jahre der texanischen Großstadt zu. Diese Verschiebung spiegelt gewissermaßen die wichtigste gesellschaftliche Veränderung im Texas des 20. Jh. wider, den Umzug

Bombe ein. Es folgten »Oh, Boy!«, »Maybe, Baby« und sein bekanntestes Lied »Peggy Sue«. Buddy Holly wurde über Nacht zum Star, trat in jeder amerikanischen TV-Show auf und ging mit seiner Band, den Crickets, auf Welttournee. Mancher hielt ihn sogar für begabter als Elvis, kreativer war er auf jeden Fall, denn im Gegensatz zum King, der weder Noten schreiben noch texten konnte, schrieb Holly alle seine Songs selbst.

von der Ranch in die Stadt. Im Fall von Larry McMurtry war es ein Umzug nach Houston, von dessen Künstler- und Universitätsmilieu daher auch seine nächsten Romane, »Moving On« von 1970 und »All My Friends Are Going to Be Strangers« von 1972, handeln. Der größte Erfolg der siebziger Jahre war der dritte Band der Houston-Trilogie, »Terms of Endearment« von 1975, der durch die gelungene Verfilmung auch in Deutschland bekannt wurde (»Zeit der Zärtlichkeit«). In dem mit fünf Oscars ausgezeichneten Film treten Shirley MacLaine als exzentrische Witwe und Jack Nicholson als ähnlich verschrobener pensionierter Astronaut auf.

»Lonesome Dove«, das 1985 erschien, handelt wieder im Wilden Westen. Es schildert die Geschichte der Freundschaft zwischen den alternden ehemaligen Texas Rangers Gus und Call, die einen der letzten großen Viehtriebe unternehmen. »Lonesome Dove« ist ein zugleich kritischer, humorvoller und spannender Roman, ein unsentimentaler Antiwestern ohne Helden. Das Buch war sofort ein riesiger Erfolg, wurde mit dem Pulitzer-Preis ausgezeichnet und ist immer noch das bekannteste Werk McMurtrys.

Larry McMurtry ist in den vergangenen Jahrzehnten in den ganzen USA herumgezogen und hat zeitweise in Kalifornien, später an der Ostküste gelebt. Mittlerweile ist er allerdings in seine Heimat zurückgekehrt und wohnt wieder in Archer City, der Kleinstadt in Nordtexas, die er in einem seiner bissigen Essays einmal als eine »bücherlose Stadt« bezeichnet hat. Die bücherlosen Zeiten des Ortes hat er allerdings vor einigen Jahren höchstpersönlich beendet, denn er betreibt in Archer City die Buchhandlung »Booked Up«, die größte antiquarische Buchhandlung in den USA.

Außer der Buchhandlung, die mittlerweile vier komplette Häuser am Platz im Zentrum des Ortes ausfüllt, kann man in Archer City auch Spuren der McMurtry-Verfilmungen finden, so etwa die Überreste des Kinos aus »The Last Picture Show«. Eine Pause kann man dann im einzigen Restaurant der kleinen Stadt einlegen, dem »Texasville Grill«, der nach McMurtrys Erfolgsroman »Texasville« benannt ist.

Doch die Karriere des ersten texanischen Rock 'n' Rollers sollte nur von kurzer Dauer sein. Anfang 1959 kam Buddy Holly im Alter von nur 22 Jahren bei einem Flugzeugabsturz ums Leben.

Ein tragisches Ende nahm auch die bekannteste texanische Rocksängerin Janis Joplin. Sie starb 1970 an einer Überdosis Heroin. Wer sich in Texas auf die Suche nach Spuren des Rock 'n' Roll und der frühen

Rockmusik machen möchte, sollte das Buddy Holly Center in Lubbock ebenso wenig verpassen wie das Museum of the Gulf Coast in Joplins Heimatstadt Port Arthur, wo ihr psychedelisch bemalter Porsche zu sehen ist. Auf der langen Liste von Rock- und Popstars aus Texas finden sich außer Buddy Holly und Janis Joplin noch eine Menge anderer bekannter Namen: Roy Orbison, ZZ Top, Stevie Ray Vaughan, Meat Loaf, Joe Ely, Michelle Shocked – sie alle stammen aus dem Lone Star State.

Tejano

Neben der englischsprachigen gab es in Texas aber schon immer eine ebenso lebendige spanischsprachige Musikszene. Mexikanische Volksmusik ist vielerorts äußerst populär. Conjunto und Tejano sind für die Musik das, was Tex-Mex für die regionale Küche ist, nämlich eine ganz eigene Kombination mexikanischen und texanischen Traditionen. Flotte mexikanische Volksmusik wurde mit den Rhythmen des amerikanischen Country gemischt und häufig kamen auch europäische Elemente dazu wie etwa das von deutschen Einwanderern mitgebrachte Akkordeon, das sich zum Aufspielen auf Tanzveranstaltungen gut eignete. Als Vater des Conjunto gilt Narciso Martínez, der in den 1930er Jahren seine ersten Lieder veröffentlichte. Er stammte aus San Benito im südlichen Rio-Grande-Tal, wo das Narciso Martínez Cul-

tural Arts Center an sein musikalisches Erbe erinnert.

Der größte Star der Tex-Mex-Musikszene wurde allerdings erst 1971 in Lake Jackson an der Golfküste geboren. Selena Quintanilla-Pérez, die den Großteil ihres Lebens in Corpus Christi verbrachte, gelang es, schon als Teenager einen neuen Musikstil zu schaffen, indem sie Pop- und Tejanoelemente kombinierte. Hits wie »Amor Proibido«, »No Quiero Saber« oder »Tú Solo Tú« sind bei hispanischen Texanern bekannter als alles, was Madonna oder Michael Jackson gesungen haben. Seitdem Selena im Alter von nur 23 Jahren ermordet wurde, während sie gerade an ihrem ersten englischsprachigen Album arbeitete, hat der Kult um die Tejano-Pop-Sängerin geradezu religiöse Formen angenommen. Man kann ihr Bild in hispanischen Geschäften und Restaurants hängen sehen, und in ihrer Heimatstadt Corpus Christi erinnert ein kitschiges Denkmal an sie, vor dem Fans Blumen und Botschaften niederlegen.

Für den großen Hunger: Die texanische Küche

Es stimmt schon, dass sich Steaks in Texas großer Beliebtheit erfreuen – und natürlich sehr viel größer sind als im Rest der Welt. So wird in der Big Texan Steak Ranch in Amarillo das im ganzen Staat berühmte *seventy-two-ounce prime steak* ser-

American Cuisine in Amarillo

viert, ein über zwei Kilo schweres Steak, das man nicht bezahlen muss, wenn man es schafft, es innerhalb einer Stunde komplett zu verspeisen. Aber exzessiver Fleischverzehr ist nur ein Ausschnitt der abwechslungsreichen texanischen Küche.

Durch die zahlreich vertretenen Einwanderergruppen aus allen Teilen der Welt bietet Texas ein Spektrum von Spezialitätenrestaurants, das leicht mit den Zentren der Ost- und Westküste mithalten kann. Italienische, indische und chinesische Restaurants fehlen selbst in abgelegenen Kleinstädten nicht, in den Großstädten kommen alle nur erdenklichen europäischen und asiatischen Küchen hinzu.

Interessanter sind für europäische Reisende sicher die regionalen Varianten der amerikanischen Küche. Genau wie in geografischer und kultureller Hinsicht lässt sich Texas auch kulinarisch nicht so leicht zuordnen. Einerseits ist es Teil der Südstaaten, und deren typische Küche, das deftige *southern cooking*, ist durchaus vertreten. Andererseits kann Texas auch beim Essen nicht verleugnen, dass es einmal mexikanisch war und auch heute noch viel mit seinem hispanischen Nachbarn gemeinsam hat.

Southern cooking

Die klassische Südstaatenküche ist in Texas eher im Osten als im Westen anzutreffen. Sie verarbeitet die typischen Produkte der Region:

Kulinarisches Abenteuer

Das Barbecue

Das Barbecue ist genauso texanisch wie ein Cowboyhut oder ein Ölbohrturm. Es fehlt auf keiner Familienfeier, auf keinem Jahrmarkt und keinem Parteitag. Das BBQ bringt Texaner aller Altersgruppen und Hautfarben zusammen und symbolisiert für viele das texanische Lebensgefühl. Ihm haftete lange ein hinterwäldlerisches Image an und es heißt, dass es erst durch den aus Texas stammenden Präsidenten Lyndon B. Johnson, der es auch offiziellen Staatsgästen vorsetzte, wirklich gesellschaftsfähig wurde. Allerdings werden auch heute noch in den Nordstaaten und an der Westküste gerne Witze darüber gerissen, dass im ländlichen Texas in erster Linie Opossum und Gürteltier zu BBQ verarbeitet würden.

Die Technik seiner Zubereitung, die von Texanern regelrecht zelebriert wird, haben die ersten weißen Siedler von den Indianern übernommen. Früher wurden ganze Spanferkel über Holzkohle gegrillt, heute nimmt man auch Hähnchen, Garnelen oder Rinderbrust. Das klassische Barbecuefleisch ist im Allgemeinen Schweinefleisch, das häufig auch als eine Art Gulasch serviert wird, in Texas bevorzugt man allerdings Rindfleisch.

Manchmal wird für die Zubereitung ein normaler Holzkohlegrill verwendet, *the real thing* ist allerdings ein BBQ-*pit,* eine aus Ziegelsteinen gebaute Grube oder auch einfach ein halbiertes altes Fass, über dem der *pitmaster* das Fleisch auf einem Rost zubereitet. Die Technik ist nicht mit schlichtem Grillen zu verwechseln, sondern eher eine Art Kombination aus Grillen und Räuchern – daher der rauchige Geschmack von Barbecuegerichten. Wegen der starken Rauchentwicklung spielt sich die Zubereitung häufig im Freien ab. Die beste Grilltemperatur und die ideale

Mais, Okra, Yams oder Erdnüsse. Der Mais, der als das einzige heimische Getreide in den Staaten weit verbreitet ist, war im Süden schon immer besonders populär, weil er sich gut in der Kombination mit Baumwolle anbauen lässt. Mais wird in allen möglichen Varianten verzehrt – als Suppe, eingelegt als Salat *(corn relish)* oder als *corn bread,* das allerdings der deutschen Vorstellung von Brot nicht entspricht, sondern eher einem trockenen Kuchen ähnelt. Zu Steak und anderen Fleischgerichten werden ganze Maiskolben – *corn on the cob* – mit Salz und Butter serviert. Auf jeden Fall einmal probieren sollte

Grilldauer sind in Texas heiß umstrittene Fragen. Sechs Stunden gelten bei größeren Fleischstücken von Rind und Schwein als das absolute Minimum, eifrigere Köche halten das Fleisch allerdings erst nach 24 Stunden für genießbar. Ähnlich kontrovers ist die Frage nach der geeigneten Holzsorte, die in Texas schon zu Familienfehden und Ehescheidungen geführt hat. Traditionalisten schwören auf Hickory-Holz. Andere glauben, dass Eiche oder Nussbaum dem Geschmack am zuträglichsten seien. In Westtexas wird häufig Mesquite verwendet, das dem Fleisch einen ganz eigenen, öligen Beigeschmack verleiht.

Das Besondere am BBQ ist nicht nur seine Zubereitung, sondern auch die Sauce. Das Fleisch wird vor dem Grillen lange in der Barbecuesauce mariniert und auch während der Zubereitung damit mehrmals bestrichen. Die wichtigsten Bestandteile sind Ketchup, brauner Zucker, Worcestershiresauce, Cayennepfeffer und Essig – je nach Dosierung und Mischung der Zutaten kann der Geschmack von würzig bis zu feurig scharf reichen. Viele Lokale und Familien haben eigene Saucenrezepte, die wie Staatsgeheimnisse gehütet werden. Nur in Zentraltexas gibt es eine kleine Region, in der man das Fleisch manchmal auch ganz ohne Sauce serviert bekommt: »Wir brauchen keine Sauce«, erzählte etwa der verstorbene BBQ-Meister Edgar Schmidt aus Lockhart gerne in Interviews, »denn wir haben nichts zu verbergen.«

Ganze 1300 *barbecue joints,* wie diese Lokale oft genannt werden, gibt es im Lone Star State. Sie reichen von verrauchten Bretterbuden, in denen man das Fleisch auf Papier und ohne Besteck serviert bekommt, bis zu edlen Restaurants mit gestärkten Tischdecken und exklusiver Weinkarte. Als BBQ-Hauptstadt gilt das kleine Lockhart südlich von Austin, denn hier gibt es gleich mehrere Lokale, die preisgekröntes BBQ servieren: Smitty's Market, Black's BBQ und das bekannte Kreuz Market, das von Gourmetmagazinen und Restaurantkritikern regelmäßig zum besten BBQ-Restaurant des Staates gewählt wird.

man *grits,* ein Maisbrei, der zu Speck und Eiern auch schon zum Frühstück gegessen wird. Man schmeckt ihn mit Butter und Salz ab oder, wenn man den Mut für eine scharfe texanische Variante aufbringt, auch mit Tabasco.

Das typischste Fleischgericht des *southern cooking* heißt *chicken fried steak.* Dabei handelt es sich weder um Huhn noch um Steak, sondern um paniertes Rindfleisch unterschiedlicher Qualität, das in der Regel mit *gravy,* einer fetten Soße, serviert wird. Auch Huhn und Fisch werden in der Südstaatenküche gerne und zuweilen bis zur Unkenntlichkeit paniert und fritiert.

Mexikanische Saftbar bei der Fiesta San Antonio

Werden in der Südstaatenküche insgesamt schon nicht gerade die feinsten Zutaten verarbeitet, so gilt dies in doppeltem Maß für das so genannte *soul food,* das in den Kochtöpfen der Sklaven seinen Ursprung hat. Die Lebensmittelrationen, die den Sklaven auf den Plantagen zugeteilt wurden, bestanden meist nur aus Mais und Schweinefleisch. Diese Zutaten bilden heute noch die Grundlage des *soul food. Corn bread* und *grits* sind aus der afroamerikanischen Küche nicht wegzudenken. Sklaven bekamen nur die Teile des Schweins, die Weiße für ungenießbar hielten, etwa *chitterlings* (Innereien) und *pigs' feet,* die man auf den Speisekarten echter Soul-Food-Lokale immer noch findet. Auch beim Gemüse wurde das, was die weißen Herren für Abfall hielten, verwertet. So wurden die Blätter von Möhren und Rüben zu *collard greens* verarbeitet. Typische Gemüsesorten sind außerdem die Bohnensorte *black-eyed peas,* süße Kartoffeln *(sweet potatoes)* und *okra.* Okra, eine afrikanische Hibiskusart, gelangte mit dem Sklavenhandel in die Karibik und von dort in den Süden der USA.

Seafood und Fisch

Weder aus der schwarzen noch aus der weißen Küche des Südens wegzudenken ist der Wels *(catfish)*. Er wird auf unterschiedliche Weise zubereitet, zumeist frittiert oder – ebenso charakteristisch – *blackened* serviert. *Blackened fish* wird in einer gusseisernen Pfanne auf dem Grill gebraten. Zum Wels werden oft *hush puppies* gegessen, die aus Mais bestehen und wie kleine Krapfen oder Kroketten aussehen.

Außer dem allgegenwärtigen Catfish gibt es in Texas eine große Auswahl an weiteren Fischen und Meerestieren – kein Wunder, da der Staat ja eine tausend Kilometer lange Küste besitzt. Fischrestaurants gehören in den Großstädten Houston, Dallas und Austin zwar eher zu den teuren Adressen, an der Golfküste steht *seafood* hingegen in Lokalen aller Preisklassen und überall auf der Speisekarte. 80 % dessen, was aus dem Golf von Mexiko gefischt wird, sind Garnelen. Sie sind in Texas ungewöhnlich groß (wen wundert's) und preiswert. *Shrimps* werden gegrillt, sautiert, frittiert, in einer Barbecuevariante oder auch einfach gekocht *(boiled)* angeboten. Letztere werden in üppigen Portionen ohne Beilagen serviert. Man löst sie selbst aus den Schalen, tunkt sie in Cocktailsoße oder Ketchup und isst sie mit den Fingern.

Tex-Mex

Noch häufiger als Steak, Southern oder Seafood finden sich auf texanischen Speisekarten mexikanische Spezialitäten wie Nachos (Maischips), Tacos, Enchiladas, Burritos, Quesadillas (gefüllte Maisfladen) oder Tamales (gefüllte Maistaschen).

Das Essen in einem Tex-Mex-Restaurant beginnt gewöhnlich mit einer Portion Tortillachips (aus Mais), die kostenlos auf den Tisch gestellt wird. Man tunkt die Chips in *salsa,* eine pikante Sauce aus Tomaten, Zwiebeln, Chili, frischem Koriander und manchmal auch Knoblauch. Neben der klassischen roten Variante gibt es auch eine grüne Salsa, deren Hauptbestandteil *tomatillos* sind, grüne Tomaten, bei denen es sich nicht etwa um unreife Tomaten, sondern um eine weniger bekannte Sorte handelt. Sind Salsa und Chips hausgemacht, ist dies für den Hauptgang ein viel versprechendes Zeichen. Danach gibt es meistens mit Hackfleisch gefüllte Tortillas, häufig mit Zwiebeln gewürzt und mit Käse überbacken. *Fajitas,* marinierte und gegrillte Steakstreifen, sind meistens das teuerste Gericht auf einer Tex-Mex-Karte. *Enchiladas* und *Burritos* können auch mit Huhn oder nur mit Käse und Bohnen gefüllt sein. In innovativen Restaurants gibt es auch modische Abwandlungen wie Spinatenchiladas oder Shrimpburritos. Als Beilagen werden gewöhnlich schwarze Bohnen *(refried beans)* und rötlicher, gewürzter Reis *(Spanish rice),* manchmal auch Salat und Avocadomus *(guacamole)* serviert.

Rodeoreiter ▷

UNTERWEGS IN TEXAS

Houston und die
Golfküste
Dallas, Fort Worth
und Osttexas
Austin und das Hill
Country
San Antonio und
Rio Grande
El Paso und der
weite Westen
Panhandle

Houston und der Golf von Mexiko

Houston

Beaumont, Orange und Port Arthur

Galveston

Rockport und Port Aransas

Corpus Christi

Padre Island

Die Skyline von Houston

Küste der Kontraste: Houston und der Golf von Mexiko

In der Millionenstadt Houston faszinieren Kunst und Architektur und die NASA eröffnet Blicke ins All. Beaumont und Umgebung werden von der Ölwirtschaft dominiert. In den Küstenstädten Galveston und Corpus Christi warten Hafenatmosphäre und Fischlokale. Am Golf von Mexiko locken tausend Kilometer Küste mit langen Sandstränden.

Houston

Kurz nach seiner Gründung war Houston eine Zeit lang die Hauptstadt von Texas – und die heimliche Hauptstadt ist es immer noch. Als Wirtschafts- und Kulturzentrum, als größte Stadt in Texas und viertgrößte in den Vereinigten Staaten gibt sich Houston ganz als kosmopolitische und multikulturelle Metropole. In der Stadt der Raumfahrt und des Ölgeschäfts werden neunzig Sprachen gesprochen. Neben traditionsreichen hispanischen und schwarzen Vierteln gibt es gleich zwei Chinatowns. Japanische, vietnamesische und arabische Straßenschilder gehören genauso zum Stadtbild wie Synagogen und Moscheen, siebzig ausländische Konsulate, renommierte Museen und Theater, gleich mehrere Universitäten und – kaum zu übersehen – die postmodernsten Wolkenkratzer der USA.

Geschichte

Die Geschichte dieser energiegeladenen und ständig expandierenden Stadt ist auch für amerikanische Verhältnisse nicht besonders lang. Wo heute über vier Millionen Menschen leben und arbeiten, sagten sich vor 170 Jahren noch die Alligatoren gute Nacht. 1836 kauften die aus New York stammenden Brüder Augustus und John K. Allen ein sumpfiges Landstück am Buffalo Bayou und beschlossen, dort eine Siedlung zu gründen. Die beiden waren aus demselben Grund nach Texas gekommen, der bis heute die Einwanderer anlockt: Sie wollten schnell viel Geld verdienen, schneller und mehr, als es damals in anderen Teilen Amerikas möglich gewesen wäre. Dabei gingen sie mit dem Geschick von PR-Fachmännern zur Sache. Noch bevor die erste Blockhütte gebaut war, hatten sie schon Zeitungsinserate aufgegeben, in denen

Freilichtmuseum Sam Houston Park

sie für ihre Siedlung warben. Auch die Wahl des Namens war wohl überlegt. Die neue Stadt wurde nach dem damals allseits verehrten Sam Houston benannt, der als texanischer Oberbefehlshaber wenige Monate zuvor bei San Jacinto, in unmittelbarer Nähe des späteren Houston, die mexikanische Armee geschlagen hatte.

Für Houston, das sich schon im 19. Jh. langsam, aber sicher ausdehnte und zu einem wichtigen Umschlagplatz für Baumwolle wurde, begann am 10. Januar 1901 eine neue Zeitrechnung: An diesem Tag wurde im nahen Beaumont die größte Ölquelle der Welt entdeckt, die der Stadt einen ungeahnten Reichtum brachte. Durch die Kanalverbindung mit Galveston wurde Houston dann 1914 auch zu einem der wichtigsten Häfen der USA. Der Bau des NASA-Zentrums südlich der Stadt brachte in den sechziger Jahren weitere Arbeitsplätze. Den Boom der siebziger und frühen achtziger Jahre, an den man sich in Houston wie an ein vergangenes goldenes Zeitalter erinnert, verdankte die Stadt der damaligen Politik der OPEC, die zu astronomischen Ölpreisen führte. Während man im Rest der Vereinigten Staaten genau wie in Europa unter der Ölkrise litt, wurde Houston reicher und reicher. Zu Beginn der achtziger Jahre kamen wöchentlich über tausend neue Einwohner und mancher glaubte damals ernsthaft, dass Houston auf dem Weg sei, die größte Stadt der Welt zu werden. Als Mitte

Von der Tellerwäscherin zur Millionärin

Die Ninfa-Story

Ihre Lebensgeschichte ist fast zu schön, um wahr zu sein – eine amerikanische Erfolgsstory wie aus dem Bilderbuch. Ninfa Laurenzo kam in Harlingen im Rio Grande Tal auf die Welt. Als Kind einer vielköpfigen mexikanischen Familie ging sie kaum zur Schule und, wie sie später einmal in einem Interview erzählte, bestand ihre gesamte Ausbildung daraus, dass sie zu Hause das Kochen lernte. Nachdem sie geheiratet und eine eigene Familie gegründet hatte, zog sie mit ihrem italoamerikanischen Ehemann Tommy nach Houston, wo die beiden die Rio Grande Food Service Company gründeten, ein Geschäft, in dem sie – ihrer Herkunft entsprechend – Pizza und Tortillas herstellten und verkauften – laut Ninfa ›das Brot unserer beiden Völker‹.

Der Plan war gut, ihre Waren kamen an, aber nur ein Jahr später starb Tommy Laurenzo überraschend und Ninfa musste sich und ihre Kinder von nun an alleine ernähren. Eine Zeit lang buk sie weiter Tortillas und versuchte, davon zu leben, aber als dies nicht mehr genug einbrachte, nahm sie 1973 ihren ganzen Mut zusammen und stellte in einem Raum der Tortillabäckerei zehn Tische auf. Von zu Hause brachte sie ein paar Töpfe und Pfannen mit, überredete ihre Kinder, ihr zu helfen, und eröffnete ein einfaches mexikanisches Lokal. Am Tag der Eröffnung sollen ganze 16 Dollars in der Kasse gewesen sein. Ein paar Jahre später hatte Ninfa Laurenzo über tausend Angestellte und

der achtziger Jahre der Verfall der Ölpreise einsetzte und der Rest der westlichen Welt aufatmete, da setzte in Houston eine schwere Krise ein, von der sich die Stadt erst in den letzten Jahren erholt hat.

Houston entdecken: Cruising

Houston ist größer als der gesamte Staat Rhode Island. Was auf dem Stadtplan gar nicht so weit auseinander liegt, ist in Wirklichkeit eine Stunde voneinander entfernt. Die Stadt besitzt nicht einen Kern, sondern mehrere, äußerst verschiedene Zentren. Da wäre zunächt einmal Downtown, wo man das Herz der Stadt vermuten sollte. Dieses Viertel besteht vor allem aus Büros und Banken. Obwohl in den letzten Jahren viel für die Belebung von Downtown getan wurde, ist es nach Geschäftsschluss doch relativ ausge-

besaß eine Kette von fünfzig Restaurants mit einem Jahresumsatz von 75 Millionen Dollars.

Das Geheimnis ihres Erfolgs war einfach: gutes und preisgünstiges mexikanisches Essen. Sie kochte nicht nur traditionelle Gerichte, sondern begann herumzuexperimentieren und die Restaurantkritiker überschlugen sich vor Begeisterung. Ninfa führte *flautas de pollo* (eine Art frittierte Huhntacos) ein, ebenso wie *chilpanzingas* (Schinken- und Käsetaschen) und *sopapillas* (ein süßes Gebäck mit Honig). Sie kreierte ihre eigene grüne Sauce und erfand außerdem die *fajitas,* marinierte und gegrillte Steakstreifen, die mittlerweile ein Standardgericht auf allen texanisch-mexikanischen Speisekarten sind. Es gab natürlich auch schon vor Ninfa Laurenzo mexikanische Restaurants in Texas, ihr aber gelang es, dieser Küche ein völlig neues Image zu geben und Texaner aller Abstammungen in ihre Lokale zu locken. Sie löste eine regelrechte Mode aus und gilt als die Mutter des kulinarischen Tex-Mex.

Man kann Ninfas Spezialitäten in vielen Restaurants der Kette, die mittlerweile »Mama Ninfa's« heißt, kosten. In ihrer Hochburg Houston findet man ihre Lokale an fast jeder größeren Straße, u. a. an Kirby, Westheimer, Bellaire, Post Oak und auch im noblen Chase Tower mitten im Geschäftszentrum. Das Original ist aber immer noch am besten und vor allem am interessantesten. Das Lokal , wo alles anfing, befindet sich am Rand von Downtown in einem unscheinbaren Gebäude in einer nicht gerade sehr einladenden Straße (2704 Navigation). Hier kann man, während man auf das Essen wartet, immer noch beim Tortillabacken zusehen oder sich ein Foto anschauen, das Ninfa mit einem ihrer vielen Fans zeigt, dem ehemaligen Präsidenten George Bush senior.

storben. Das zweite Geschäftszentrum, der weiter westlich gelegene Post Oak District, der um das Galleria-Einkaufszentrum und den Transco Tower entstanden ist, macht auf den ersten Blick einen noch weniger einladenden Eindruck. Die Museen der Stadt befinden sich wiederum in einem anderen Viertel. Die Universitäten liegen verstreut in verschiedenen Teilen der Stadt. Das Nachtleben hat kein eindeutiges Zentrum. Die NASA, die für manche die Hauptsehenswürdigkeit der Stadt ist, befindet sich sowieso außerhalb.

Houston wirkt auf europäische Besucher zunächst verwirrend, es lohnt sich aber, Houston eine Chance zu geben. Um sich einen ersten Eindruck von der Vielfalt und von den Ausmaßen der Stadt zu verschaffen, empfiehlt es sich, für ein paar Stunden die ortsübliche Fortbewegungsweise zu akzeptieren und einfach im Auto herumzufahren. *Cruising* nennt man es in Amerika, wenn man zum Spaß und ohne konkretes Ziel herumkurvt. Die Stadt ist besser auf Autofahrer als auf Fußgänger eingestellt; Hamburger und Coke bekommt man im *drive thru* und wer will, kann in Houston wie Nastassja Kinski in »Paris, Texas« seine Bankangelegenheiten vom Auto aus regeln.

Wer die Größe der Stadt erfahren will, umrundet auf dem vielspurigen *loop,* der Umgehungsautobahn I-610, das Stadtzentrum – natürlich nur außerhalb der *rush hour.* Nicht ganz so zeitaufwendig ist es, einmal auf Westheimer, einer der buntesten Straßen der Stadt, von Downtown in den Post Oak District zu fahren. Dort kann man in der **Galleria** (5075 Westheimer Rd.), einer der größten Shopping Malls der Welt, eine Pause einlegen und anschließend auf einer Parallelstraße wieder zurückfahren. Wem der Sinn weniger nach Konsum und mehr nach Architektur steht, dem sei der neben der Galleria stehende **Williams Tower** (2800 Post Oak Blvd.) ans Herz gelegt. Dieses postmoderne Meisterwerk von Philip Johnson im Neo-Deco-Stil ist nicht nur eine Augenweide, man kann auch im Aufzug in das 51. Stockwerk hinauffahren und den Ausblick genießen. Die Fahrt über Westheimer ist besonders nachts ein Erlebnis, wenn die Neonschilder und Leuchtreklamen zur Geltung kommen.

Außerdem macht es Spaß, die äußerst unterschiedlichen Wohnviertel Houstons anzusteuern. Das weitläufige Villenviertel River Oaks, in dem

Shirley McLaine und Jack Nicholson in »Zeit der Zärtlichkeit« zu Hause sind, ist die Heimat der oberen Zehntausend. In West University Place und Bellaire wohnt die (obere) Mittelklasse. Montrose ist eines der flippigeren Viertel der Stadt.

Houston hat auch eine Reihe äußerst armer und heruntergekommener Ecken. Der südlich von Downtown gelegene Bezirk Third Ward, in dem überwiegend Afroamerikaner leben, ist eines der Armenhäuser der Stadt. Etwa ein Viertel der Bevölkerung Houstons ist schwarz, ein Anteil, der deutlich über dem anderen texanischer Großstädte liegt.

Downtown

Eines der Viertel, die man nicht nur erfahren, sondern auch erlaufen kann, ist das Geschäftszentrum zwischen den Highways 59 und I-45. Auf diesen zwei Quadratkilometern haben sich einige der bekanntesten amerikanischen Architekten Denkmäler gesetzt. Zu den Firmen, die sich hier durch die prunkvolle Architektur ihrer Bürohochhäuser darstellen, gehören Exxon, Shell, Texaco, Pennzoil und Enron, nach der auch das im Frühling 2000 eröffnete Stadion Enron Field am Rand von Downtown benannt ist.

An der Stelle, wo die Stadt ihren Anfang nahm, befindet sich heute Allen's Landing am nördlichen Ende von Downtown. Einen besseren Eindruck davon, wie es hier im 19. Jh. aussah, vermittelt allerdings der **Sam**

Houston Park (1) (1100 Bagby St., Mo–Sa 10–16, So 13–17 Uhr). Dieses Freilichtmuseum ebenfalls direkt am Rand von Downtown erinnert an die Pioniertage der Stadt. Die einfachen Holzbauten des Parks könnten zu den Hochhäusern im Hintergrund kaum in größerem Kontrast stehen.

Man kann mit der Erkundung von Downtown am **Market Square** (2) beginnen. Hier trifft man auf ein erstes Beispiel für die örtliche Straßenkunst: James Surls' exzentrische Metall- und Holzskulptur »Points of View« wird umgeben von achtzig in Bänke eingelassenen Photos von Paul Hester. Richtung Süden geht man von hier aus direkt auf die größten Wolkenkratzer des Zentrums zu und kommt bald zum höchsten Gebäude der Stadt: dem 75 Stockwerke zählenden **Chase Tower** (3). Viele Einheimische nennen ihn immer noch Texas Commerce Tower, wie er bis vor einiger Zeit hieß. Die Hochhäuser der Innenstadt wechseln nicht nur häufig die Besitzer, sie werden dann auch regelmäßig umbenannt. Den Vorplatz des Chase Tower schmückt Joan Mirós farbenfrohe Skulptur »Personage and Birds«. Man sollte sich den Chase Tower auch von innen ansehen, denn vom Aussichtspunkt im sechzigsten Stock hat man nicht nur einen schönen Blick auf die umliegenden Häuser und erkennt in der Ferne den Post Oak District, hier sind außerdem zwei weitere Miró-Skulpturen zu sehen, darunter das Modell, nach dem der Künstler »Personage and Birds« anfertigte. Danach kann man von Milam auf die parallel verlaufende Louisiana Street wechseln, um diese weiter nach Süden zu gehen. Man kommt dann an zwei der auffälligsten Gebäude der Stadt vorbei, am dunklen, fast schwarzen Glasturm des **Pennzoil Place** (4) und dem rotbraunen **Nations Bank-Hochhaus** (5), dessen dreifach gestaffelter Giebel an die Bauformen der Gotik erinnert.

Vorbei am hellen **One Shell Plaza-Hochhaus** und an der blau glänzenden, halbrunden **First Interstate Bank** geht es zum Gebäude **Louisiana 1100,** auf dessen Vorplatz sich wiederum eine bemerkenswerte Skulptur befindet. Jean Dubuffets »Monument au Fantôme« hebt sich durch die bunten Farben und seine runden, organischen Formen von der geradlinigen Architektur der umliegenden Hochhäuser ab.

Hier empfiehlt es sich, nach rechts abzubiegen und auf Lamar Street einen Block weiterzugehen. Hinter der alten Houston Public Library sieht man das markante Gebäude der **Texaco Heritage Plaza** (6). Der obere Teil dieses blauen Hochhauses ist der Form eines Inkatempels nachempfunden. Wenn man rechts in die Smith Street einbiegt, geht es weiter Richtung Theater District. Nach der Kreuzung von Walker und Smith folgt auf der linken Seite der **Tranquility Park** (7), den Kinofans aus dem Film »Reality Bites« von 1994 kennen. Außerdem ist hier an der Mauer am Rand des Parks ein ungewöhnliches Relief zu sehen: Naomi Savages

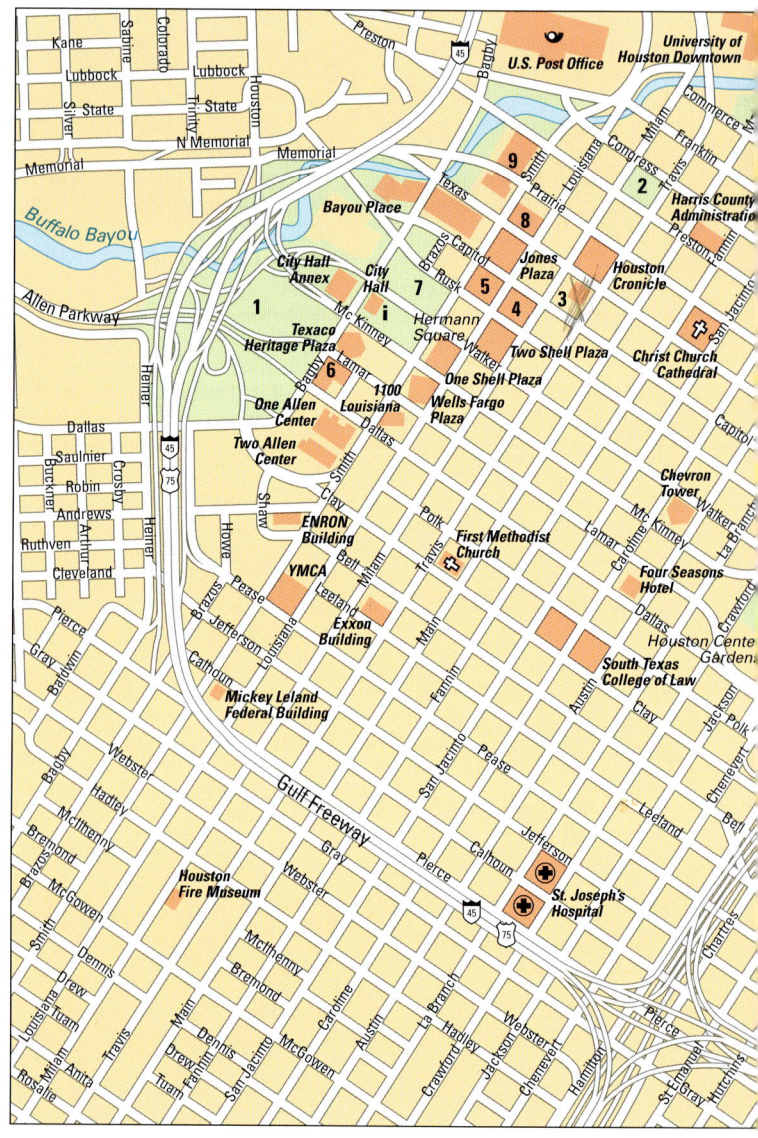

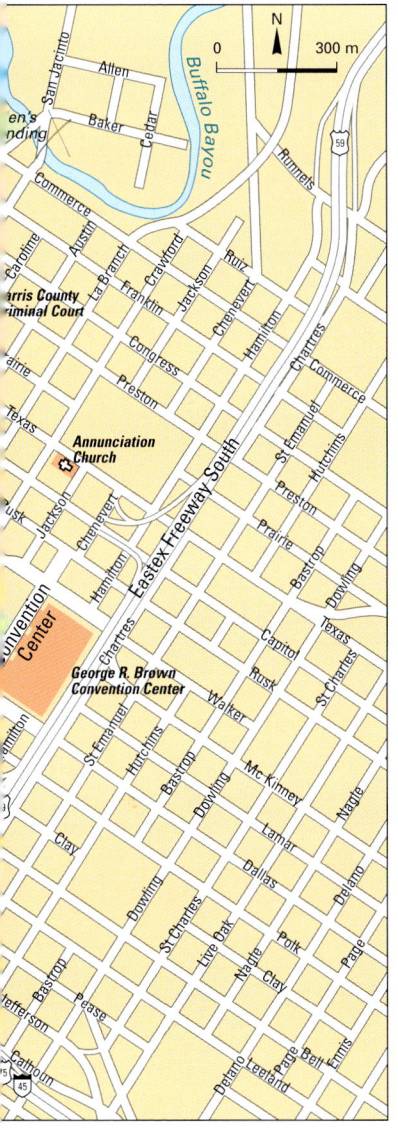

Houston
1 Sam Houston Park
2 Market Square
3 Chase Tower
4 Pennzoil Place
5 Nations Bank
6 Texaco Heritage Plaza
7 Tranquility Park
8 Jones Hall
9 Alley Theater

»One Step For Mankind« zeigt, in Stahl eingraviert, Neil Armstrongs ersten Schritt auf dem Mond, der vom NASA-Zentrum in Houston aus geplant und koordiniert wurde. Zwei Blocks weiter beginnt das Theaterviertel. In der hellen, niedrigen **Jones Hall** (8) ist das Houston Symphony Orchestra zu Hause. Das **Alley Theater** (9) (615 Texas Ave., Tel. 713-228-8421) ist das renommierteste Theater der Stadt. Links davon steht schließlich das **Wortham Center** (510 Preston Blvd.), das Gebäude des Houston Ballet und der Houston Grand Opera.

Selbst in dieser Ecke der Stadt, zwischen glänzenden Hochhäusern und nagelneuen Theaterkomplexen, wird Houston von seiner Vergangenheit eingeholt: Texas Avenue, die breiteste der ohnehin nicht gerade schmalen Straßen Downtowns, misst ganze hundert Fuß, damit vierzehn texanische Longhorn-Rinder nebeneinander durch die Straße getrieben werden können. Es führt mittlerweile zwar kein Cattle Trail mehr durch die Stadt, doch zu Beginn des riesigen, jährlich stattfindenden Houston Rodeo wird die Breite der Straße für einen Umzug genutzt, der wie zu Zeiten der großen Viehtriebe Rinder und Pferde in das Geschäftszentrum bringt.

Downtown unterirdisch

Neben der überirdischen Downtown gibt es unter der Erde eine zweite Stadt. Viele der wichtigsten Gebäude des Viertels sind durch ein klimatisieres **Tunnelsystem** miteinander verbunden. Diese Tunnel erlauben es den im Zentrum arbeitenden Geschäftsleuten, dem Straßenverkehr und dem feuchtheißen Klima, für das Houston berühmt-berüchtigt ist, aus dem Weg zu gehen. Es handelt sich nicht nur um schlichte Tunnel, die von einem Haus zum anderen führen. Die Tunnel haben Namen und sind wie überirdische Straßen beschildert. Auch Geschäfte und Restaurants finden sich in dieser über zehn Kilometer langen Tunnelwelt. In den Lobbies einiger Gebäude, etwa im Pennzoil Place oder im Allen Center, kann man sie hinabsteigen.

Das Museumsviertel

Im Museumsviertel südwestlich von Downtown bietet eine ganze Reihe hochkarätiger Museen etwas für jeden Geschmack.

Das **Museum of Fine Arts** (1) in einem großen Bau von Mies van der Rohe beherbergt eine umfassende Sammlung, die von antiker und mittelalterlicher europäischer bis zu asiatischer und afrikanischer Kunst reicht. Wer sich lieber etwas Ortstypisches ansehen möchte, besichtigt die Abteilung mit indianischer Kunst und die Werke des Westernkünstlers Frederic Remington (1001 Bissonet Blvd., Di–Sa 10–17, Do 10–21, So 12.15–18 Uhr).

Das **Contemporary Arts Museum** (2) in einem bemerkenswerten Gebäude mit einer Fassade aus rostfreiem Stahl sorgte in den siebziger Jahren ständig für Skandale; so hielt es sich – sehr zum Entsetzen der texanischen Presse – zeitweise eine hauseigene Hippiekommune. Das CAM, das mittlerweile einen ziemlich etablierten Eindruck macht, besitzt auch heute noch keine feste Sammlung, sondern zeigt wechselnde Ausstellungen zeitgenössischer Kunst (5216 Montrose Blvd., Di–Do 10–21, Fr–Sa 10–17, So 12–17 Uhr).

Südlich dieser beiden Museen liegt der große gepflegte **Hermann Park**, in dem sich auch der Zoo und das **Naturwissenschaftliche Mu-**

Houston, Museumsviertel
1 Museum of Fine Arts
2 Contemporary Arts Museum
3 Museum of Natural Science
4 Children's Museum of Houston
5 Holocaust Museum Houston
6 Menil Collection
7 Rothko Chapel

West Alabama

Sul Ross
6 **7**
Branard
Cy Twombly
Gallery
West Main
Byzantine
Chapel Museum
Colquitt
Colquitt

Mulberry
Graustark
Mt Vernon
Yoakum
Montrose
Roseland
Stanford

University of
St Thomas

Branard
West Main

West Alabama
Sul Ross
Branard
West Main

Greeley
Jack
Brandt

High School for the
Performing & Visual Arts

Richmond Avenue

Bonnie Brae
Miramar
Castle Ct

Richmond Avenue

Oakley
Woodrow
Kenwood

Roseland
Stanford
Greeley
Jack

Wheeler
Ruth
Travis

Yupon

Banks
Milford
North Boulevard

West Boulevard
Park

South Boulevard

Bissonnet

Shadow
Lawn

Institute
Dora

Mt Vernon
Yoakum
Bayard
Montrose

Southwest Freeway

Autrey
Banks
Milford
Barkdull
Bartlett

Jung Center
Berthea
2
Bissonnet
1

Chelsea

Portland
Pinedale
Oakdale

Sculpture
Garden

Roseland

Louisiana
Miami
Travis
Main

Rosedale

Lawndale
Art Center

Portland

Wichita

Went-
worth
Arbor Place
San Jacinto

Blodgett

Rosedale
Caroline

Palm
Austin

Southmore

Oakdale
Prospect
Calumet

5

Binz
Ewing
San Jacinto
Caroline
Austin

Wyndham
Warwick
Hotel

Park Plaza
Hospital

4

La Branch
Crawford

Sunset Boulevard

Remington
Longfellow

Rice

University

South Main
Fannin

3

Hermann

Hermann Loop Drive

Miller
Outdoor Theater

Park

Hermann
Lake

Museum of Health
& Medical Science

Garden
Center

Gulf Course Drive

Gulf Course

Ewing
Binz

Texas
Medical Center

Zoo Circle

Houston Zoo

N

0   150 m

527

59

59

seum (3) befinden. Man besichtigt ein Planetarium, das Cockrell Butterfly Center, in dem tausende Schmetterlinge herumflattern, und eine Sektion über die Raumfahrt, die in Houston natürlich nicht fehlen darf (1 Hermann Circle, Mo–Sa 9–17, So 12–17 Uhr).

Das **Children's Museum of Houston** (4) informiert kindgerecht über Geschichte, Kultur und Wissenschaft. »Bitte nicht anfassen«-Schilder sind in diesem Museum undenkbar (1500 Binz, Di–Sa 9–17, So 12–17 Uhr).

Das noch junge **Holocaust Museum** (5) ist in einem schwarzen, zylinderförmigen Gebäude untergebracht, dessen schornsteinartiges Aussehen Besucher schon vor dem Betreten des Museums an dessen Thema erinnert (5401 Caroline St., Mo–Fr 9–17, Do bis 21, Sa–So 12–17 Uhr).

Doch zurück zur Kunst. Neben dem Museum of Fine Arts gibt es in Houston einen zweiten Leckerbissen für Kunstliebhaber, nämlich die **Menil Collection** (6) (1515 Sul Ross, Mi–So 11–19 Uhr), die nordwestlich des eigentlichen Museumsviertels an der Kreuzung von Sul Ross und Mandell zu finden ist. In einem klassischen, eleganten Gebäude wird hier die Sammlung von John und Dominique de Menil gezeigt, die so einen Teil ihres Ölreichtums der Allgemeinheit zugute kommen ließen. Neben Stammeskunst und antiken Stücken hat sich das Museum besonders auf die Moderne von Picasso bis Warhol spezialisiert. Praktisch nebenan befindet sich die **Rothko Chapel** (7) (3900 Yupon, tgl. 10–18 Uhr), in der alle Religionen der Welt willkommen sind. In der achteckigen Kirche hängen vierzehn Gemälde des abstrakten Expressionisten Mark Rothko in dunklen Farbtönen, die den Besucher zum Meditieren einladen.

Rice University

Neben den Museen gibt es in dieser Gegend der Stadt zwei weitere beachtenswerte Institutionen. Westlich von Hermann Park liegt zunächst der Campus der Rice University. Die private Rice University wird in Texas für das Harvard des Südens gehalten. Für Reisende vermutlich relevanter ist, dass sie von allen Universitäten in Texas den ansehnlichsten Campus besitzt. Mit dem Entwurf der Bauten wurde das Bostoner Architekturbüro Cram, Goodhue & Ferguson beauftragt, das sich mit dem Bau der Elite-Universität Princeton und der Militärakademie West Point einen Namen gemacht hatte. Die Architekten entschieden sich, in Houston nicht im Stil der College-Gotik zu bauen, für den sie bekannt waren, sondern entwickelten für die Rice University einen eigenen mediterranen Stil aus Elementen der klassischen italienischen, spanischen und südfranzösischen Architektur, die sie für das heiße Texas passender fanden. Das Ergebnis kann sich sehen lassen und ist einen Spaziergang wert.

Texas Medical Center und Astrodome

Südlich von Rice und Hermann Park schließt sich das **Texas Medical Center** an. Dieser medizinische Komplex aus Krankenhäusern und Forschungseinrichtungen ist eine Stadt für sich. Hier arbeiten 50 000 Houstonians; über vier Millionen Patienten werden im Jahr behandelt. Es ist vor allem die renommierte Herzchirurgie, die Ärzte und Patienten aus aller Welt nach Houston bringt, das Medical Center ist aber auch seit langem in der Krebsforschung führend. In den vierziger Jahren wurden hier die ersten Experimente mit Chemotherapie durchgeführt. Ein Stück südlich des Medical Center befindet sich schließlich das **Astrodome** (Kirby Dr. @ I-610,

Führungen um 11, 13, 15 Uhr), ein großes, überdachtes Stadion, in dem 66 000 Besucher Platz finden. Als es 1965 fertig gestellt wurde, galt dieses vollklimatisierte Gebäude als eine Art achtes Weltwunder, doch mittlerweile ist es allenfalls noch ein Denkmal der Schnelllebigkeit der USA: das Footballteam Oilers, das hier ursprünglich spielte, wurde schon vor Jahren nach Tennessee verkauft und das örtliche Baseballteam, die Astros, ist 1999 in ein anderes Stadion umgezogen.

Lyndon B. Johnson Space Center

In der unmittelbaren Umgebung von Houston zieht das Hauptquartier der NASA die Besucher an. Das Lyndon B. Johnson Space Center in Clear Lake, etwa 25 Meilen südöstlich der Stadt, liegt passenderweise an der NASA Road. Das dazugehö-

Lyndon B. Johnson Space Center

63

rige Besucherzentrum **Space Center Houston** befindet sich direkt nebenan und wurde vom Disney-Konzern geplant. Alles ist in dieser Kombination aus Themenpark und Museum perfekt inszeniert und bis ins letzte Detail gestylt.. Im Museumsrestaurant gibt es ›Space ball‹-Eiskrem und im Souvenirgeschäft kann man alle nur erdenklichen Weltraumsouvenirs bis hin zur Astronautennahrung erstehen. Sogar die Klofrauen tragen Raumanzüge.

Doch neben aller Show gibt es auch Interessantes zu sehen, so etwa Mercury-, Gemini- und Apollo-Raumkapseln und die Raumanzüge prominenter amerikanischer Astronauten. Gelungen sind besonders die interaktiven Ausstellungsteile, wo man z. B. mit der Hilfe von Computersimulatoren selbst einen Satelliten aus dem Weltraum holen oder eine Raumfähre landen kann. Wechselnde Filmvorführungen berichten über Geschichte und Zukunft der Raumfahrt oder über das Leben im All. Kein Wunder also, dass viele der 1,5 Millionen jährlichen Besucher an die sechs Stunden hier zubringen.

Vom Space Center aus werden auch Führungen durch das Johnson Center angeboten, die einen Blick hinter die Kulissen der Weltraumzentrale erlauben. Sie müssen auf die Arbeit der Ingenieure und Astronauten Rücksicht nehmen und sind daher immer etwas unterschiedlich. Was man aber stets zu sehen bekommt, sind die **Raumschiffmodelle,** in denen Astronauten lernen, mit der Schwerelosigkeit im All umzugehen, und das eigentliche Herz des Johnson Center, das **Kontrollzentrum,** von dem aus alle amerikanischen Weltraumfahrten koordiniert und überwacht werden. Man kann während der Tour auch den Fortschritt des wichtigsten NASA-Projekts des neuen Jahrtausends begutachten, denn im Space Center wird zur Zeit an der großen internationalen Raumstation gebaut, die 2004 fertig gestellt werden soll (1 Nasa Rd., Di–Fr 10–17, Sa–So 10–19 Uhr).

San Jacinto Monument

Dieses Denkmal etwa 15 Meilen östlich des Stadtzentrums erinnert an eine entscheidende Schlacht, die hier 1836 stattfand. Damals schlug die texanische Armee unter Sam Houston den mexikanischen General Santa Anna und seine Truppen. Ohne diesen Sieg wäre Texas nicht unabhängig und daher – vermutlich – später auch nicht zu einem Teil der Vereinigten Staaten geworden; Houston könnte heute Ciudad Santa Anna heißen und zu Mexiko gehören. Das obeliskförmige Monument ist das höchste Denkmal nicht nur in Texas, sondern in den gesamten USA. Im unteren Teil befindet sich das San Jacinto Museum of History und man kann sich eine Multimediashow mit dem vielsagenden Titel »Texas Forever!! (mit zwei Ausrufungszeichen!!) The Battle of San Jacinto« ansehen (5500 Park Rd., tgl. 10–18 Uhr).

Visitor Information Center, 801 Congress St., Houston, TX 77001, Tel. 713-227-3100, eines der größten und am besten ausgestatteten Touristeninformationsbüros in Texas, www.ci.houston.tx.us und www.houston-guide.com.

 Four Seasons ($$$), 1300 Lamar Ave, Tel. 713-650-1300, eines der besten Hotels der Stadt, Downtown.
Hyatt Regency ($$$) 1200 Louisiana St., Tel. 713-654-1234, Luxushotel mitten in Downtown.
Patrician Bed & Breakfast Inn ($$–$$$), 1200 Southmore, Tel. 800-553-5797, B & B in bester Lage, man kann zu Fuß ins Museumsviertel gehen.
Lovett Inn ($$–$$$), 501 Lovett, Tel. 800-779-5224, B & B mit Pool beim Museumsviertel.
Interstate Motor Lodge ($), 13213 I-10, Tel. 800-255-7343, preiswert.
Motel 6 ($), 1001 NASA Rd. 1, Tel. 281-332-4581, in der Nähe der NASA.
YMCA, 1600 Louisiana St., Tel. 713-659-8501, Jugendherberge am Rand von Downtown.

 Sierra Grill, 4704 Montrose Blvd., Tel. 713-942-7757, edles Ambient, innovative Küche, teuer.
Café Adobe, 2111 Westheimer Rd., Tel. 713-528-1468, günstiger Tex-Mex.
Goode Company Barbecue, 5109 Kirby Dr., Tel. 713-522-2530, das beste BBQ der Stadt.
Hobbitt Hole, 1715 S. Shepard Dr., Tel. 713-528-3418, Überbleibsel aus den sechziger Jahren, Naturkost.
Black Labrador, 4100 Montrose Blvd., Tel. 713-529-1199, britischer Pub und Restaurant.
Wonderful Vegetarian Restaurant, 7549 Westheimer Rd., Tel. 713-977-3137, der Name trifft zu.
Red Pepper, 5626 Westheimer Rd., Tel. 713-622-7800, guter Chinese.

Bombay Brasserie, 5160 Richmond Ave., Tel. 713-355-2000, nordindische Küche.
Bourbon St. Bistreaux, 5555 Morningside, Tel. 713-522-9133, hier wird im Stil des benachbarten Louisiana gekocht.
Last Concert Café, 1403 Nance, Tel. 713-226-8563, einfacher Tex-Mex, hin und wieder Livemusik.

 The Galleria, 5075 Westheimer Rd., eine der größten Shopping Malls der Welt.

 Cézanne's, 4100 Montrose Blvd., Drinks und Jazz.
Uropa, 3302 Mercer, ungewöhnlicher Club in ehemaligem Bürogebäude, mit Kunstsammlung und Bibliothek.
Studio 59, 9391 Bissonet Blvd., Live Rock 'n' Roll sieben Abende die Woche.

 Laffstop, 1952-A, W. Gray St., beliebter Comedy Club, Reservierungen unter Tel. 713-524-2333.
Houston Symphony, 615 Louisiana St., klassische Konzerte in der Jones Hall, Reservierungen unter Tel. 713-224-4240.
Reservierungen für das **Houston Ballet** und die **Houston Grand Opera** (beide im Wortham Center) beim Houston Ticket Office unter Tel. 713-227-2787.

 Houston Live Stock Show & Rodeo: das größte Rodeo in Texas, Februar bis Anfang März.
Buffalo Bayou Regatta: Kanurennen im April.
International Jazz Festival: viel Livemusik im August.
Fiesta Patria: im September.

 Greyhound, 2121 S. Main St., die Gegend gilt als gefährlich, Tel. 713-759-6565.
Amtrak, 902 Washington Ave., ebenfalls in einer Ecke, die als unsicher gilt, Tel. 713-224-1577.

Spindletop:

Eine Ölquelle verändert das Land

Texanische Historiker behaupten manchmal, dass in ihrem Staat das 20. Jh. erst etwas später begann als andernorts, nämlich am 10. Januar 1901. An diesem Tag wurde bei Beaumont ein Fund gemacht, der die Wirtschaft des Staates und das Leben vieler Einwohner für immer verändern sollte. Südlich der Stadt, in einem Gebiet, das man Spindletop nannte, stießen Ölsucher auf die zum damaligen Zeitpunkt größte Quelle der Welt. Bei der Entdeckung schoss das Rohöl mit solcher Wucht aus dem Boden, dass sechs Tonnen Erde und Ölbohrausrüstung in die Luft flogen. Das Ganze wurde von einem ohrenbetäubenden Lärm begleitet und es dauerte Tage, bevor man die riesige Ölfontäne im Griff hatte. Schaulustige kamen nicht nur aus dem nahen Houston, sondern sogar mit Sonderzügen aus Dallas und aus San Antonio, um die Sensation mit eigenen Augen zu sehen.

Spindletop war keineswegs der erste Ölfund in Texas. Schon die texanischen Indianer kannten das ›schwarze Gold‹ und benutzten es zu medizinischen Zwecken. Als eine spanische Expedition 1543 an der texanischen Küste strandete, fiel ihren Teilnehmern eine auf der Wasseroberfläche schwimmende dunkle Substanz auf, die sie zum Abdichten ihrer Boote benutzten. Die erste Ölquelle wurde dann 1866 bei Nacogdoches in Osttexas angebohrt, aber sie gab so wenig Öl und der Preis des Rohstoffs war noch so niedrig, dass man sie bald wieder stilllegte.

Auch als Spindletop entdeckt wurde, war Öl noch nicht so wertvoll wie in späteren Jahrzehnten. Es war vielmehr die unglaubliche Menge an Öl, die große Profite ermöglichte. Auf dem Spindletop-Ölfeld wurden allein im Jahr 1902 17,5 Millionen Barrels Rohöl gefördert. In Beaumont war damit nichts mehr wie zuvor. Innerhalb weniger Wochen wuchs die Bevölkerung von 10 000 auf 30 000. Ein Hektar Land, der ein Jahr zuvor

Beaumont, Orange und Port Arthur

Auf den ersten Blick passt der Landstrich zwischen Houston und der Grenze Louisianas so gar nicht in das Bild, das man sich landläufig von Texas macht. Er ist grün, waldig und feucht. Der ethnische Mix der Bevölkerung erinnert an das benachbarte Louisiana, denn hier leben viele Schwarze und Cajuns. Im frühen 19. Jh. lebten in der Gegend

keine zehn Dollars gekostet hätte, war jetzt eine halbe Million Dollars wert. Hunderte von Bohrtürmen schossen aus dem Boden und Dutzende von Firmen wurden gegründet – unter ihnen die Vorläufer von Gulf, Exxon und Texaco. Außerdem siedelten sich Zulieferbetriebe an, so etwa ein großes Stahlwerk, Öltankfabriken und Sägemühlen, die das Holz zum Bau von Bohrtürmen zuschnitten.

Die Folgen, die der plötzliche Ölreichtum für die amerikanische Wirtschaft hatte, gingen allerdings weiter. Firmen im ganzen Land stellten über Nacht von der Kohle- auf die Ölverbrennung um. Auch Schiffe und das Eisenbahnnetz folgten bald ihrem Vorbild. Die zunehmende Motorisierung der amerikanischen Gesellschaft tat das Ihre. Somit war nun auch der Bedarf da und die Ölpreise stiegen. Auf texanischen Ölfeldern herrschte eine Atmosphäre wie in Kalifornien zur Zeit des Goldrausches. Zunächst wurde vor allem im Gebiet zwischen Beaumont, Orange und Port Arthur gebohrt, doch bald ergriff das Ölfieber auch andere Regionen des Staates. 1930 wurde bei Kilgore ein Ölfeld entdeckt, das noch größer war als Spindletop. Auch im Panhandle und in der Region um Midland stieß man auf reichliche Vorkommen.

Von den texanischen Ölvorkommen hat zwar in erster Linie eine kleine Gruppe wohlhabender weißer Investoren profitiert, aber zumindest ein Teil der Gewinne kommt auch dem Staat und seiner Bevölkerung zugute. Seit 1905 eine Ölsteuer eingeführt wurde, fließt ein kleiner Prozentsatz der Ölprofite in öffentliche Kassen. Außerdem haben Zehntausende texanischer Studenten ihre Ausbildung einer Ölquelle zu verdanken. Sie heißt Santa Rita No. 1, befindet sich auf einem Landstrich, der der University of Texas gehört, und hat ihr über drei Milliarden Dollars eingebracht. Auch viele private Stiftungen und Museen sind aus Vermögen hervorgegangen, die ursprünglich mit Öl gemacht wurden. Die Sid Richardson Kunstsammlung und das Amon Carter Museum in Fort Worth wären ohne die reichlichen Öldollars ebenso wenig gebaut worden wie das McNay Museum in San Antonio oder die Menil-Sammlung und die Rothko-Kapelle in Houston.

nur Jäger und Trapper, später kamen Farmer hinzu. In Beaumont wurde damals mit Holz gehandelt und es war außerdem ein Umschlagplatz für Baumwolle und Zuckerrohr. Als 1901 die Ölquelle von Spindletop entdeckt wurde, änderte sich einfach alles und Dörfer verwandelten sich über Nacht in Großstädte. Wegen der Reichtümer, die hier aus dem Boden geholt wurden, erhielt das Gebiet zwischen Beaumont, Orange und Port Arthur damals den Namen ›Goldenes Dreieck‹.

Beaumont

In Beaumont, knapp 90 Meilen östlich von Houston, erinnert das **John
Jay French Museum** (2985 French
Rd., Di–Sa 10–16 Uhr) an die Anfänge der weißen Besiedlung. Es befindet sich im ältesten Haus weit
und breit und vermittelt einen Eindruck davon, wie man hier vor dem
Bürgerkrieg lebte. Doch die wichtigsten Sehenswürdigkeiten von
Beaumont haben mit Öl zu tun, so
etwa das Freilichtmuseum **Gladys
City Boomtown** (University Dr. @
US 69, Di–So 13–17, Sa 9–17 Uhr),
eine rekonstruierte Siedlung, die die
Atmosphäre des Ölbooms nachempfindet. Neben hölzernen Bohrtürmen, Wohnhäusern, Büros, Geschäften und einem Saloon befindet
sich hier auch das Lucas Gusher
Monument, das ebenfalls an den
Ölfund von Spindletop erinnert. Das
moderne **Texas Energy Museum**
(600 Main St., Di–Sa 9–17, So
13–17 Uhr) an der Main Street informiert systematisch und anschaulich
über die Entwicklung der Ölindustrie in Texas. Sogar die **Saint Anthony Cathedral** an der Ecke von Jefferson und Wall Street ist auf ihre Art
ein Monument des Ölbooms in Beaumont. Als die Stadt nach den ersten Ölfunden geradezu im Geld
schwamm, wurde sie nach dem Vorbild der Peterskirche in Rom errichtet.

Die Golfküste

Gulf of Mexico

N

0   60 km

Orange und Port Arthur

Auch **Orange** ist vom Ölboom gezeichnet. An der **Chemical Row** südlich des Ortes haben sich viele Petroleum verarbeitende Betriebe angesiedelt. Im Hafen werden petrochemische Produkte verschifft. Doch die kleine Stadt am Sabine River hat noch ein anderes Gesicht. Da sie an der Grenze zu Louisiana liegt, hat die Kultur der französischstämmigen Cajuns aus dem Nachbarstaat das Leben des Ortes geprägt. In den Nachtclubs wird Cajun-Musik gespielt und in Restaurants wie dem ›Cajun Cookery‹ kann man auf Louisiana-Art speisen, ohne die Grenze zu überqueren.

Orange ist durch die Rainbow Bridge mit dem weniger als eine halbe Stunde entfernten **Port Arthur** verbunden, dem dritten Eckpunkt des *golden triangle*. Neben den Raffinerien prägt der Hafen die Wirtschaft der Stadt. Manchmal scheinen die Öltanker regelrecht durch die City zu gleiten, denn der Sabine-Neches Ship Channel führt mitten durch die Stadt. Die Geschichte des Prachtbaus der **Pompeiian Villa** (1953 Lakeshore Dr., Mo–Fr 9–16 Uhr) zeigt, dass das Öl lange Zeit nicht nur im übertragenen Sinn die eigentliche Währung von Port Arthur war. Um die Wende vom 19. zum 20. Jh. wurde dieses Herrenhaus im Stil einer antiken Villa errichtet. Als George Craig das Haus kaufte, bezahlte er nicht in Dollars, sondern überschrieb dem Vorbesitzer zehn Prozent seiner Ölfirma, die damals den Namen Texas Company trug und heute Texaco heisst – die zehn Prozent wären heute eine runde Milliarde Dollars wert.

Interessanter als die rosafarbene Villa ist das **Museum of the Gulf Coast** (701 4th St., Mo–Fr 10–14 Uhr). Es informiert über die Gegend und eine Reihe Prominenter, die an der texanischen Golfküste lebten. Darunter sind zwar manche Namen, die Europäern nicht viel sagen, doch allein die Musikabteilung lohnt den Besuch. Hier wird u. a. der Sängerin Janis Joplin gedacht, die in Port Arthur auf die Welt kam und mit Hits wie »Oh Lord won't you buy me a Mercedes-Benz« zu einem der bekanntesten Rockstars der 60er Jahre wurde. Man kann ihr psychedelisch bemaltes Auto bewundern, bei dem es sich allerdings nicht etwa um einen Mercedes, sondern um einen Porsche handelt.

Neben Cajuns haben auch Einwanderer aus Asien die Stadt geprägt. An der Procter Street befindet sich der kaum zu übersehende **Buumon Buddhist Temple.** Wenn man die Ninth Avenue entlangfährt, kommt man nicht nur an einer Reihe asiatischer Geschäfte vorbei, hier steht auch die **Hoah-Binh,** eine im Pagodenstil gestaltete Gedenkstätte, die vietnamesische Flüchtlinge errichtet haben, um der Stadt für ihre freundliche Aufnahme zu danken.

ℹ **Beaumont Convention & Visitors Bureau,** 801 Main St. (in der City Hall), Beaumont, TX 77704, Tel. 409-880-3749, www.beaumontcvb.com

Der Porsche von Janis Joplin im
Museum of the Gulf Coast, Port Arthur

Orange Area Chamber of Commerce,
1012 Green Ave., Orange, TX 77630,
Tel. 409-883-3536 oder 800-528-4906,
www.org-tx.com/chamber
**Port Arthur Convention & Visitors
Bureau,** 3401 Cultural Center Dr., Port
Arthur, TX 77642, Tel. 409-985-7822
oder 800-235-7822, www.portarthurtexas.com.

 In Beaumont: Beaumont Hilton
($$–$$$), 2355 I-10, Tel. 409-842-
1355, das beste Hotel der Stadt.
Holiday Inn Midtown ($$), 2095 N. 11th
St., Tel. 409-892-2222, gehobene Mittel-
klasse.
Scottish Inn ($), 2640 I-10, Tel. 409-899-
3040, einfach und billig.
In Port Arthur: Comfort Inn ($$), 8040
Memorial Blvd., Tel. 409-729-3434, Mit-
telklasse.

The Driftwood ($), 3700 Memorial Blvd.,
Tel. 409-985-8411, einfach und billig.

 im **Sea Rim State Park** südlich des
goldenen Dreiecks.

 **In Beaumont: Willy Ray's Bar-B-
Q,** 145 I-10, Tel. 409-832-7770,
BBQ und andere Grillgerichte.
**In Port Arthur: Nola's Old Santa Fe Rest-
aurant,** 4300 Highway 365, Tel. 409-
724-2615, Steak & Seafood.
Golden Gate Restaurant, 3444 Gulfway
Dr., Tel. 409-982-3100, chinesische und
vietnamesische Spezialitäten.
In Orange: Cajun Cookery, 2505 I-10,
exit 877, Tel. 409-886-0990, große Aus-
wahl an scharfen Fischgerichten.

 Janis Joplin Birthday Bash, Volksfest mit viel Musik, in Port Arthur,
um den 19. Januar.

 Badestrände findet man im **Sea
Rim State Park**.

Galveston

In Houston hält man die zwei Meilen vor der texanischen Küste gelegene Insel Galveston heutzutage für eine Art stadteigenes Strandbad, in der Vergangenheit waren es allerdings vor allem der natürliche Hafen und die günstige Lage am Golf von Mexiko, die ihre Entwicklung prägten. Die erste dauerhafte weiße Ansiedlung wurde 1817 von dem Piraten Jean Lafitte gegründet, der von hier aus Raubzüge in den Golf von Mexiko unternahm. Dass er sich in Texas außerhalb des Rechtsgebietes der USA befand, kam ihm dabei entgegen. Nach der offiziellen Gründung der Stadt 1838 wurde Galveston schnell zum wichtigsten Hafen des Staates. Hier gingen Scharen von europäischen Einwanderern an Land, darunter auch Tausende von Deutschen. Vielen von ihnen gefiel die Hafenstadt so gut, dass sie sich gleich an Ort und Stelle niederließen, um Handwerksbetriebe und Geschäfte zu eröffnen. Um 1850 stammte über ein Drittel der Bevölkerung der Stadt aus Deutschland und es gab sogar eine deutsche Tageszeitung. Auch für schwarze Texaner hat Galveston eine ganz besondere Bedeutung. Nach dem Bürgerkrieg wurde hier am 19. Juni 1865 von dem Nordstaatengeneral Gordon Granger eine Proklamation verlesen, die den Sklaven in Texas die Freiheit gab, ein Ereignis, das auch heute noch an jedem 19. Juni unter dem Namen *Juneteenth* gefeiert wird.

Seine Blütezeit erlebte Galveston im ausgehenden 19. Jh. Damals war es die größte Stadt in Texas und, so wird behauptet, die zweitreichste Stadt der USA. Im Grand Opera House und an der Nobelstraße Broadway kann man noch einiges

Prunkbau aus den 30ern: Hotel Galvez

von der damaligen Pracht erahnen. Doch all dies war 1900 mit einem Schlag vorbei, als ein furchtbarer Orkan über die Insel fegte. Dieser schlimmsten Naturkatastrophe in der Geschichte von Texas fielen über 6000 Einwohner zum Opfer und der Wiederaufbau der Stadt dauerte Jahre. Um zukünftig ähnliche Katastrophen zu verhindern, wurde zu Beginn des 20. Jh. die *sea-wall,* eine Schutzmauer, errichtet und zusätzlich die komplette Stadt – über 2000 Häuser und alle Straßen – zwischen ein und fünf Meter angehoben.

Seine einstige wirtschaftliche Bedeutung konnte der Ort allerdings nie wieder erlangen. Die Eröffnung des Kanals, der 1914 der Hochseeschifffahrt den Hafen von Houston zugänglich machte, besiegelte das

Knusprige Shrimps – in Galveston
natürlich Texas size!

Schicksal des Hafens von Galveston. Auf diese Weise konnte Galveston einiges von der Atmosphäre einer alten Hafenstadt bewahren. Die
Stadt hat den ganz eigenen Charme,
den eben nur Strandorte besitzen.

Villen am Broadway

Die Autobahn I-45, auf der man
nach Galveston Island kommt, wird
innerhalb des Stadtgebietes zum
Broadway, einer der größten Straßen des Zentrums. Dort stehen einige der ansehnlichsten alten Herren-
häuser von Galveston. Viele davon
sind noch Wohnhäuser, einige können allerdings besichtigt werden. So
etwa die **Ashton Villa** (2328 Broadway, Mo–Sa 10–16, So 12–16 Uhr),

die 1859 erbaut wurde und mit An-
tiquitäten möbliert ist. Wenig weiter
steht das Haus **Open Gates** (2424
Broadway), das erste Gebäude in Texas, das im Neo-Renaissance-Stil errichtet wurde. Am Broadway findet
man ebenfalls das mondäne **Moody
Mansion** (2618 Broadway, Mo–Sa
10–16, So 13–16.30 Uhr). Das
Wohnhaus der prominentesten Familie der Stadt ist erst seit wenigen
Jahren der Öffentlichkeit zugänglich. Der **Bishop's Palace** (1402 Broadway, Juni bis August Mo–Sa
12–17, So 12–17, September bis
Mai Mi–Mo 12–16 Uhr) im ver-
spielt-viktorianischen Stil wurde
zwischen 1886 und 1893 aus Kalkstein, grauem und rosafarbenem
Granit und rotem Sandstein errichtet. Es gehört der katholischen Kirche und dient dem Bischof der Diö-
zese Houston-Galveston als Wohnsitz, wenn er sich in Galveston
aufhält.

East End Historical District

Der Bishop's Palace liegt am Rand des East End Historical District. Dieses alte Wohngebiet bietet sich für einen Spaziergang an. In dem vierzig Häuserblocks umfassenden Viertel südlich des Broadway reiht sich ein historisches Wohnhaus an das andere. Besonders die Gebäude entlang der Sealy Avenue und der Winnie Street vermitteln einen Eindruck davon, wie gut es den Geschäftsleuten in Galveston im ausgehenden 19. Jh. ging. Der Stil-Mix der Häuser verschlägt kunstsinnigen Europäern den Atem: *Classic Revival* ist von der Antike inspiriert, *Gothic Victorian* ist eine Art amerikanische Neo-Gotik, *Italianate* sieht irgendwie italienisch aus und *Richardsonian Romanesque* erinnert durch Rundbögen, Türme und massive Säulen an die Romanik. Einer deutschen Burg nachempfunden ist das **John Clement Trube House** (1627 Sealy Ave., privat). In den üppigen Gärten des Viertels wachsen Palmen, Oleander und vieles mehr, was in Deutschland nur im Gewächshaus gedeihen würde – sie profitieren vom subtropischen Klima der Insel.

Strand und East Beach

Wer am Broadway oder im East End wohnte, verdiente früher sein Geld am **Strand,** dem Geschäftszentrum von Galveston, das im 19. Jh. als die Wall Street des Südwestens galt. In den renovierten ehemaligen Lagerhallen, Banken und Warenhäusern befinden sich heute Geschäfte und Restaurants, die ganz auf die Bedürfnisse der Urlauber eingestellt sind, von denen Galveston mittlerweile lebt. ›The Strand‹ wurde nach der gleichnamigen Straße in London benannt und hat nichts mit den Stränden zu tun, von denen Galveston allerdings mehr als genug zu bieten hat. Alle 32 Meilen Strand der Insel sind öffentlich. Auf dem **East Beach** bei der Stadt geht es meistens recht lebhaft zu. Hier kann man Surfbretter oder Jetskis ausleihen, in im Stil von Piers erbauten Andenkengeschäften Muscheln und andere Souvenirs erstehen oder mit Blick auf den Golf frischen Fisch probieren. Die Seawall, die oberhalb des Strandes kilometerlang am Meer vorbeiführt, ist bei Inlineskatern, Joggern und Fahrradfahrern gleichermaßen beliebt. Je weiter man nach Westen fährt, desto ruhiger und leerer wird die Küste. Wem der Sandstrand auf Galveston Island zu grau oder das Wasser des Golfs von Mexiko zu salzig ist, dem bietet sich eine künstliche Alternative: Im Vergnügungspark **Moody Gardens** (neben dem Flughafen, Tel. 409-744-1745, wechselnde Öffnungszeiten) hat man einen wahren Bilderbuchstrand mit Palmen, Süßwasserlagune und strahlend weißem Sand angelegt, der dazu eigens aus Florida importiert wurde.

Galveston Convention & Visitors Bureau, 2106 Seawall Blvd., Galveston, TX 77550, Tel. 409-763-4311 oder 800-351-4237

The Strand Visitors Center, 2016 Strand, Tel. 409-765-7834, www.galvestontourism.com

 Tremont House ($$$), 2300 Mechanic St., Tel. 409-763-0300, elegantes Hotel in einem aufwendig renovierten Gebäude aus dem 19. Jh.
Hotel Galvez ($$$), 2024 Seawall Blvd., Tel. 409-765-7721, großer Bau von 1911 direkt am Strand.
La Quinta ($$), 1402 Seawall Blvd., Tel. 409-763-1224, sauberes Kettenhotel mit großen Zimmern.
Treasure Isle Motel ($), 1002 Seawall Blvd., Tel. 409-763-8561, einfach und eine der günstigsten Unterkünfte am Strand.

 Zelten kann man im **Galveston Island State Park**

 Joe's Crab Shack, 3502 Seawall Blvd., Tel. 409-766-1515, Seafood

direkt am Strand, *stuffed crab* ist eine der Spezialitäten des Hauses.
Gaido's, 3800 Seawall Blvd., Tel. 409-762-9625, das angeblich beste (und auf jeden Fall teuerste) Restaurant der Stadt, spezialisiert auf Fisch und Meerestiere.
Casey's Seafood Restaurant, 3828 Seawall Blvd., Tel. 409-762-9625, Seafood zu zivilen Preisen.
The Strand Brewery, 101 23rd St., Tel. 409-763-4500, hausgebrautes Bier.
La King's, 2323 Strand, Tel. 409-762-6100, Kaffee, Eis, Milkshakes etc.

Im historischen **Grand Opera House**, 2020 Post Ave., wird ein gemischtes Programm gespielt, das von Opern und Ballett bis zu Rockkonzerten und Filmen reicht, Information & Reservierung: Tel. 409-765-1894.

Mardi Gras, Karnevalsfeiern im Februar, die an die bunten Umzüge in New Orleans erinnern.
Dickens on the Strand, weihnachtliche Festivitäten im Stil des viktorianischen England, erstes Wochenende im Dezember.

Am Strand von Galveston

Strände entlang dem gesamten Seawall Blvd., im Apfell Park (der Party-Strand), Steward Beach Park (eher für Familien), Galveston Island State Park (für Naturfreunde) und den Galveston County Pocket Parks (mit Duschen) südwestlich der Stadt.

 Am Seawall Boulevard gibt es **Fahrradverleihe**, da sich die flache Strandstraße zum Radfahren anbietet. Im Sommer kann man auf dem Strand auch Surfbretter mieten.

Rockport und Port Aransas

Etwa 350 Kilometer Küste liegen zwischen Galveston und Corpus Christi. Es gibt keine durchgehende Küstenstraße, die am Golf entlang nach Süden führen würde, und die wenigen Hafenorte, die man hier findet, sind allesamt klein und ziemlich verschlafen. Die beiden interessantesten Orte an diesem Küstenstück sind Rockport, das zusammen mit seinem Nachbarort Fulton etwa 7000 Einwohner zählt, und das noch etwas kleinere Port Aransas, das auf Mustang Island nördlich der Bucht von Corpus Christi liegt.

Rockport

Für viele ist die Gegend um Rockport der schönste Küstenstreifen in Texas, denn während die Golfküste sonst fast völlig baumlos ist, wachsen hier die Wälder bis ans Meer.

Bei Rockport findet man die über tausendjährige **Goose Island Oak,** die größte Eiche in Texas. Das Leben in der Hafenstadt Rockport wird – wie es das kleine, aber interessante **Texas Maritime Museum** (1202 Navigation Circle, Di–Sa 10–16, So 13–16 Uhr) dokumentiert – ganz vom Meer dominiert. Der Hauptwirtschaftszweig ist wie eh und je der Fischfang, wenn auch der Tourismus an Bedeutung gewinnt. In den Seitenstraßen des Ortes, zwischen dem Highway 35 und der Bucht, kann man sich in einigen kleinen Galerien außerdem davon überzeugen, dass in Rockport eine stetig wachsende Künstlerkolonie zuhause ist. Auch der malerische Hafen lohnt einen Stopp; hier liegen Krabbenkutter neben Jachten und Ausflugsbooten. Besucher kommen gerne zum Angeln hierher, besonders aber zum *birding* – die Gegend ist ein ideales Gebiet zum Beobachten aller möglichen Vogelarten. Eine lange vom Aussterben bedrohte Kranichart *(whooping cranes)* überwintert im **Aransas National Wildlife Refuge** (tgl. von Sonnenauf- bis Sonnenuntergang) nördlich von Rockport.

Port Aransas

Etwa fünfzig Kilometer südlich von Rockport liegt die kleine Hafenstadt Port Aransas auf Mustang Island. Die Straße 361 führt von Aransas Pass, das noch auf dem Festland liegt, zunächst auf Harbor Island.

Dort muss man auf die kostenlose Fähre warten, die einen nach einer fünfminütigen Fahrt auf Mustang Island absetzt. Im Gegensatz zu Rockport kann es in Port Aransas – oder Port A, wie es meist kurz genannt wird – während der Sommerferien durchaus voll werden, denn der sympathische Badeort wird als überschaubare und geruhsame Alternative zum nahen Corpus Christi immer beliebter. Auch hier gibt es ein großes Angebot an Bootstouren, auf denen man über die Meeresvögel an diesem Küstenstück informiert wird. Landratten können im **Port Aransas Birding Center** (am nördl. Ende der Ross Ave., tgl. von Sonnenauf- bis Sonnenuntergang) auch vom Land aus Vögel beobachten. Im Hafen werden Boote vermietet und es sticht regelmäßig eine Fähre in See, die Angler und andere Ausflügler auf San José Island bringt. Eine weitere Attraktion sind die Sandstrände an der Golfseite der Insel.

 Rockport-Fulton Area Chamber of Commerce, 404 Broadway, Rockport, TX 78381, Tel. 361-729-6445, www.rockport-fulton.org
Port Aransas Chamber of Commerce, 421 West Cotter, Port Aransas, TX 78373, Tel. 361-749-5919, www.portaransas.org

In Rockport: Laguna Reef Hotel ($$), 1021 S. Water St., Tel. 361-729-1742, mit Pool, einem Stück Strand und einem Pier zum Angeln auf dem Gelände.
Days Inn ($$), 1212 Laurel St., Tel. 361-729-6379 oder 800-248-1057, kleines Motel nördlich des Hafens.

In Port Aransas: Seaside Motel ($$), Sandcastle Dr., direkt am Meer, Tel. 361-749-4105.
Wer länger bleiben möchte, sollte sich bei der Chamber of Commerce nach **Ferienwohnungen** erkundigen.

im Goose Island State Park nördlich von Rockport oder im Mustang Island State Park bei Port Aransas.

In Rockport: Crab-N Restaurant, am Highway 35, etwa acht Kilometer westlich von Rockport (in City by the Sea), Tel. 361-729-2371, originelles Restaurant, an dem man auch mit dem Boot anlegen kann, besonders Fisch, Krabben und Krebse, nur abends geöffnet.
In Port Aransas: Castaways, 320 N. Alister St., Tel. 316-749-5394, für Seafood bekannt, auch Steaks und Pasta.

Seafair: Volksfest mit Seafood in Rockport, im Oktober.

Holiday Beach (direkt in Port Aransas), weitere Strände südlich des Ortes und auf San José Island.

Corpus Christi

Corpus Christi wird gerne als die Hauptstadt der texanischen Riviera bezeichnet. Es ist zwar alles andere als schick oder mondän, mit Sicherheit aber einer der am schönsten gelegenen texanischen Orte. Von vielen Gebäuden im Zentrum genießt man einen unverstellten Blick aufs Meer. Die Stadt und ihre unmittelbare Umgebung bieten neben einer

Krabbenkutter, Corpus Christi

großen Auswahl an Stränden – die schönsten befinden sich auf den der Bucht vorgelagerten flachen Inseln – Gelegenheit zu allen erdenklichen Varianten des Wassersports.

Corpus Christi Day heißt in Amerika der katholische Feiertag Fronleichnam. Genau an diesem Tag legte im Jahr 1519 der Spanier Alonso Alvarez de Piñeda an der Mündung des Flusses Nueces an der Küste des Golfes von Mexiko an und benannte die dortige Bucht nach dem Tag seiner Ankunft. Es sollte allerdings noch einige Jahrhunderte dauern, bevor sich an dieser Stelle die ersten Einwanderer permanent niederließen. Sogar während der Zeit der texanischen Unabhängigkeit, als Sied-

ler in fast alle Regionen von Texas strömten, blieb die Gegend des heutigen Corpus Christi noch relativ leer. Der Grund für die zögerliche Besiedlung war die Tatsache, dass sie sowohl Texas als auch Mexiko für sich beanspruchten. In Texas hielt man den weiter südlich gelegenen Rio Grande für die Grenze, in Mexiko war man anderer Ansicht und meinte, dass der weiter nördlich gelegene Nueces die Staatsgrenze markiere. Nachdem Texas zu einem Staat der USA geworden war, löste dieser Streit den amerikanisch-mexikanischen Krieg aus, in dem die Vereinigten Staaten nicht nur ihre Ansicht über den Grenzverlauf durchsetzten, sondern Mexiko auch den Südwesten und Kalifornien abnahmen.

Die Anfänge des Ortes hängen unmittelbar mit dem amerikanisch-

Nueces Bay

Ship Basin

Harbour Bridge

Timon

North Shoreline

Gulfbreeze

181

Kite Museum

Corpus Christi Beach

6

1

Watergarden

3

4

Mesquite

Port

Corpus Christi Area Convention & Visitor Information Center

5

Brewster

Chaparral

Port

Hughes

Heritage Park-

Resaca

Historic Homes

Fitzgerald

Water

Shoreline Boulevard

Palo Alto

Power

Belden

181

Mesquite

Chaparral

Mann

Twigg

Twigg

Artesian Park

Taylor

Taylor

37

Buffalo

Uptown Post Office

Antelope

Starr

Water

Starr

City Hall

Leopard

La Retama Park

Peoples Street

Peoples Street T-Head

2

City

Flagship

Marina

Nueces County Courthouse

Corpus Christi Cathedral

Schatzell

Lawrence Street

Lawrence Street T-Head

Lipan

Lipan

Williams Market

Water Street Market

Comanche

Centennial House

John Sartain

C.C. Public Library

Art Center of Corpus Christi

Upper Broadway

Mesquite

Chaparra

Cooper

Shoreline Boulevard

L-Head

Blucher

Blucher Park

Tancahua

Caranchua

Sherrill Park

McGee Beach

Corpus Christi Bay

mexikanischen Krieg zusammen. Schon vor Beginn des Krieges ließ der amerikanische General Zachary Taylor an der Bucht ein Zeltlager für seine Truppen errichten, das während des Krieges als Versorgungsposten diente. Aus diesem Militärlager wurde bald eine feste Siedlung, die man nach der Bucht Corpus Christi nannte. Das Militär, dem der Ort seine Anfänge verdankt, ist heute noch präsent und die US Naval Air Station südöstlich der Stadt ist ein wichtiger Wirtschaftsfaktor. Hier wurden u. a. George Bush senior und der spätere Astronaut John Glenn zu Piloten ausgebildet. Auch eine der Touristenattraktionen der Stadt hat militärischen Charakter: Der Flugzeugträger **USS Lexington** (1), der vor dem Shoreline Boulevard in der Bucht vor Anker liegt, wurde während des Zweiten Weltkriegs gebaut, danach noch lange als Trainingsschiff genutzt und ist mittlerweile zu einem schwimmenden Militärmuseum geworden (2914 Shoreline Blvd., tgl. 9–17, im Sommer bis 18.30 Uhr).

Corpus Christi
1 USS Lexington
2 Miradores del flor
3 Museum of Science and History
4 Art Museum of South Texas
5 Asian Cultures Museum
6 Texas State Aquarium

Am Shoreline Boulevard

Mit ihren knapp 300 000 Einwohnern ist die Stadt zwar nicht ganz klein, da aber alle wichtigen Orientierungspunkte und Sehenswürdigkeiten am Shoreline Boulevard liegen, findet man sich leicht zurecht. Der Shoreline Boulevard führt an der Bucht entlang, an der modernen Downtown und am Stadthafen vorbei. Spätnachmittags kann man hier von den zurückkehrenden Fischern fangfrische Garnelen und Krebse günstig kaufen. Vom Hafen aus werden Rundfahrten durch die Bucht angeboten, etwa auf dem einem Schaufelraddampfer nachempfundenen Flagship oder dem kleineren Gulf Clipper, die beide regelmäßig vom so genannten ›T-Head‹, einem Pier am Ende der Peoples Street, ablegen. Am Anfang dieses Piers fällt der von weißen Bögen umgebene Aussichtspunkt **Miradores del flor** (2) auf. Die Blume *(flor)*, nach der er benannt wurde, ist die Tejano-Pop-Sängerin Selena, deren Statue in seinem Innenraum an einer Säule lehnt. Selena Quintanilla-Pérez ist die prominenteste Künstlerin, die Corpus hervorgebracht hat. Seitdem sie 1995 ermordet wurde, wird sie in Südtexas wie eine Märtyrerin verehrt.

Museum District

Wenig weiter nördlich schließt sich das Museumsviertel an. Am **Museum of Science and History** (3)

(1900 N. Chaparral St., Mo–Sa 10–18, So 12–18 Uhr) liegt eine – zur Zeit etwas ramponierte und daher vorläufig nicht zugängliche – Nachbildung der Kolumbusflotte vor Anker. Neben dem Wissenschaftsmuseum befinden sich das **Art Museum of South Texas** (4), (1902 N. Shoreline Blvd., Di–Sa 10–17, Do 10–21, So 13–17 Uhr), das **Asian Cultures Museum** (5), (1809 N. Chaparral St., Di–Sa 10–17 Uhr) und, auf der anderen Seite des Ship Channel, das kleine **Texas State Aquarium** (6), (2710 N. Shoreline Blvd., Mo–Sa 9–17, So 10–17 Uhr).

Die Perle unter den Museen der Stadt ist ohne Frage das Kunstmuseum. Es befindet sich in einem von Philip Johnson entworfenen klassisch-modernen Gebäude mit Meeresblick, das auch ohne jede Kunstausstellung einen Besuch wert wäre.

 Corpus Christi Area Convention & Tourist Bureau, 1823 N. Chaparral St., Corpus Christi, TX 78403, Tel. 361-882-5603, www.corpuschristi-tx-cvb.org

 Omni Marina ($$$), 707 N. Shoreline Blvd., Tel. 361-882-1700, elegantes und teures Hotel in einem Hochhaus direkt an der Bucht.
Best Western Sandy Shores Resort ($$–$$$), 3200 Surfside Blvd., Tel. 361-883-7456, große Anlage in günstiger Lage am Strand.
Gulf Winds Motel ($–$$), 801 N. Shoreline Blvd., Tel. 361-884-2485, einfach.
Sand Dollar Hospitality, Tel. 361-853-1222, vermittelt Zimmer in B & Bs.

 in den Parks auf Padre Island und Mustang Island.

 Water Street Seafood Company, 309 N. Water St., Tel. 361-882-8683, Seafood ist in Corpus einfach ein Muss.
The Lighthouse, 444 N. Shoreline Blvd., Tel. 361-883-3982, wunderbarer Blick auf die Bucht.
Silver Star Kitchen Company, 1521 N. Chaparral St., Tel. 361-879-0797, Lunch in einem viktorianischen Haus im Heritage Park.
Oasis Coffee House, 320 William St., Tel. 361-887-7760, Espresso, Cappuccino etc. im Water Street Market.

 Executive Surf Club, 309 N. Water St., Nachtclub mit Rockmusik und großer Bierauswahl.

 Buccaneer Days, Volksfest mit Rodeo, Parade und Piratenspielen, im April, **Texas Jazz Festival** im Oktober.

North Beach und Corpus Christi Beach (direkt in der Innenstadt), im Mustang Island State Park und im Padre Island National Seashore auf den der Küste vorgelagerten Inseln.

Greyhound, 702 N. Chaparral St., Tel. 512-882-2516.

Padre Island

Isla Blanca nannten die ersten spanischen Entdecker die lange, schmale Insel vor der Küste von Südtexas. Und der Name macht Sinn, denn die Insel ist nichts anderes als eine

Sea Turtles Inc. setzt sich für den
Schutz der Meeresschildkröten ein.

riesige weiße Sandbank, die sich
über fast zweihundert Kilometer von
Corpus Christi bis an die mexikanische Grenze erstreckt. Der Padre, an
den ihr Name erinnert, war der spanische Mönch José Nicholás Balli,
der die Insel zu Beginn des 19. Jh.
der spanischen Krone abkaufte und
hier eine erste weiße Siedlung gründete. Während des Zweiten Weltkriegs und in den Jahren danach gehörte die Insel dem Militär. Die Ma-
rinepiloten, die in Corpus Christi
ausgebildet wurden, übten damals
in den Sanddünen von Padre Island
das Bombenabwerfen. In den 60er
Jahren wurde sie dann künstlich in
zwei Hälften geteilt. Um dem Hafenort Mansfield den direkten Zu-

gang zum Golf von Mexiko zu ermöglichen, wurde der so genannte
›Mansfield Cut‹ gebaut, der die Insel
zerschneidet und über den auch
heute noch keine Brücke führt. Der
größere nördliche Teil der Insel ist
per Fähre über Mustang Island oder
über den John F. Kennedy Causeway
zu erreichen, der von Corpus Christi
aus über die Laguna Madre, die flache Lagune zwischen dem Festland
und den vorgelagerten Inseln, dorthin führt.

Auf der schmalen Padre Insel
führt eine Straße nach Süden, zum
Padre Island National Seashore.
Dieser über hundert Kilometer lange
Park steht komplett unter Natur-
schutz und gilt als das unberührteste
Stück Küste der gesamten USA. Der
am besten erschlossene Teil ist **Ma-
laquite Beach,** wo man ein Informationszentrum, eine Rangerstation

Beach Boys auf Padre Island

und einen Campingplatz findet. Weiter südlich warten dann nur noch unendliche Sanddünen und Strände, die immer einsamer werden, je weiter man nach Süden kommt.

Im Gegensatz zum nördlichen Teil von Padre Island ist die südliche Hälfte der Insel komplett touristisch erschlossen. Am Südzipfel liegt der Ort **South Padre Island,** den man von Port Isabel aus über den Queen Isabella Causeway erreicht. South Padre Island ist ein beliebter Urlaubsort – mit den üblichen Vor- und Nachteilen. Wegen des angenehmen Klimas und der schönen Strände kommen jährlich mehr als zwei Millionen Urlauber in den Ort, der mehr Ferienwohnungen als Einwohner aufzuweisen hat. Man hat hier eine große Auswahl an Unterkünften und Restaurants, kann Surfbret-

ter und Boote mieten, die langen Strände auf dem Pferderücken oder in Beach-Buggies erkunden und sogar Unterricht im Sandburgenbauen nehmen.

Zu einem der interessantesten Erlebnisse auf der Südhälfte der Insel gehört ein Besuch bei **Sea Turtles Inc.,** einer Organisation, die sich der Rettung der vom Aussterben bedrohten Meeresschildkröten widmet und die Informationsveranstaltungen abhält. Die 2000 Einwohner-Stadt South Padre Island ist allerdings sehr verbaut und kann gerade im Frühling überfüllt sein, wenn Zehntausende von amerikanischen Studenten einfallen, um während der Semesterferien auf den Stränden große Partys zu feiern und die Sonne zu genießen.

Als ruhigere Alternative bietet sich dann der kleine Hafenort **Port Isabel** auf der Festlandseite der Laguna Madre an. Während das nagelneue South Padre Island ausschließlich vom Tourismus lebt, sind im älteren Port Isabel auch noch echte Fischer zuhause. Die Krabbenfischer von Port Isabel sind bekannt, denn sie fangen einen Großteil der Shrimps, die man in den Restaurants von ganz Texas serviert bekommt. Neben dem Hafen, einem malerisch am Wasser gelegenen Friedhof und dem **Port Historical Museum** (317 Railroad Ave., Di-Sa 10–16, So 13–16 Uhr) kann auch das historische **Port Isabel Lighthouse** (am Highway 100, Mi–So 14–16 Uhr) besichtigt werden, der einzige Leuchtturm an der texanischen Küste, der der Öffentlichkeit zugänglich ist.

South Padre Island Convention & Visitors Bureau, 600 Padre Blvd., South Padre Island, TX 78597, Tel. 956-761-6433 oder 800-767-2373, www.so-padre.com.

In South Padre Island: Sheraton Fiesta South Padre Island Beach Resort ($$$), 310 Padre Blvd., Tel. 956-761-6551, eine der besten Unterkünfte im Ort, alle Zimmer mit Balkon und Meerblick.
Brown Pelican Bed and Breakfast ($$–$$$), 207 W. Aries, Tel. 956-761-2722, mit Antiquitäten eingerichtetes B&B.
Padre South Resort ($$–$$$), 1500 Gulf Blvd., Tel. 956-761-4951, direkt am Strand.
Surf Motel ($–$$), 2612 Gulf Blvd., Tel. 956-761-2831, einfaches Motel direkt am Strand.
Auf South Padre Island gibt es ein großes Angebot an **Ferienwohnungen,** die man teilweise auch für wenige Tage mieten kann (Listen der Vermieter kann man im Convention & Visitors Bureau erfragen).

In Port Isabel: Yacht Club Hotel ($–$$), 700 Yturria St., Tel. 956-943-1301, Hotel aus den 1920er Jahren mit viel Charme und ausgezeichnetem Fischlokal.

im **Padre Island National Seashore Park** auf der nördlichen, im **Isla Blanca County Park** auf der südlichen Insel.

In South Padre Island: Scampi's, 206 W. Aries, Tel. 956-761-1755, Fischgerichte und gute Weinkarte.
Rovan's Bakery, Restaurant & BBQ, 5300 Padre Blvd., Tel. 956-761-6972, beliebtes Frühstückslokal, Hausmannskost zu Lunch und Dinner.
In Port Isabel: Pirate's Landing, 100 Garcia St., Tel. 956-943-3663, gutes Fischlokal neben dem Leuchtturm mit Blick auf die Laguna Madre.
Yacht Club (siehe Unterkunft).

Boomerang Billy's Beach Bar & Grill, 2612 Gulf Blvd., beliebte Bar direkt am Strand.
Padre Island Brewing Company, 3400 Padre Blvd., Tel. 956-761-9585, 16 Sorten hausgebrautes Bier (allerdings nur Ale und Lager).

South Padre Island Windsurfing Blowout, am ersten Wochenende im Mai; **Texas International Fishing Tournament,** meistens am ersten Wochenende im August.

Der Strand im Padre Balli County Park ist sehr belebt. Ruhe findet man an den Stränden nördlich von S.P.I.

Fischen, Segeln, Reiten (Reitstall am Strand nördlich der Stadt), Golf, Windsurfing (South Padre wurde kürzlich von der Zeitschrift Windsurfing unter die zehn beliebtesten Windsurforte der USA gewählt).

Metroplex und tiefer Süden

Dallas

Metroplex und tiefer Süden: Dallas, Fort Worth und Osttexas

Von Dallas und Fort Worth heißt es, dass der Flughafen das Einzige sei, was sie gemeinsam hätten. Die Finanzmetropole Dallas repräsentiert das neue Texas der Banken und Konzerne, während die Schwesterstadt Fort Worth sich ganz als Country- und Westernstadt der Pionierzeit gibt. Die Dörfer und Kleinstädte des texanischen Ostens sind wieder eine andere Welt, denn diese ländliche Region ist geografisch und kulturell ein Ausläufer des tiefen Südens.

Metroplex

Das Gebiet um Dallas ist eine der am dichtesten besiedelten Regionen von Texas. In der unmittelbaren Umgebung liegen neben Fort Worth u. a. Plano, Irving, Arlington, Garland – Großstädte, die Hunderttausende von Einwohnern haben und die mittlerweile so dicht zusammengewachsen sind, dass man ihre Stadtgrenzen nicht mehr bemerkt. Dieses Konglomerat von Städten, in dem insgesamt fast fünf Millionen Menschen leben, wird in Texas ›Metroplex‹ genannt. Für viele Reisende, die aus Europa nach Texas kommen, ist es das Erste, was sie vom Land kennen lernen, denn sie landen in der Regel am Flughafen Dallas/Fort Worth.

Dallas

Dallas ist nicht die Hauptstadt von Texas, es ist nicht die größte Stadt des Staates und sicher auch nicht die interessanteste – trotzdem ist es aber die international bekannteste texanische Metropole. Dies mag teilweise an der Fernsehserie »Dallas« liegen, die die Stadt in den 1980ern weltweit berühmt machte. Die Geschichten über Ölmillionäre und Rinderbarone überlagern seitdem das ältere, noch eindimensionalere Image der Stadt. Für frühere Generationen war Dallas nämlich nur eins: die Stadt, in der John F. Kennedy ermordet wurde. Natürlich sind weder J.F.K. noch J.R. spurlos an Dallas vorbeigegangen und so ist neben den entsprechenden Sehenswürdigkeiten ein ausgewachsenes Indentitätsproblem geblieben, das man allerdings geschickt zu kaschieren versteht. ›The Big D‹ präsentiert sich lieber als Stadt der Superlative, und es wird behauptet, Dallas sei das wichtigste Reiseziel in Texas, sein Flughafen sei der zweitgrößte der Welt, der Vergnügungspark ›Six Flags over Texas‹ sei größer als Disneyland bei Los Angeles, Dallas habe mehr Hotels als New York und in Dallas seien pro Kopf mehr Shopping Center zu finden als in jeder anderen Stadt der USA.

Erst in der Zeit nach dem Bürgerkrieg ging es mit dem Nest namens Dallas bergauf. 1872 wurde die Strecke der Houston & Texas Central Railroad durch den Ort verlegt. Als dann – nur ein Jahr später – die Texas & Pacific-Eisenbahnlinie ihren Schienenstrang durch den Nordosten von Texas verlegte und es den Siedlern von Dallas gelang, dafür zu sorgen, dass sich diese Ostwest-Achse und die ältere Nordsüd-Verbindung genau in ihrem Ort kreuzten, da war Dallas über Nacht zu einem wichtigen Verkehrsknotenpunkt geworden. Alle landwirtschaftlichen Produkte der Gegend – zunächst vor allem Baumwolle – wurden hier verladen, Geschäftsleute aus Chicago und St. Louis begannen, Niederlassungen zu eröffnen und die Bevölkerungszahlen stiegen schlagartig an.

Als ein Jahrhundert später zwischen Dallas und Fort Worth einer der größten Flughäfen der USA eröffnet wurde, war die Stadt zu einem internationalen Handelszentrum geworden. Neben Banken und der Elektroindustrie mischt man auch im Ölgeschäft mit. Es gibt zwar

Viehtreck aus Bronze auf der Pioneer Plaza

Tatort Dallas

John F. Kennedy wurde nicht nur verehrt, er hatte auch viele politische Feinde. In Texas war er alles andere als beliebt. Ein Liberaler von der Ostküste, noch dazu katholisch – eine schlimmere Kombination konnten sich konservative Texaner kaum vorstellen. Da sich Kennedy schon während des Wahlkampfes bewusst war, dass er in Texas und in anderen Südstaaten praktisch chancenlos war, hatte er seinen Vize geschickt gewählt: Lyndon B. Johnson war vergleichsweise konservativ und zudem ein echter Bilderbuch-Texaner, der den Demokraten Stimmen einbrachte, die ansonsten für Kennedy verloren gewesen wären.

Was schon für Texas insgesamt galt, traf ganz besonders auf Dallas zu. Die Stadt galt als erzreaktionär und der Präsident sah seinem Besuch am 22. November 1963 wohl mit gemischten Gefühlen entgegen. Um so erfreuter waren die Kennedys über den freundlichen Empfang, den ihnen die Einwohner von Dallas bereiteten. Die Sonne strahlte vom Himmel. Sie konnten in einem offenen Wagen durch die Innenstadt fahren und den Schaulustigen am Straßenrand zuwinken. Im selben Auto saßen auch der Gouverneur von Texas und seine Ehefrau. »Nun, Mr. President«, wandte sie sich lächelnd zu Kennedy um, als der Wagen am Dealy Plaza vorbeifuhr, »Sie können nicht behaupten, dass Dallas Sie nicht liebt!« Noch bevor Kennedy antworten konnte, hörte man Schüsse und der Präsident sank zusammen. Um zwei Uhr nachmittags wurde das Unfassbare offiziell bestätigt: »The President ist dead«. Zu diesem Zeitpunkt hatten die Ermittlungen der Polizei bereits begonnen. Sofort nach den Schüssen auf den Präsidenten durchsuchten Polizisten ein nahe gelegenes Backsteingebäude, das als Schulbuchlagerhaus diente und aus dem Zeugen des Attentats Schüsse gehört hatten. Sie trafen dort den 24-jährigen Lee Harvey Oswald an, der wenig später verhaftet wurde.

In den folgenden Stunden und Tagen schien ganz Amerika und ein Großteil der westlichen Welt unter Schock zu stehen. Während der Beerdigung Kennedys saßen 93 Prozent aller Amerikaner vor dem Fernseher. Die Straßen von Manhattan waren ebenso leer gefegt wie die Autobahnen von Los Angeles. Flugzeuge verschoben ihren Start, damit Besatzung und Passagiere die Übertragung der Trauerfeier mit ansehen konnten. Es war ein Sonntag und die amerikanischen Fernsehstationen übertrugen zunächst den Trauergottesdienst, der für den ermordeten Präsidenten in Washington abgehalten wurde. Bevor sie dann ihr Programm mit der eigentlichen Beerdigung fortsetzten, schaltete man kurz nach Dallas, wo

Aus dem 6.Stock des Backsteingebäudes links wurde J.F. Kennedy erschossen

Lee Harvey Oswald in ein anderes Gefängnis verlegt werden sollte. Doch der Mann war kaum auf dem Bildschirm zu sehen, als er vor laufender Kamera und den Augen der halben Welt erschossen wurde. Oswalds Mörder wurde bald als ein gewisser Jack Ruby identifiziert, der in Dallas eine Bar besaß.

Oswalds Tod machte die Aufklärung des Attentats praktisch unmöglich. Es herrschte totale Verwirrung. Ruby hatte kein echtes Motiv für die Ermordung Oswalds und auch Oswald hatte keinen unmittelbar ersichtlichen Grund für den Anschlag auf den Präsidenten. Er hatte eine Zeit lang in der Sowjetunion gelebt, was ihn aus amerikanischer Sicht verdächtig machte, aber mehr wusste man nicht über ihn.

Lyndon B. Johnson ernannte eine Kommission, die der Sache auf den Grund gehen sollte. Sie bemühte sich zehn Monate lang um die Aufklärung des Verbrechens, vernahm 552 Zeugen und kam zu dem Schluss, dass Oswald den Präsidenten erschossen hatte und dass er ein Einzeltäter war. An diese offizielle Version hält sich auch das Sixth Floor Museum, das 1989 in dem ehemaligen Lagerhaus eröffnet wurde, von dessen Fenster aus Oswald auf Kennedy geschossen haben soll.

Doch der Öffentlichkeit hat dies nie ausgereicht. Von zahllosen Hobbyhistorikern bis hin zum Filmregisseur Oliver Stone machen sich Amerikaner seit Jahrzehnten einen Sport daraus, neue Erklärungen für die Ermordung Kennedys zu finden. So wurden schon der KGB, Fidel Castro, Castro-Gegner, die CIA, das FBI, die Mafia oder die amerikanische Rüstungsindustrie für das Attentat verantwortlich gemacht.

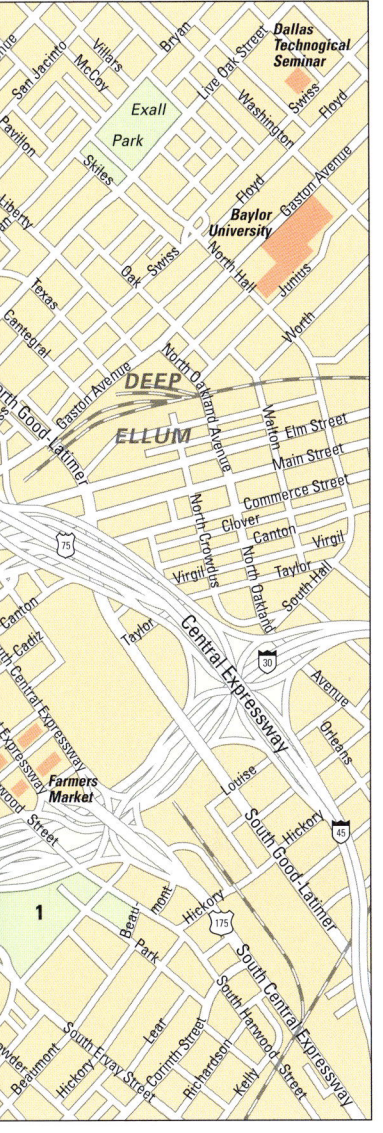

Dallas, Downtown

1 Old City Park
2 Reunion Tower und
  Reunion Park
3 Dallas County Historical Plaza
4 Sixth Floor Museum
5 Kennedy Memorial
6 Pioneer Plaza
7 Dallas Museum of Art
8 Kaufhaus Neiman-Marcus

in der unmittelbaren Umgebung keine Ölfelder, der Handel mit dem schwarzen Gold wird aber trotzdem intensiv betrieben. Heute ist Dallas eine der reichsten und vitalsten Städte der USA, der auch für die nächsten Jahre ein stetiges Wirtschafts- und Bevölkerungswachstum vorhergesagt wird.

Old City Park

(1) Mit der Erkundung von Dallas kann man gut im Old City Park südöstlich des Geschäftszentrums beginnen. In dieser ältesten Grünanlage der Stadt befindet sich das **Old City Park Museum** (1717 Gano St., Di–Sa 10–16, So 12–16 Uhr), eine der wenigen Stellen in Dallas, wo die Atmosphäre des 19. Jh. zumindest ein wenig weiterlebt. Seit den 1960er Jahren sind in dem Freilichtmuseum Gebäude aus der Pionierzeit zu besichtigen, neben stilgerecht eingerichteten Wohnhäusern auch ein Bahnhof, ein Hotel, Geschäfte und eine Arztpraxis. Diese

historischen Häuser könnten kaum in einem größeren Kontrast zu ihrem Hintergrund stehen, denn dort glänzen die Glastürme der Innenstadt.

Reunion Tower und Reunion Park

(2) Der fünfzigstöckige **Reunion Tower** (Houston St. & Reunion Blvd., So–Do 10–20, Fr–Sa 9–24 Uhr) hebt sich durch seine kugelförmige, von einem riesigen, nachts beleuchteten Gitter umgebene Spitze vom Rest der Skyline ab. In der Spitze dieses Turms sind ein sich um die eigene Achse drehendes Restaurant und ein Observation Deck untergebracht. Besonders beeindruckend ist der Ausblick von dort spät abends, wenn sich die erleuchteten Hochhäuser des Geschäftszentrums vor dem Nachthimmel abzeichnen. Aber auch tagsüber ist der Blick aus der Vogelperspektive ein Erlebnis und man kann sich von hieraus gut einen Überblick über die Innenstadt verschaffen. Südwestlich sieht man zunächst den Trinity River, der den ersten weißen Siedler motivierte, sich hier niederzulassen. Südlich schließt sich an den Turm der kleine **Reunion Park** an.

Der Name des Parks – und auch des Reunion Tower selbst – erinnern an eine Siedlung, die sich in der Mitte des 19. Jh. neben dem heutigen Park befand. Sie nannte sich ›La Réunion‹ und war von einer Gruppe französischer Sozialisten gegründet worden, die in der Wildnis von Texas eine ideale Gesellschaft aufbauen wollten. Sie konnten an die 300 Gleichgesinnte hierher locken, da es sich aber fast ausschließlich um Künstler, Musiker und Schriftsteller handelte, die nichts von der Landwirtschaft verstanden, scheiterte das Experiment schon nach wenigen Jahren.

Dallas County Historical Plaza

(3) Von den Träumereien dieser französischen Idealisten war die amerikanische Siedlung, die nur wenig weiter östlich lag, weit entfernt. Die Anfänge der erfolgreicheren amerikanischen Niederlassung sind auch heute noch sichtbar: In nordöstlicher Richtung erkennt man einen Platz mit einer großen Rasenfläche in der Mitte, die Dallas County Historical Plaza. Dort fällt ein dunkelrotes, gedrungenes Gebäude mit vielen Türmchen auf, in dem sich früher das Gericht befand. Wenn man noch etwas genauer hinsieht, dann kann man – zumindest von den Fenstern des höher gelegenen Restaurants aus – auch eine winzige Blockhütte erspähen. Genau dort soll sich 1841 der erste weiße Siedler in dieser Gegend, John Neely Bryan, niedergelassen haben. Ihren heutigen Namen erhielt die Stadt einige Jahre später. Er erinnert an den elften Vizepräsidenten der USA, George M. Dallas, der sich 1845 dafür engagierte, das damals unabhängige Texas zu einem Teil der Vereinigten Staaten zu machen.

Erinnerungen an John F. Kennedy

Ein wenig weiter südwestlich kann man an der Ecke von Elm und Houston Street ein schlichtes, siebenstöckiges Backsteingebäude ausmachen, das das Schicksal von Dallas mindestens genauso geprägt hat wie Bryans Blockhütte. Von einem Fenster dieses früheren Schulbuchlagerhauses aus erschoss Lee Harvey Oswald am 22. November 1963 John F. Kennedy. 1989 wurde im Gebäude ein Museum eröffnet, das sich **Sixth Floor Museum** (4) (411 Elm St., tgl. 9–18 Uhr) nennt und an Kennedy, seine Präsidentschaft, das Attentat und dessen Folgen erinnert. Ne-

ben dem offiziellen Sixth Floor Museum gibt es wenige Straßen weiter an der Ecke von Market und Commerce Street ein zweites Museum, das sich ebenfalls mit der Ermordung Kennedys befasst: Das **Conspiracy Museum** (110 S. Market St., tgl. 10–18 Uhr) ist allerdings eher etwas für Fans des Abstrusen, denn hier wird versucht, das Kennedy-Attentat durch eine obskure Verschwörungstheorie zu erklären.

Praktisch direkt neben dem Conspiracy Museum, zwischen Main und Commerce Street, erinnert ein offizielles Mahnmal an das tragische Attentat: Das **Kennedy Memorial** (5) wurde 1969 von Philip Johnson entworfen. Hinter massiven weißen Wänden verbirgt sich eine schwarze Granitplatte, auf der nichts weiter als der Name des ermordeten Präsidenten zu lesen ist.

Das Kennedy Memorial

Die Besichtigung eines weiteren Denkmals in der Innenstadt von Dallas sollte man sich auf keinen Fall entgehen lassen: Auf der **Pioneer Plaza** (6) vor dem riesigen Dallas Convention Center gedenkt Dallas abermals seiner Anfänge. Überlebensgroße Bronzecowboys treiben eine Herde von siebzig riesigen Bronzerindern über den Platz. So wird an den Shawnee Trail erinnert, eine Route, über die im 19. Jh. Vieh in den Norden getrieben wurde und die an dieser Stelle durch den Trinity River führte. Man sieht hier fast immer Besucher, die sich mit den Longhorn-Rindern vor den Hochhäusern im Hintergrund ablichten lassen.

Arts District und Fair Park

Unmittelbar nördlich des Geschäftszentrums schließt sich der Arts District an, ein Theater- und Museenviertel, für dessen Zukunft man in Dallas ehrgeizige Pläne hegt. Außer dem Arts District Theatre und dem Morton H. Meyerson Symphony Center ist zur Zeit das **Dallas Museum of Art** (7) (1717 N. Harwood St., Di, Mi, Fr 11–16, Do 11–21, Sa, So 11–17 Uhr) das Highlight des Viertels. Das Museum besitzt eine große Sammlung afrikanischer, europäischer, asiatischer und amerikanischer Kunst. Zu seiner Gemäldesammlung gehören Werke von Monet, Mondrian und Frida Kahlo.

Mehrere Museen befinden sich auch auf dem Gelände des **Fair Park & Exposition Park,** einer großen Anlage östlich von Downtown. Sie wurde eigens für die Texas Centennial Exposition erbaut, eine Art Weltausstellung, mit der in Dallas 1936 das hundertjährige Bestehen von Texas gefeiert wurde. Viele der Gebäude wurden damals im Art-déco-Stil errichtet, so etwa die monumentale **Hall of State** (3939 Grand Ave., Di–Sa 9–17, So 13–17 Uhr), in deren Foyer Statuen texanischer Nationalhelden wie Stephen Austin und Sam Houston zu sehen sind. Zu den Museen im Fair Park gehören das **Museum of Natural History** (3535 Grand Ave., tgl. 10–17 Uhr) und das anschauliche **Age of Steam Railroad Museum** (1105 Washington St., Mi–So 10–17 Uhr) über die Entwicklung der Eisenbahn, die bei der Erschließung von Texas eine zentrale Rolle spielte. Wer im Fair Park nur Zeit für ein Museum hat, sollte sich auf das interessante **African American Museum** (3536 Grand Ave., Di–Fr 12–17, Sa 10–17, So 13–17 Uhr) beschränken. Es zeigt eine der größten Sammlungen von afroamerikanischer Kunst in den USA und widmet sich in wechselnden Ausstellungen der Geschichte und den Alltagserfahrungen der schwarzen Amerikaner.

Shopping ohne Grenzen

Bekannter als die Museen der Stadt sind allerdings die Einkaufsmöglichkeiten, die Dallas seinen Besuchern bietet. Die Stadt gilt in Texas als wahres Shoppingmekka, und es ist sicher kein Zufall, dass in Dallas die älteste Shopping Mall der Vereinigten Staaten steht: das in einem pseudokolonialen Stil gestaltete **Highland Park Village** (Preston Rd. & Mockingbird Ln.) im Norden der Stadt. Seit 1931 findet man hier Edelboutiquen, Geschäfte und Restaurants. Beliebt ist auch die große, am LBJ-Freeway gelegene **Galleria,** deren Architektur die Formen der Galleria in Mailand nachempfindet. Neben den üblichen Geschäften beherbergt sie eine Eisbahn, auf der man auch im Hochsommer eine Runde Schlittschuh laufen kann.

Ein Muss für echte Shopper ist das Haupthaus der Kaufhauskette **Neiman-Marcus** (8) (1618 Main St.). Es handelt sich um eine der renommiertesten Einkaufsadressen der USA, die sich auf das Feinste vom Feinen spezialisiert hat. So gibt es im jährlichen Weihnachtskatalog des Hauses eine Sektion mit dem bezeichnenden Titel »How to spend a million dollars at Neiman-Marcus«.

Deep Ellum

Wem nach so viel Kunst und Kommerz der Sinn nach etwas Erholung in einem gemütlichen Restaurant oder in einer Kneipe mit Livemusik steht, folgt der Commerce oder der Main Street nach Osten und kommt bald in das nah bei Downtown gelegene Unterhaltungsviertel Deep El-

lum. Im frühen 20. Jh., als man in Dallas noch streng nach Rassen getrennt lebte, einkaufte und ausging, war Deep Ellum das Zentrum der Afroamerikaner der Stadt und besonders für seine Jazz- und Bluesclubs bekannt. Auch heute gibt es hier noch viel Musik, Kneipen, Kunstgalerien, schräge Geschäfte und einige der besten ethnischen Restaurants der Stadt.

Southfork Ranch

Einige weitere Sehenswürdigkeiten, die man mit Dallas verbindet, liegen nicht in der Stadt selbst, sondern in Vorstädten oder auch in angrenzenden Orten. Das Stadion des bekannten Baseballteams Texas Rangers befindet sich z. B. in Arlington. Sogar das **Texas Stadium** (1 Cowboys Parkway), in dem das legendäre Footballteam der Stadt, die Dallas Cowboys, spielt, liegt nicht in Dallas selbst, sondern im nahen Irving. Schließlich muss man auch für den Besuch der **South Fork Ranch** (an der Farm Road 2551, tgl. 9–17 Uhr) einen Ausflug vor die Tore der Stadt machen. Auf dem Gelände der Ranch bei Plano, nördlich von Dallas, wurde Ende der siebziger, Anfang der achtziger Jahre die Fernsehserie »Dallas« gedreht. Wer sich noch heute für die TV-Schicksale von J. R., Bobby und den anderen Ewings interessiert, für den ist das Haus sicher ein Muss. Man sollte allerdings wissen, dass auf South Fork nur wenige Außenaufnahmen gedreht wurden und dass die Einrichtung der Ranch in keinem Zusammenhang mit »Dallas« steht. Der Großteil der Serie entstand im Studio in Hollywood. Für Fans ist aber das Museum auf der Ranch eine Entschädigung. Hier werden Ausschnitte aus den erfolgreichsten Folgen vorgeführt, man kann den Stammbaum der Familie Ewing studieren und Requisiten anschauen, so etwa die Pistole, mit der 1980 auf J. R. geschossen wurde. Die nächste Folge, mit der »Dallas« nach der Sommerpause wieder anlief, war schließlich die bis dahin meistgesehene Serienfolge der Fernsehgeschichte.

Dallas Convention & Visitors Bureau, 100 S. Houston St., Dallas, TX 75270, Tel. 214-571-1301 oder 800-232-5527, www.dallascvb.com

The Adolphus ($$$), 1321 Commerce St., Tel. 214-742-8200, Luxushotel in einem alten Gebäude mit Restaurant und Bar in Downtown.
Inn on Fairmount ($$$), 3701 Fairmount Ave., Tel. 214-522-2800, B&B mit nur sieben Zimmern.
Red Roof Downtown ($$), 4500 Harry Hines Blvd., Tel. 214-522-6650, Mittelklasse.
Paramount Hotel ($$), 302 S. Houston St., Tel. 214-761-9090, Hotel in praktischer Lage in Downtown.
Welcome Inn ($), 3245 Merrifield Ave., Tel. 214-826-3510, günstiges, sehr einfaches Motel an der Autobahn I-30.

Corner Bakery, 301 N. Market St., Tel. 214-561-8650, Café und Lunchlokal zwischen dem West End und der Dallas County Historical Plaza.
Gator's Croc & Roc, 1714 Market St.,

Tel. 214-748-0243, Cajun und mexikanische Spezialitäten im Stadtzentrum.
Sonny Bryan's Smokehouse II, 320 N. Market St., Tel. 214-744-1610, seit 1910 für köstliches BBQ bekannt.
The Butcher Shop Steakhouse, 808 Munger Ave., Tel. 214-720-1032, saftige Steaks auf offenem Grill zubereitet.
Cosmic Café, 2912 Oak Lawn, Tel. 214-521-6157, rein vegetarische Karte.
Coppertank Brewery, 2600 Main St., Tel. 214-744-2739, hier wird hausgebrautes Bier ausgeschenkt.

Highland Park Village, stilvolle Shopping Mall aus den 1930er Jahren an der Kreuzung von Preston Rd. & Mockingbird Ln.

Die bekannte **Dallas Opera** (Music Hall im Fair Park) zeigt Klassiker von November bis Februar.

Cotton Bowl Classic, Footballspiel, bei dem der ganze Staat Kopf steht, an Neujahr; **State Fair of Texas,** großes Volksfest im Fair Park, an 24 Tagen im September und Oktober.

Greyhound, 205 S. Lamar St., am Rand von Downtown, Tel. 214-655-7727.
Amtrak, 400 S. Houston Ave., in der Union Station, sicher und günstig gelegen, Tel. 214-653-1101.

Forth Worth

Forth Worth ist eine überschaubare und sympathische Stadt, in der neben einer lebendigen, sanierten Altstadt zwei sehr unterschiedliche, aber gleichermaßen interessante Viertel locken: die Country- und

Downtown Fort Worth

Westernwelt der Stockyards und die hochkarätigen Museen des Cultural District.

Forth Worth entstand Mitte des 19. Jh. als Militärlager – daher der Name –, das die Siedler der Gegend vor den Komantschen schützen sollte. In den sechziger Jahren des 19. Jh. wurde es zu einem wichtigen Stopp auf dem legendären Chisholm Trail. Allein in den Jahren nach dem Bürgerkrieg kamen auf dieser Strecke über zehn Millionen Rinder durch den Ort, der seitdem auch als *Cowtown* bekannt ist. Auf dem langen Viehtreck war Forth Worth die letzte Stadt, in der man Vorräte einkaufen und sich noch einmal richtig amüsieren konnte, bevor es dann weiter nach Oklahoma ging, das noch ganz von Indianern beherrscht wurde. Und wenn die Cowboys von den Viehverladestationen in Kansas nach getaner Arbeit und mit vollen Taschen wieder zurückkehrten, war Fort Worth die erste Siedlung in Texas, in der sie ihr frisch verdientes Geld wieder ausgeben konnten. Natürlich ging es damals dementsprechend hoch her. Auch als die Eisenbahn die Stadt erreichte, änderte sich daran nichts, denn jetzt war Fort Worth zum Endpunkt der Viehtriebe und zum Viehverladeplatz geworden. Selbst um die Wende vom 19. zum 20. Jh. galt es immer noch als echte Wildweststadt, in der berüchtigte Westernlegenden ihr Unwesen trieben, so etwa Robert LeRoy Parker und Harry Longbaugh, besser bekannt als Butch Cassidy und Sundance Kid.

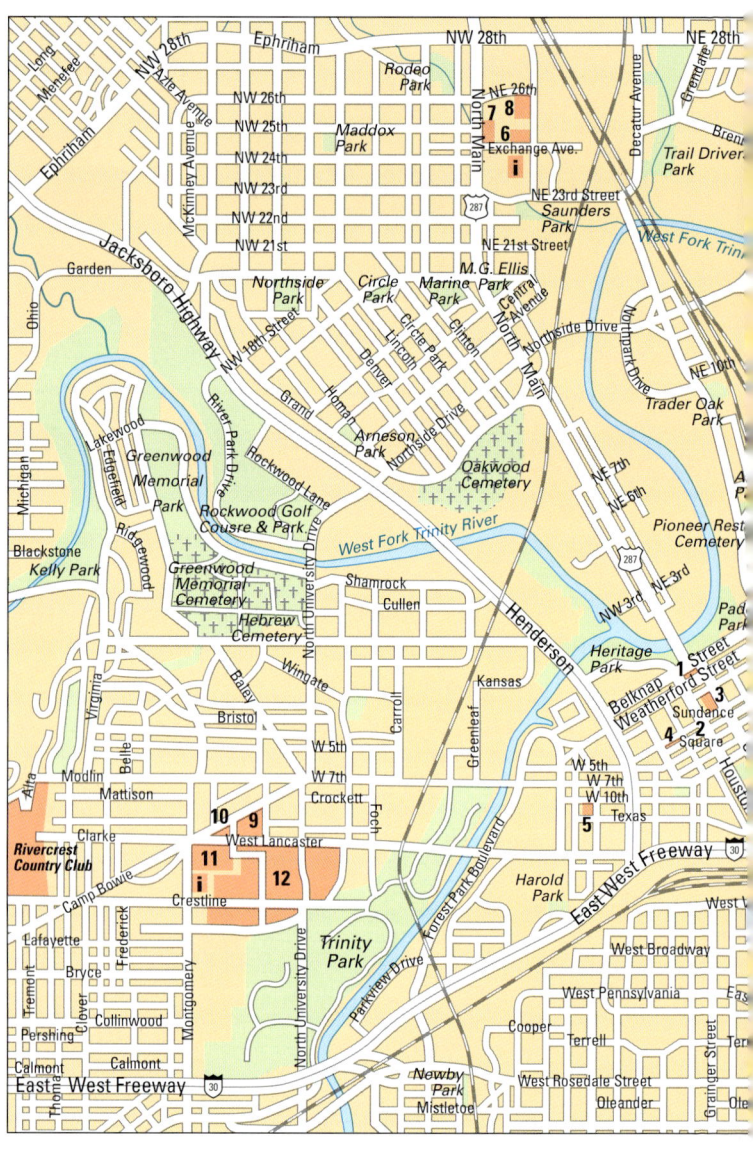

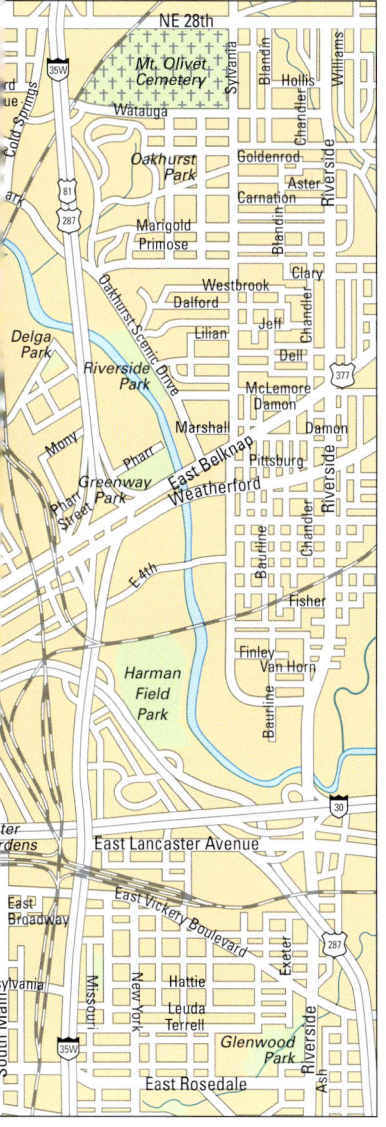

Fort Worth, Downtown
1 Firestation No. 1
2 Modern at Sundance Square
3 Sid Richardson Collection of
   Western Art
4 National Cowgirl Museum & Hall of
   Fame
5 Cattlemen's Museum
6 Livestock Exchange
7 Cowtown Coliseum
8 Billy Bob's Texas
9 Kimbell Art Museum
10 Amon Carter Museum
11 Modern Art Museum of Forth Worth
12 Fort Worth Museum of Science and
   History

Sundance Square

Nach Sundance Kid ist Sundance Square in der Innenstadt von Fort Worth benannt. Dabei handelt es sich nicht nur um einen Platz, sondern um einen an die zwanzig Häuserblocks umfassenden Bezirk im Herzen der Stadt, in dem sich ein Großteil des Nachtlebens abspielt. Das renovierte Viertel gilt in ganz Texas als Vorbild für die gelungene Sanierung und Wiederbelebung einer Innenstadt. Neben Restaurants, Cafés und Clubs findet man hier auch Galerien und kleine Museen, Geschäfte, Kinos und Theater. An der Main Street mitten in diesem bunten Bezirk erinnert ein großes Wandgemälde an die Zeiten des Chisholm Trail. Doch die alten Gebäude der Gegend stammen nicht aus der Zeit der Viehtriebe, sondern sind etwas jünger. Sie wurden in den ersten Jahrzehnten des 20. Jh. erbaut, als Ölfunde in der weiteren

Weltgrößtes Honky Tonk: Billy Bob's Texas

Umgebung von Forth Worth viele Firmen und eine Menge neues Geld in die Stadt brachten. Über die bewegte Geschichte der Stadt – von der Rolle der Eisenbahn über den Viehhandel bis zum Ölgeschäft – kann man sich in der Dauerausstellung »150 Years of Fort Worth« informieren. Sie wird direkt am Sundance Square in der alten **Fire Station No 1** (1), (tgl. 9–19 Uhr) an der Ecke von 2nd und Commerce Street gezeigt.

In der Innenstadt gibt es noch einige weitere Museen, darunter das **Modern at Sundance Square** (2), (410 Houston St., Mo–Do 11–18, Fr, Sa 11–20, So 13–17 Uhr), ein kleiner Ableger des großen Museums für moderne Kunst im Cultural District, und die **Sid Richardson Collection of Western Art** (3), (309 Main St., Di, Mi 10–17, Do, Fr 10–20, So 13–17 Uhr). Hier sieht man Gemälde und Skulpturen von Frederic Remington und Charles M. Russel. Sie gehören zu den ersten Künstlern, die die Landschaften des Westens und das Leben in der Prärie als Themen für die Kunst entdeckten. Ein Prunkstück dieser Sammlung, die Ölbaron Sid Richardson zusammengetragen hat, ist ein silberverzierter Sattel von Ed Bohlin. Auch wer diesen Namen jetzt zum ersten Mal hört, kennt mit Sicherheit die Werke Bohlins, denn er produzierte in Hollywood Sättel, Gürtel und Hutbänder für Western-stars wie Gary Cooper und John Wayne.

Das **National Cowgirl Museum & Hall of Fame** (4), (111 W. 4th St., Mo–Sa 10–18, So 12–17 Uhr) soll im Laufe des Jahres 2001 in den Cultural District umziehen. Von der Scharfschützin Annie Oakley bis zur Country-Sängerin Patsy Cline wird hier etwa 150 Frauen gedacht, die in der Geschichte des Westens eine Rolle gespielt haben.

Etwas westlich von Downtown schließlich illustriert das **Cattlemen's Museum** (5), (1301 W. 7th Street, Mo–Fr 8.30–16.30 Uhr) die Entwicklung und Bedeutung der Rinderzucht und des Viehhandels. Hier werden u. a. die Entstehung der Brandzeichen, mit denen Vieh vor Diebstahl geschützt werden soll, und die Auswirkungen der Erfindung des Stacheldrahtes auf die Rinderzucht in Texas erklärt.

Stockyards – Kühe und Cowboys

Mit Vieh gehandelt wird in Forth Worth – wie eh und je – im Gebäude der **Livestock Exchange** (6), (131 E. Exchange Ave., Mo–Sa 10-17 Uhr). Es befindet sich mitten im Bezirk der Stockyards, der Viehhöfe nördlich der Innenstadt. In dieser Gegend werden zwar immer noch Rinder verkauft, insgesamt macht sie aber eher den Eindruck eines Shopping- und Vergnügungsviertels. Wo früher Rinder versteigert, geschlachtet oder verladen wurden, da erwarten einen heute Geschäfte und Restaurants – natürlich alle im Country- und Westernstil. Man kann Sättel und Gürtel erstehen, Hüte und Cowboystiefel in allen Varianten und Größen. Mittendrin steht das alte **Stockyards Hotel,** in dem einmal das Bankräuberpärchen Bonnie und Clyde übernachtet haben soll. In seinem Saloon sehen sogar die Barhocker wie Sättel aus.

Zwischen dem Stockyards Hotel und der Livestock Exchange – beide an der Exchange Avenue – befindet sich das **Cowtown Coliseum** (7), in dem die Forth Worth Stock Show abgehalten wurde. Hier fand 1918 zum erstenmal ein Rodeo in einem geschlossenen Gebäude statt. Der vor gut hundert Jahren errichtete Mehrzweckbau wird für Veranstaltungen wie Konzerte oder Rodeos genutzt. Im Sommer wird außerdem die Pawnee Bill's Wild West Show gezeigt, in der Reitkünste demonstriert werden, Scharfschützen und Lassowerfer auftreten und sogar ein Postkutschenüberfall gespielt wird.

Eine weitere Institution des Viertels ist **Billy Bob's Texas** (8) an der Rodeo Plaza. Dieses Lokal ist das größte Honky Tonk der Welt: Auf den zwei Tanzflächen und an den vierzig Bars haben 6000 Besucher Platz. Es gibt regelmäßig Livemusik und auch eine kleine Rodeoarena ist Teil der Anlage.

Seit der 150-Jahr-Feier der Stadt Fort Worth, die 1999 groß begangen wurde, gibt es in den Stockyards noch eine weitere Westernattraktion. Sofern das Wetter es zulässt, wird jeden Tag um 11.30 Uhr eine Herde texanischer Longhorn-Rinder von den Stockyards Richtung Trinity River und um 16 Uhr nachmittags dann dieselbe Strecke wieder zurück getrieben. Man kann sich diesen Mini-Viehtrieb gut vom Rasen vor dem Livestock Exchange Building aus ansehen. Dabei sind nicht nur die Longhorn-Rinder selbst sehenswert, die Cowboys, die sie begleiten, sind außerdem von den Sätteln bis zu den Stiefeln im Stil des 19. Jh. ausgerüstet.

Cultural District

Fort Worth nennt sich nicht zu Unrecht die ›Museumshauptstadt des Südwestens‹, denn nach New York und Washington D. C. besitzt es im Cultural District westlich von Downtown das wichtigste Ensemble bedeutender Museen in den USA. Das **Kimbell Art Museum** (9), (3333 Camp Bowie Blvd., Di–Do, Sa 10–17, Fr 12–20, So 12–17 Uhr) ist eines der reichsten Privatmuseen der Welt. Entsprechend exquisit ist die Kunstsammlung mit zahlreichen Meisterwerken der europäischen Malerei, die hier in einem von Louis Kahn entworfenen Gebäude zu sehen ist.

Das benachbarte **Amon Carter Museum** (10), (3501 Camp Bowie

Spaß im Museum: DinoDig

Blvd., geschl. bis Oktober 2001) widmet sich der Kunst des amerikanischen Südwestens und Westens. Das Museum besitzt einige wunderschöne Bilder von Georgia O'Keeffe und eine riesige Fotosammlung, die in wechselnden Ausschnitten präsentiert wird. Auch für seine Sammlung von Frederic Remington-Werken ist das Museum bekannt. Seine Skulpturen und Gemälde zeigen Cowboys und Rancher, Indianer und Soldaten und grandiose Landschaften.

Das **Modern Art Museum of Forth Worth** (11), (1309 Montgomery St., Di–Fr 10–17, Sa 11–17, So 12–17 Uhr) zeigt in wechselnden Ausstellungen moderne Kunst. Zum

Fort Worth Museum of Science and History (12), (1501 Montgomery St., Mo–Mi 9–17, Do–Sa 9–21, So 12–21 Uhr) gehört neben Abteilungen über Computertechnik und Medizingeschichte und einem Planetarium auch der DinoDig, in dem Kinder selbst nach Dinosaurierknochen graben dürfen. Momentan gleicht das komplette Museumsviertel einer großen Baustelle, es wird sich hier in den nächsten Jahren einiges ändern. In Fort Worth hat man für das ohnehin schon attraktive Viertel ehrgeizige Pläne mit mehreren Neueröffnungen im ersten Jahrzehnt des neuen Millenniums.

Fort Worth Convention & Visitors Bureau, 415 Throckmorton St., Fort Worth, TX 76102, Tel. 817-336-8791 oder 800-433-5747, www.fortworth.com

Stockyards Hotel ($$$), 109 E. Exchange Ave., Tel. 817-625-6427, historisches Hotel mitten im Stockyards-Viertel, alle Zimmer sind im Western-Stil eingerichtet.

Etta's Place ($$$), 200 W. 3rd St., Tel. 817-654-0267, mit Antiquitäten eingerichtetes B&B, das nach der Freundin von Sundance Kid benannt ist, die in Fort Worth lebte.

Best Western Executive Inn ($$), 2000 Beach St., Tel. 817-534-4801, Mittelklassemotel mit gutem Preis-Leistungsverhältnis etwa 3 km östlich der Innenstadt an der Autobahn I-30.

Great Western Inn ($), 1815 E. Lancaster Ave. Tel. 817-877-3500, einfach und günstig.

Cattlemen's Steakhouse, 2458 N. Main St., Tel. 817-624-3945, Steakhaus im Stockyards-Viertel.

Sundance Market & Deli, 353 Throckmorton St., Tel. 817-335-3354, Sandwiches, Salate etc. in der Innenstadt.

Railhead Smokehouse, 2900 Montgome-

Caddo Lake

mit Cowboyhutsammlung an der Decke, hier werden regelmäßig Szenen für die TV-Serie »Walker, Texas Ranger« gedreht.

Westernkleidung bei **Luskey's Western Wear,** 101 Houston St.; Cowboystiefel im **Justin Boot Company Factory Outlet**, 717 W. Vickery Blvd.

Southwestern Exposition & Livestock Show & Rodeo, Mitte Januar bis Anfang Februar.

Greyhound, 901 E. Commerce St., gegenüber vom Convention Center, Tel. 817-332-4564. **Amtrak,** 1501 Jones St., in Downtown, Tel. 817-332-2931.

Paris

Für Europäer wird der Name der kleinen Stadt im nördlichsten Osttexas wohl immer mit Wim Wenders' Film »Paris, Texas« verbunden sein. Im echten Paris, Texas, erinnert nichts an den Film. Schmunzelnd wird darauf hingewiesen, dass die 25 000-Einwohner-Stadt immerhin das zweitgrößte Paris der Welt sei. Angesichts des viel versprechenden Namens ist es vielleicht etwas seltsam, dass der Ort heute ›trocken‹ ist. Was man sich in Paris ansehen kann? Den Eiffelturm natürlich. An der Ecke von Jefferson Road und Collegiate Drive steht eine Nachbildung, die allerdings nur zwanzig Meter hoch ist.

ry St., Tel. 817-738-9808, beliebtes BBQ-Lokal.
Coffee Haus, 404 Houston St., Tel. 817-336-5282, das nette Café in der Innenstadt nennt sich tatsächlich »Haus«.
Costa Azul, 1521 N. Main St., Tel. 817-624-0506, günstiger Mexikaner.
Rodeo Steakhouse, 1309 Calhoun St., Tel. 817-332-1288, in diesem Internet-Steakhaus treffen das alte und das neue Texas aufeinander.
White Elephant Saloon, 106 E. Exchange Ave., Tel. 817-624-1887, uriger Saloon

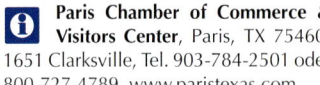 **Paris Chamber of Commerce & Visitors Center**, Paris, TX 75460, 1651 Clarksville, Tel. 903-784-2501 oder 800-727-4789, www.paristexas.com

Von Tyler zum Caddo Lake

Tyler

Ein geeigneter Ausgangspunkt für eine Fahrt durch das Gebiet zwischen Dallas und der Grenze von Louisiana ist die Stadt Tyler. Sie wurde 1846 gegründet und nach dem zehnten Präsidenten der Vereinigten Staaten, John Tyler, benannt, weil er sich dafür eingesetzt hatte, Texas zu einem Teil der USA zu machen. Die 75 000 Einwohner zählende Stadt nennt sich zu Recht *the rose capital of America*, denn über ein Drittel aller kommerziell gezüchteten amerikanischen Rosen kommen aus Tyler. Ein entsprechendes Prachtstück für Gartenfans ist der **Municipal Rose Garden** (1900 W. Front & Rose Park Dr., tgl. 8–17 Uhr), in dem von Mai bis Oktober die unterschiedlichsten Rosensorten blühen. Auch das dazugehörige **Rose Museum** widmet sich der Blumenzucht und zeigt Fotos des Texas Rose Festival, das jedes Jahr im Oktober in Tyler stattfindet. Außerdem lohnt in Tyler auch das **Goodman-LeGrande Home**

Der Osten

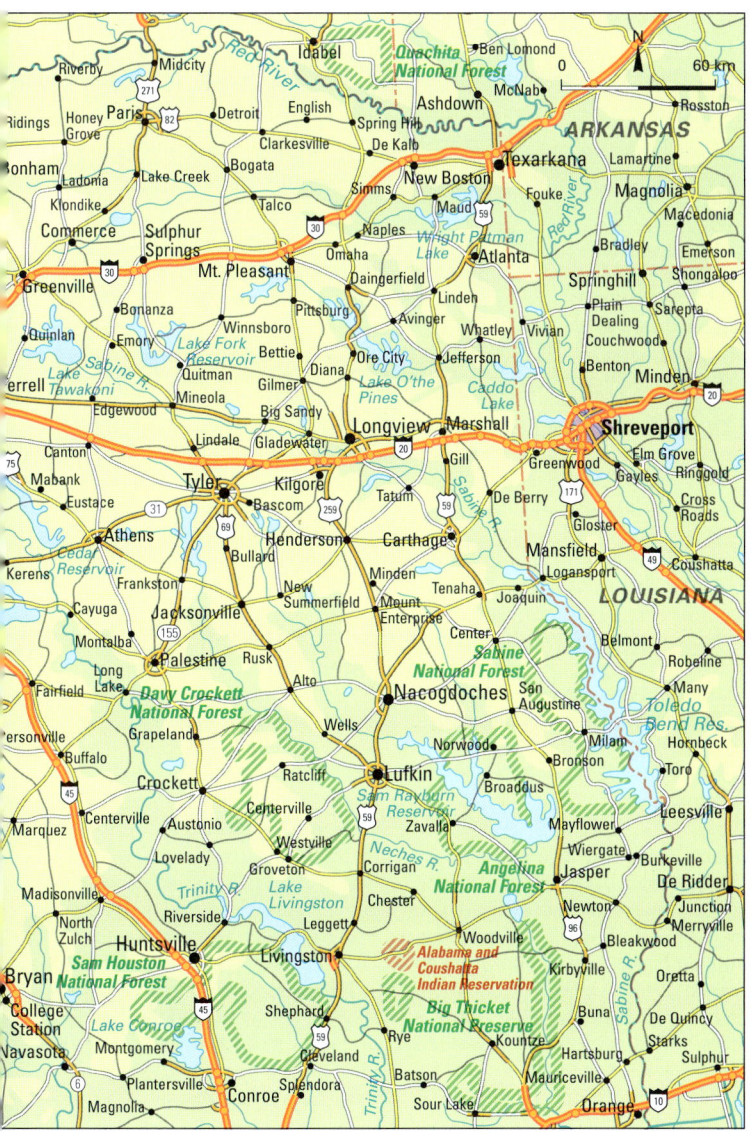

Kilgore: Ölbohrtürme mitten im Ort

(624 N. Broadway, März bis Oktober Mi–So 13–17, November bis Februar Mo–Fr 13–17 Uhr) am Broadway den Besuch. In dem im Südstaatenstil erbauten Herrenhaus befindet sich jetzt das Stadtmuseum.

Kilgore

Wenn man auf dem Texas Highway 31 von Tyler nach Osten aufbricht, kommt man nach etwa 25 Meilen durch Kilgore, wo 1934 der weltberühmte Pianist Van Cliburn geboren wurde. 1930 wurde hier buchstäblich in der Mitte des Ortes ein reiches Ölfeld entdeckt. »The world's richest acre« nannte man die Stelle im Zentrum von Kilgore, an der damals die dichteste Konzentration von Ölbohrtürmen im ganzen Staat zu finden war. An der Ecke von Main und Commerce Street erinnert ein wahres Feld von Ölbohrtürmen heute noch an diese Zeit.

Jefferson

Von Kilgore geht es weiter nach Osten, durch eine Gegend, die im frühen 19. Jh. von Baumwollpflanzern erschlossen wurde. Die Städte **Longview** und **Marshall** sind beide reich an Südstaatengeschichte – Marshall war z. B. im Bürgerkrieg ein wichtiges Zentrum der Konföderierten –, man sieht allerdings nicht mehr allzu viel davon.

Jefferson hingegen hat die Atmosphäre des alten Südens bewahrt und lohnt jeden Umweg. Die Stadt, die heute keine 3000 Einwohner mehr zählt, war einmal einer der wohlhabendsten Orte in Texas. Diesen Reichtum verdankte man dem Hafen am Big Cypress Bayou, der nach Galveston der wichtigste Umschlagplatz für Waren in ganz Texas war. Von hier aus konnten die landwirtschaftlichen Produkte der Gegend über den Red River und den Mississippi nach New Orleans transportiert werden. Die Blütezeit von Jefferson dauerte von 1850 bis 1880 und aus diesen Jahren stammen auch viele der liebevoll restaurierten Häuser. Der hübsche Ort ist ein beliebtes Ausflugsziel und die fünfzig B&Bs sind oft ausgebucht.

Ein Muss ist bei der Stadtbesichtigung das **Excelsior Hotel** (211 W. Austin St., Tel. 903-665-2513), das 1850 eröffnete, zweitälteste Hotel in Texas, in dem schon so unterschiedliche Prominente wie Oscar Wilde und Steven Spielberg übernachtet haben. Zwischen antiken Möbeln, goldgerahmten Gemälden und Kristallleuchtern fühlt man sich hier wie Scarlett in »Vom Winde verweht«. Wer hier nicht übernachtet, kann sich regelmäßig stattfindenden Führungen durch das Haus anschließen.

Außerhalb der Stadt kann man am malerischen **Caddo Lake** entspannen. Dieser große, natürliche See an der Ostgrenze von Texas ist von dichten Wäldern umgeben. Viele jahrhundertealte, mit Spanischem Moos behangene Zypressen wachsen mitten im Wasser und erinnern an die Bayoulandschaften des südlichen Louisiana.

 Tyler Area Chamber of Commerce, 407 N. Broadway, P.O. Box 390, Tyler, TX 75710, Tel. 903-592-1661, www.tylertexas.com
Marion County Chamber of Commerce, 116 W. Austin St., Jefferson, TX 75657, Tel. 903-665-2672, www.jefferson-texas.com

 In Tyler: La Quinta Motor Inn ($$), 1691 Loop, Tel. 903-561-2223, zuverlässiges Motel.
In Jefferson: Excelsior Hotel ($$), 211 Austin St., Tel. 903-665-2513, im zweitältesten texanischen Hotel kann man heute noch in gepflegtem Südstaaten-Ambiente übernachten.
Zimmer in B&Bs aller Preisklassen vermittelt die Chamber of Commerce.

 im Caddo Lake State Park bei Karnack.

 In Jefferson: Riverport Bar-B-Que, 201 N. Polk St., Tel. 903-665-2341, einfache, günstige Südstaatenküche.
Black Swan, 210 Austin St., Tel. 903-665-7926, Spezialität ist Essen im Stil der Cajuns, am schönsten sitzt man auf dem Balkon.

 Jefferson Pilgrimage, mehrere private historische Gebäude sind nur während dieses Festes im Mai für Besichtigungen geöffnet.

Waco

Waco befindet sich ziemlich genau zwischen Dallas und Austin und bietet sich als Zwischenstopp auf dem Weg an. Die Stadt bietet zwar keine großartigen Sehenswürdigkeiten, lohnt aber durchaus den Besuch.

Walker und Kollegen

Die Texas Rangers

Die Elite der texanischen Gesetzeshüter sorgte im Wilden Westen für Recht und Ordnung: edel, hilfreich und gut, so wie Chuck Norris in der neuesten Fortschreibung des Mythos, der Fernsehserie »Walker, Texas Ranger«. Leider hielten sich die realen Rangers aber nicht immer an diese Version der Geschichte. Sie bekämpften Gangster und Indianer mit äußerster Brutalität – und so, als ob es zwischen beiden Gruppen keinerlei Unterschied gäbe. Mexikaner und Texaner mexikanischer Abstammung wurden von ihnen noch im 20. Jh. dermaßen terrorisiert, dass sie die Rangers mehr fürchteten als den Ku Klux Klan.

Dabei hatte alles ganz ehrenwert angefangen. Als Stephen F. Austin die ersten angloamerikanischen Kolonisten nach Texas führte, rief er eine Art Miliz ins Leben, eine Gruppe von zehn Männern, die für die Verteidigung der Siedlung verantwortlich waren. Da sie außerdem regelmäßig in der Umgebung herumreiten sollten, wurden sie die *rangers* genannt – *to range* bedeutet soviel wie durchstreifen.

Während des Jahrzehnts der Unabhängigkeit wurden die Texas Rangers dann eine echte Institution. 1842 gelang es einer Gruppe von nur 150 Rangers, eine versuchte mexikanische Invasion abzuwehren. Als sich die USA im Krieg mit Mexiko befanden, wurden die Texas Rangers kurzerhand zu Scouts und führten die amerikanische Armee nach Süden. Da sie sich um die Grenze ohnehin nie geschert hatten, kannten sie sich auch südlich des Rio Grande bestens aus.

Wenig später wurden die Rangers die ersten Kunden von Samuel Colt, der im fernen Neu-England gerade den Revolver entwickelt hatte. In seiner Heimat war niemand so recht an seiner Erfindung interessiert, aber in Texas war man begeistert. Der 44-Kaliber-Colt wurde bald zur bevorzugten Schusswaffe der Rangers. Jetzt konnten sie innerhalb kürzester Zeit sechs Schuss abfeuern – und das auf Gegner, die noch mit Pfeil und Bogen unterwegs waren oder allenfalls über ein Gewehr mit einem einzigen Schuss verfügten. Kein Wunder also, dass der Colt zum Symbol der weißen Überlegenheit wurde.

In den folgenden Jahrzehnten gelang es den Rangers, vielen berüchtigten Gangstern das Handwerk zu legen. Der mehrfache Mörder John Wesley Hardin oder der gefürchtete Bankräuber Sam Bass wären ohne sie kaum zu stellen gewesen. Andererseits verübten sie Massaker an

Wehrlosen. Als es etwa während des Ersten Weltkriegs entlang dem Rio Grande zu illegalen Grenzüberquerungen kam, machten die Rangers dem ein Ende. Dabei töteten sie etwa 5000 Mexikaner.

Allmählich begannen solche Blutbäder ihrem Image zu schaden. Ein politischer Fehler, den die Rangers in den 1930er Jahren begingen, hätte fast ihren Untergang bedeutet. Sie legten sich damals mit Miriam Ferguson an, der mächtigsten Frau in Texas, die sich gerade um den Gouverneursposten bewarb. Ob es nun an ihrer Politik lag oder daran, dass die Herren Rangers keine Frau als Gouverneurin sehen wollten, jedenfalls stellten sie sich während des Wahlkampfes geschlossen auf die Seite ihres Gegners. Nachdem Frau Ferguson die Wahl trotzdem gewonnen hatte, schlug sie sofort zurück und erledigte mit einer Unterschrift, was weder Pancho Villa noch den Komantschen gelungen war: Sie feuerte alle Texas Rangers.

Dies hätte ohne Frage das Ende sein können, wenn da nicht die texanischen Gangster gewesen wären. Gewalt und Verbrechen nahmen rasant zu und Texas hatte bald wieder den zwielichtigen Ruf, der schon im 19. Jh. viele fragwürdige Charaktere angelockt hatte. Allein in Dallas waren damals die kriminellen Legenden Raymond Hamilton, George ›Machine Gun‹ Kelly sowie Bonnie (Parker) und Clyde (Barrow) zuhause. Die Öffentlichkeit, die nur wenige Jahre zuvor von den Texas Rangers genug hatte, schrie jetzt wieder nach Recht und Ordnung, nach einer harten Hand, und so dauerte es nicht lange, bis die geläuterten Texas Rangers wieder auf die Verbrecherjagd geschickt wurden.

Einer ihrer spektakulärsten Fänge gelang ihnen 1934, als sie das Gangsterpärchen Bonnie und Clyde aufspürten. Das Paar hatte in den vorangegangenen Jahren reihenweise Banken überfallen und dabei 15 Menschen umgebracht. Als der Texas Ranger Frank Hamer sie stellte, knüpften er und seine Männer an die berühmt-berüchtigte Tradition ihrer Vorgänger an und sie leisteten gründliche Arbeit. Da die beiden sich der Verhaftung widersetzten und nach den Waffen griffen, eröffneten die Rangers das Feuer. Bonnie und Clyde starben noch vor Ort – von 167 Kugeln getroffen.

Die Rangers hüten in Texas auch heute das Gesetz. Sie sind eine Art Staatspolizei, die hinzugerufen wird, wenn besonders schwere Verbrechen die lokale Polizei überfordern. Sie haben Büros in Houston, Dallas, Lubbock, San Antonio, Midland und Waco, wo sich außerdem das Texas Ranger Museum befindet. Die hundert Rangers tragen keine Uniform, sondern sind wie eh und je in Cowboystiefeln und mit Stetson unterwegs. Im Gegensatz zu ihren Vorgängern müssen sie heutzutage allerdings kein eigenes Pferd mehr mit zum Dienst bringen.

Die Ereignisse von 1993 werfen noch immer einen Schatten auf die Stadt. Damals belagerte die Polizei über zwei Monate lang Mount Carmel, den 20 km östlich von Waco gelegenen Sitz der Sekte der Davidianer. Ihr Anführer David Koresh war des illegalen Waffenbesitzes angeklagt und hatte sich hier mit seinen Leuten verschanzt. Die Sache endete in einem bis heute nicht aufgeklärten Blutbad, das die Sektenmitglieder untereinander anrichteten. Der Name Waco wird seitdem mit Gewalt assoziiert.

Für Fans des Wilden Westens ist die **Texas Ranger Hall of Fame & Museum** (tgl. 9–17 Uhr) ein Anziehungspunkt. Im Fort Fisher Park direkt an der Autobahn I-35 informiert das altmodische Museum über die legendären texanischen Gesetzeshüter, zeigt Memorabilia und Waffen, darunter ein Messer von Jim Bowie und ein Gewehr von Billy the Kid. Der Ort der Ranger Hall of Fame ist passend gewählt, denn Waco entwickelte sich aus einem Fort der Texas Rangers, das hier 1837 entstanden war. Erst ein Jahrzehnt später kamen auch zivile Siedler hinzu. Durch seine günstige Lage – an der Stelle, wo der Bosque River in den Brazos fließt – wurde Waco bald eine wichtige Stadt: Der Chisholm Trail führte ebenso durch den Ort wie eine der Routen, auf denen Siedlertrecks in den Westen zogen.

Außer für die Texas Rangers und die Baylor University, bei der es sich um die größte baptistische Universität der Welt handelt, ist Waco für einen Softdrink bekannt, der hier 1885 erfunden wurde. Der Apotheker Charles C. Alderton mixte damals eine koffeinhaltige Limonade, die er zunächst schlicht ›Waco‹ nannte, die aber bald unter der Bezeichnung ›Dr. Pepper‹ gehandelt wurde. Stolz weist man in Waco darauf hin, dass Dr. Pepper nicht nur ein Jahr vor der international bekannteren Coca Cola kreiert wurde, sondern in Texas auch heute noch beliebter sei als die Konkurrenz aus Atlanta und natürlich auch als die 1896 in North Carolina erfundene Pepsi Cola. Im etwas verstaubten **Dr. Pepper Museum** (300 S. 5th St., Mo–Sa 10–16, So 12–16 Uhr) kann man sich nicht nur über die Erfindung des Getränks informieren, sondern es auch in einer *Soda Fountain*, einer Art Eiscafé, selbst probieren. Für die Spezialität des Hauses muss ein europäischer Gaumen allerdings richtig abenteuerlustig sein: *Dr. Pepper floats* sind klebrigsüße Mixgetränke aus Dr. Pepper und Eiscreme.

🛈 **Waco Tourist Information Center,** University Parks Dr. @ I-35 (Exit 335B), P.O. Box 2579, Waco, TX 76702, Tel. 254-750-8696, www.wacocvb.com.

🛏 **Courtyard by Marriot** ($$–$$$) 101 Washington Ave., Tel. 254-752-8686, 1997 eröffnetes Hotel in günstigster Lage mitten in der Stadt.
Judge Baylor House B&B ($$), 908 Speight Ave., Tel. 254-756-0273, nettes B&B.
Motel 6 ($) 3120 I-35, Tel. 254-662-4622, preiswertes, ordentliches Ketten-Motel.

Zelten kann man im **Fort Fisher Park.**

 Tony DeMaria BarBQ, 1000 Elm St., Tel. 254-755-8888, einfach, sehr günstig und originell.
Burgers & Blues, 215 Mary St., Tel. 254-752-5837, im River Center, einem renovierten Backsteinlagerhaus, mittwochs bis samstags abends Livemusik.

Von Huntsville nach Nacogdoches

Freizeitgestaltung in Nacogdoches

Huntsville

Die Kleinstadt Huntsville, etwa eine Stunde nördlich von Houston, ist nicht nur ein geeigneter Ausgangspunkt für Ausflüge in die umliegenden Wälder, auch der Ort selbst lohnt einen Besuch. Der Pionier Pleasant Gray gründete Huntsville in den dreißiger Jahren des 19. Jh. als Indian Trading Post, also als reine Handelsniederlassung, um mit den Indianerstämmen der Gegend Geschäfte zu machen. Wenn Texaner heute den Namen Huntsville hören, dann denken sie allerdings weder an die Anfänge des Ortes noch an die hübschen, restaurierten Wohnhäuser der Jahrhundertwende, die man in der Innenstadt findet, sondern an das älteste und berüchtigtste Gefängnis des Staates. *The Walls* wird der meistgefilmte Teil der großen Gefängnisanlage genannt wegen der roten, stacheldrahtgekrön-

ten Mauern, die ihn umgeben. Im Road Movie »Perfect World« bricht Kevin Costner zu Beginn der Geschichte aus ebendiesem Gefängnis aus, bevor ihn eine Verfolgungsjagd quer durch Texas treibt.

Die Geschichte des Gefängnisses erzählt das **Texas Prison Museum** (1113 12th St., Di–Fr 12–17, Sa 9–17, So 14–17 Uhr) in der Mitte des Ortes. Hier ist neben Waffen von Bonnie und Clyde auch der elektrische Stuhl ›Old Sparky‹ zu sehen, auf dem bis in die 1960er Jahre 361 Menschen hingerichtet wurden.

Weniger makaber geht es im **Sam Houston Memorial Museum** (1836 Sam Houston Ave., Di–So 9–17 Uhr) zu. Es ist ein Freilichtmuseum und dem prominentesten Bürger von Huntsville gewidmet, dem Mann, dem Texas die Loslösung von Mexiko zu verdanken hat. Hier sind gleich mehrere Häuser Sam Hous-

Hinrichtungsort Huntsville

Texas und die Todesstrafe

»Am 29. September kamen siebzehn von uns aufrechten Bürgern um Mitternacht hinter den hohen Ziegelsteinmauern von Huntsville zusammen, um einen Mord zu begehen, einen so kaltblütigen und vorsätzlichen Mord, wie man sich ihn nur vorstellen kann. Wir standen still dabei, wir sahen zu ...« So beginnt Mary Willis Walker in ihrem Roman »Der rote Schrei« die Beschreibung einer Hinrichtung im Gefängnis »The Walls«. Das texanische Gesetz bestimmt, dass alle Exekutionen in Huntsville durchgeführt werden. Hier befindet sich die ›Death Row‹, der Zellenblock, in dem zum Tode Verurteilte Jahre – oder auch Jahrzehnte – auf ihre Hinrichtung warten. Da in Texas weit mehr Verbrecher zum Tode verurteilt werden als in anderen Staaten und mehr Todesurteile tatsächlich vollstreckt werden als anderswo, hält Huntsville einen traurigen Rekord: Hier finden mehr Hinrichtungen statt als in irgendeiner anderen amerikanischen Stadt und in den 1990ern wurden in Huntsville mehr Exekutionen durchgeführt als im gesamten Rest der USA. Die Bevölkerung des Ortes muss mit dem Gefängnis und dem Todestrakt leben. Die meisten haben sich an die Reporter und Kamerateams gewöhnt, die zu Hinrichtungen regelmäßig auftauchen, genauso wie an die Amnesty-Mitglieder, die regelmäßig zu kleinen Demonstrationen vor den Mauern des Gefängnisses zusammenkommen.

tons zu sehen, darunter das Haus, in dem er 1863 starb, außerdem persönliche Erinnerungsstücke und einige Gegenstände, die dem mexikanischen Diktator Santa Anna abgenommen wurden, nachdem ihn Houston bei San Jacinto besiegt hatte. Der texanische Nationalheld ist auf dem Oakwood Cemetery begraben. An ihn erinnert außerdem eine riesige Statue südlich der Stadt, die auch diejenigen nicht übersehen können, die auf der Autobahn an Huntsville vorbeifahren.

Sam Houston National Forest

Auch wenn man sich von Huntsville über die Straße 190 nach Osten aufmacht, ist Sam noch eine Weile mit von der Partie: Außerhalb der Stadt fährt man durch den größten der vier Nationalwälder von Osttexas, den Sam Houston National Forest. Viele malerische Wanderwege führen durch den dichten Wald und zu kleinen Seen. Am anderen Ende des Waldes wartet der große Stausee

Die Todesstrafe wird in den USA für Mord erteilt, wenn erschwerende Umstände wie ungewöhnliche Grausamkeit hinzukommen oder wenn es sich um einen Mord aus Habsucht handelt. In Texas werden alle zum Tode Verurteilten mit einer tödlichen Spritze hingerichtet – eine Tötungstechnik, die erstmals 1982 in Huntsville erprobt wurde.

Die ungleiche regionale Verteilung von Todesurteilen und Hinrichtungen in den USA ist auffallend und nicht leicht zu erklären: Während es im Norden und Westen viele Staaten gibt, in denen die Todesstrafe allenfalls einmal im Jahrzehnt angewandt wird und zwölf Staaten sie mittlerweile komplett abgeschafft haben, gehört sie im Süden und besonders in Texas zum Alltag. Die Anzahl der Todesurteile steht dabei in keinem logischen Verhältnis zur Anzahl der Gewaltverbrechen. So gibt es keine texanische Großstadt, deren Mordrate der von New York gleichkäme. Trotzdem wartete zur Jahrtausendwende in New York nur ein einziger zum Tode Verurteilter auf seine Hinrichtung, in Texas aber über 200.

Die Verhängung und Durchführung der Todesstrafe in Texas entspricht dem Willen der Bevölkerung. Meinungsumfragen haben ergeben, dass an die 80 % aller Texaner die Todesstrafe befürworten. Die Einstellung zu dieser Frage hat in den USA kaum etwas mit der Parteizugehörigkeit zu tun. Bill Clinton z. B. ist trotz seiner Liberalität immer ein Befürworter der Todesstrafe gewesen und war in seiner Zeit als Gouverneur von Arkansas sogar selbst bei Exekutionen anwesend. Auch texanische Politiker beider Parteien sind sich in dieser Sache einig: Die demokratische Gouverneurin Ann Richards befürwortete Hinrichtungen genauso kompromisslos wie ihr republikanischer Nachfolger George W. Bush.

Lake Livingston. Hier kann man sich mit Bootsfahrten, Angeln, Schwimmen oder Wasserski die Zeit vertreiben. Östlich des Sees folgt der Ort Livingston und dann, noch mal gute zehn Meilen weiter östlich, das **Reservat der Alabama- und Coushatta-Indianer** (im Sommer Mo–Sa 10–18, So 12.30–18 Uhr, im Frühling und Herbst nur Sa und So). Nachdem der Stammesrat in den 1960er Jahren beschloss, das Reservat für Besucher zu öffnen, leben seine 500 Einwohner heute fast ausschließlich vom Tourismus. Sie führen Besucher herum, demonstrieren indianische Handwerkstechniken, führen Tänze vor und betreiben ein Restaurant, in dem man indianische Spezialitäten probieren kann.

Jasper und San Augustine

Die Straße 190 führt vom Reservat weiter nach Osten. In der Holzfällerstadt Woodville kann man nach Norden abbiegen und sich zum Angelina National Forest aufmachen, einem weiteren großen, geschützten Waldgebiet. Wer weiter nach Osten Richtung Louisiana fährt, kommt über den B. A. Steinhagen Lake nach **Jasper**. *The Jewel of the Forest* nennt sich diese Stadt, denn über 90 % von Jasper County sind mit Wald bedeckt. Jasper hat, wie manche Orte in Osttexas, schon immer viele schwarze Einwohner gehabt. Die Dixie Baptist Church etwa wurde schon 1850 von einem Sklaven gegründet. Heute machen Afroamerikaner über ein Drittel der Bevölkerung aus. Als Rassisten 1998 einen Schwarzen – einzig und allein wegen seiner Hautfarbe – umbrachten, starrte ganz Amerika wie gebannt auf den Ort. Die Presse grub während des sich anschließenden Gerichtsverfahrens unglaubliche Details über die Rassenbeziehungen in der Kleinstadt aus, so etwa die Tatsache, dass man auf dem Friedhof von Jasper auch 1998 noch nach Hautfarben getrennt beerdigt wurde.

Von Jasper führt die Straße US 96 nach Norden, vorbei am Sabine National Forest, nach **San Augustine.** Die Kleinstadt ist einer der ältesten Orte in Texas. Die Spanier errichteten hier bereits 1716 eine Mission, um die Ais-Indianer zu bekehren. Auch Angloamerikaner kamen schon früh nach San Augustine und bauten eine Reihe stattlicher Wohnhäuser, darunter das **Ezekiel W. Cullen Home** (207 Congress St., Do–So 13–16 Uhr) im Greek-Revival-Stil an der Ecke von Congress und Market Street.

Nacogdoches

Auch in Nacogdoches, knapp vierzig Meilen westlich von San Augustine, siedelte ein Indianerstamm, als die ersten Spanier in der Gegend eintrafen. In Nacogdoches war es eine Gruppe der Caddo-Indianer, die Osttexas seit Jahrhunderten bewohnten. Der **Indian Mound,** ein Grabhügel an der Mound Street, erinnert an die indianischen Anfänge des Ortes, auf die auch der Name der Stadt zurückgeht. Einer Legende zufolge gab es einen alten Caddo-Häuptling, dessen Stamm am Sabine-Fluss lebte. Er befahl seinen Söhnen Nacogdoche und Natchitoche, in der Richtung des Sonnenaufgangs und der Richtung des Sonnenuntergangs jeweils eine neue Siedlung zu gründen – so entstanden Nacogdoches in Texas und Natchitoches in Louisiana. Als die Spanier 1716 nach Nacogdoches kamen, errichteten sie die Missionsstation Nuestra Señora de Guadalupe de Nacogdoches, die allerdings nicht erhalten ist. Ein Gebäude, das auf die spanische Zeit zurückgeht, ist das **Old Stone Fort** (Di–Sa 9–17, So 13–17 Uhr) auf dem Campus der Stephen F. Austin State University. Sehenswert sind auch das schöne Gebäude der **Old Nacogdoches University** am Washington Square und das **Sterne-Hoya House** (211 Lanana St., Mo–Sa 9–11.30, 14–16.30 Uhr), das 1830 von einem deutschen Einwanderer erbaut wurde. Weitere historische Wohnhäuser sind in das Freilichtmuseum **Millard's Crossing**

(6060 North St., Mo–Sa 9–16, So 13–16 Uhr) nördlich der Stadt umgesetzt worden.

Old Nacogdoches University

ℹ️ **Huntsville Visitor Bureau,** 13127 11th St., P.O. Box 538, Huntsville, TX 77342-0538, Tel. 936-295-8113 oder 800-289-0389, www.chamber.huntsville.tx.us
Nacogdoches Convention & Visitors Bureau, 206 E. Main St., Nacogdoches, TX 75963, Tel. 936-564-7351, www.visitnacogdoches.org.

🛏️ **In Huntsville: The Whistler** ($$–$$$), 906 Ave. M, Tel. 936-295-2834, zentral gelegenes kleines B&B, in einem 150 Jahre alten Herrenhaus, Zimmer mit Antiquitäten möbliert.
In Nacogdoches: Fredonia Hotel & Convention Center ($$), 200 N. Fredonia St., Tel. 936-564-1234, komfortables Hotel im Zentrum mit Café und Bar im Haus.
Holiday Inn ($$), 3400 South St., Tel. 936-569-8100, neues Motel mit Pool und Restaurant.

⛺ im Lake Livingston State Park, im Reservat der Alabama-Coushatta-Indianer, im Sabine National Forest.

🍴 **In Huntsville: Café Texan,** 1118 Sam Houston Ave., Tel. 936-295-2381, einfaches, uriges Restaurant direkt am Square, gutes Frühstück.
Junction Restaurant, 2641 11th St., Tel. 936-291-2183, gilt als bestes Restaurant im Ort.
In Jasper: The Belle-Jim, 160 N. Austin St., Tel. 409-384-6923, Restaurant in einem kleinen B&B am Square, nur Lunch.
In Nacogdoches: La Hacienda, 1411 North St., Tel. 936-564-6450, herzhafter Tex-Mex.
Yakofritz's Sandwich Shoppe, 205 E. Main St., Tel. 936-564-3252, hausgemachte Suppen und Sandwiches, nur Lunch.
Coffee With Style, 312 E. Main St., Tel. 936-564-6410, Kaffee, Tee etc.

🏃 Wandern in den Nationalwäldern; Schwimmen, Bootsfahrten, Angeln und Wasserski am Lake Livingston.

Austin und das Hill Country

Austin

Die Highland Lakes

Johnson City und Stonewall

Von New Braunfels nach Fredericksburg

Kerrville und Umgebung

Austin, Congress Ave und State Capitol

Im Herzen des Staates: Austin und das Hill Country

»Deep in the Heart of Texas«, wie es in einem bekannten Volkslied heißt, liegen das grüne Hill Country und die sympathische Hauptstadt Austin. Als Regierungssitz, Universitätsstadt und Kulturzentrum gilt sie als die texanische Großstadt mit der größten Lebensqualität. Die hügelige Region westlich von Austin ist den Texanern besonders ans Herz gewachsen. Ihre reizvolle Landschaft und ihr angenehmes Klima haben sie zu einem beliebten Urlaubs- und Ausflugsziel gemacht.

Austin

Stadtplan siehe hintere Umschlaginnenklappe

Während die Politik auf der Staatsebene in Texas von Konservativen dominiert wird, tut sich die fortschrittliche Hauptstadt selbst durch ihre ungewöhnliche Liberalität hervor. Man hatte in Austin noch nie ein Problem damit, aus der Reihe zu tanzen. Als es etwa vor dem amerikanischen Bürgerkrieg in Texas zu einer Volksabstimmung über die Frage kam, ob man sich den anderen Südstaaten anschließen und aus den USA austreten sollte, da stimmten die Bürger von Austin mutig dagegen. Auch heute unterscheidet sich Austin in mancherlei Hinsicht von anderen Großstädten. Wenn man Statistiken glauben darf, dann

muss es sich bei den Bewohnern von Austin um die belesenste Bevölkerung der Vereinigten Staaten handeln, denn hier werden pro Kopf mehr Bücher verkauft als in jeder anderen Stadt. Mit den Computerkenntnissen der Austinites sieht es ähnlich aus. Man findet hier pro Haushalt mehr PCs als sonst irgendwo in den USA. Dies liegt zum Teil daran, dass die Computerindustrie einer der wichtigsten Arbeitgeber der Stadt ist. Dass sich in Austin in den letzten Jahrzehnten so viele Computerfirmen niedergelassen und die Stadt nach Silicon Valley in Kalifornien zum wichtigsten High-Tech-Zentrum des Landes gemacht haben, hängt mit dem guten Ruf der University of Texas und ihrer Absolventen zusammen. So wurde das erste der mittlerweile über 250 High-Tech-Unternehmen 1955 von

Texas Hatters - Hutladen in Austin

einigen an der Universität beschäftigten Wissenschaftlern gegründet.

Geschichte

Genau wie Washington D. C. wurde auch die texanische Hauptstadt bewusst als Regierungssitz gegründet und angelegt. Was Austin dabei von allen anderen amerikanischen Staatshauptstädten unterscheidet, ist die Tatsache, dass man hier den Regierungssitz einer unabhängigen Nation plante und das Projekt mit entsprechendem Eifer und Patriotismus verfolgte. Dabei war die Frage, wo die Regierung der Republik Texas ihren Sitz haben sollte, sehr umstritten. Nachdem sich Texas seine Unabhängigkeit von Mexiko erkämpft hatte, ahnte noch niemand etwas von Austin, und Präsident Sam Houston führte in der nach ihm benannten Stadt die Regierungsgeschäfte. Sein größter politischer Widersacher in diesen Jahren war der ehrgeizige Mirabeau Buonaparte Lamar. Als dieser 1838 zu Houstons Nachfolger gewählt wurde, hatte er nichts Eiligeres zu tun, als den Regierungssitz aus der mit seinem verhassten Rivalen verbundenen Stadt zu verlegen. Ein Jahr zuvor war Lamar auf einer Büffeljagd im Westen ein landschaftlich reizvoller Ort an den Ufern des Colorado aufgefallen, an den er sich jetzt erinnerte: Dort sollte die neue Hauptstadt der Republik Texas entstehen und wie Rom auf sieben Hügeln erbaut werden – in seinen

hochfliegenden Plänen machte er seinem Mittelnamen Buonaparte alle Ehre. Die Wahl eines aus der damaligen Sicht weit im Westen liegenden Ortes sollte zugleich ein symbolisches Abrücken vom großen Nachbarn USA bedeuten. Die neue Hauptstadt wurde nach Stephen F. Austin benannt, der in mexikanischer Zeit eine erste große Gruppe angloamerikanischer Siedler nach Texas geführt hatte.

Bereits 1839 begann man mit der Errichtung der ersten Gebäude. Der Stadtplan wurde vom späteren Bürgermeister von Austin, Edwin Waller, entworfen und stand ganz im Zeichen seiner Texasbegeisterung: In der Mitte des Stadtzentrums sollte das Kapitolsgebäude stehen, die von Norden nach Süden verlaufenden Straßen sollten die Namen texanischer Flüsse tragen (sie heißen auch heute noch so) und die von Osten

Skyline am Town Lake

amerikanischen Staates Texas bestätigt. Daraufhin setzte ein regelrechter Bauboom ein. Ein aus Kalkstein konstruiertes Kapitol ersetzte bald ein provisorisches Holzgebäude. Auch das Governor's Mansion (1010 Colorado St., Mo–Fr 10–11.40 Uhr) entstand in dieser Zeit. Während das Kapitol später abbrannte, ist Letzteres erhalten geblieben und wird immer noch genutzt. In der an der Colorado Street im Greek Revival-Stil erbauten Villa ist hinter weißen ionischen Säulen der texanische Gouverneur zuhause.

Eine zweite Blütezeit erlebte die Hauptstadt nur wenige Jahrzehnte später. Nach dem Bürgerkrieg und den schwierigen Nachkriegsjahren wurde Austin 1871 durch eine Eisenbahnlinie mit dem Rest des Staates verbunden, was zu einem deutlichen wirtschaftlichen Aufschwung führte. Aus diesen Jahren stammen eine ganze Reihe von viktorianischen Häusern in Hyde Park, einem schönen Wohnviertel nördlich der Universität. In den achtziger Jahren des 19. Jh. wurde dann auch das heutige Kapitolgebäude erbaut.

nach Westen führenden Straßen benannte man nach texanischen Baumarten (die alten Namen sind mittlerweile durch Nummern ersetzt worden).

Governor's Mansion

(1) Nachdem Texas Teil der USA geworden war, wurde der immer noch kleine Ort als Hauptstadt des

Kapitol

Mit einer Besichtigung des imposanten Regierungskomplexes beginnt man am besten im **Capitol Complex**

Kronprinz aus Texas

George W. Bush

Der Senior galt für viele im Lone Star State ja noch als eingewanderter Yankee, doch George Bush junior ist ohne Frage Texaner. Er hat in Odessa, Houston, Midland, Dallas und Austin gelebt, spricht mit dem entsprechenden Akzent, und seine berufliche Laufbahn ist eine bezeichnende Mischung aus Ölgeschäft, Baseball und Politik. Seitdem Bush junior 1999 auch noch eine Ranch gekauft hat, erfüllt er alle Kriterien des waschechten Bilderbuch-Texaners.

Auf die Welt gekommen ist er zwar an der Ostküste, nämlich im vorletzten Studienjahr seines Vaters an der Yale Universität, doch George W. war gerade zwei Jahre alt, als seine Eltern 1948 mit ihm nach Texas zogen. Bush senior arbeitete dort die nächsten Jahre im Ölgeschäft, einem Sektor, in dem sich auch sein ältester Sohn später einmal – ziemlich erfolglos – versuchen sollte. Überhaupt erntete George W. als junger Mann nicht gerade viele Lorbeeren. Er war z. B. ein so mittelmäßiger Schüler, dass ihn die University of Texas rundweg ablehnte. Als Geschäftsmann wurde er einmal beinah wegen Insider-Geschäften vor Gericht gestellt, und auch sein Versuch, in den Kongress gewählt zu werden, scheiterte.

Der vierzigste Geburtstag soll dann der Wendepunkt in Bushs Leben gewesen sein. An diesem Tag schwor er dem lockeren Leben ab, für das er bis dahin bekannt gewesen war. Er wandte sich vom Alkohol ab und Gott zu, und er begann härter zu arbeiten, als es ihm mancher zugetraut hätte. Zunächst ging er für ein Jahr nach Washington und unterstützte seinen Vater im Präsidentschaftswahlkampf. 1989 zog er mit seiner Frau, der gebürtigen Texanerin Laura Welch Bush, und ihren beiden Töchtern nach Dallas. Dort widmete sich George W. einer neuen Aufgabe. Er

Visitors Center (2) (112 11th St., Di–Fr 9–17, Sa 10–17 Uhr), das sich im Old Land Office südöstlich des eigentlichen Kapitols befindet. Dieses Gebäude wurde von dem deutschen Architekten Conrad Stremme entworfen. Er kombinierte den neoromanischen Baustil mit einer Reihe echt texanischer Details. Wenn man genau hinsieht, kann man etwa hufeisenförmige Bögen erkennen und in den Fenstern die Form des Sterns von Texas wiederfinden. Als in diesem Gebäude noch die öffentlichen Ländereien von Texas verwaltet wurden, arbeitete

brachte eine Gruppe von Investoren zusammen, mit deren Hilfe er das bekannte Baseballteam Texas Rangers kaufte, und arbeitete in den folgenden Jahren als Manager der Mannschaft.

Diesen Job gab er erst auf, als er 1994 zum Gouverneur von Texas gewählt wurde und in die Hauptstadt Austin zog. Bushs erste Wahl war noch eine Art Überraschungssieg. Seine scharfzüngige Vorgängerin und Gegenkandidatin, die Demokratin Ann Richards, hatte ihn während des Wahlkampfs nicht so ganz ernst genommen. »What do you call the son of a bush?« scherzte man damals in Texas: »shrub« – Gestrüpp. Bei Bushs Wiederwahl 1998 war dann allerdings zumindest den Demokraten nicht mehr zum Lachen zumute, denn es gelang dem Gouverneur, 240 der 254 texanischen Bezirke zu gewinnen – und das in einem traditonell eher demokratischen Staat.

Mit Bushs Wiederwahl 1998 war auch der Schritt auf die nationale politische Bühne getan, und als die Vorentscheidungen für die Präsidentschaftswahlen des Jahres 2000 begannen, galt er bald als Favorit der Republikaner. Sein bekannter Name war dabei einerseits ein unschätzbarer Vorteil, denn während andere Kandidaten noch darum kämpften, von den Wählern überhaupt wahrgenommen zu werden, hatte George W. mit Hilfe seines Klans bereits Millionen von Dollars für den Wahlkampf gesammelt. Andererseits mag die amerikanische Öffentlichkeit eigentlich keine Kronprinzen, und das Image des verwöhnten Sprösslings aus einer reichen Sippe bereitete ihm eine Zeit lang Probleme. Hinzu kamen kleinere Skandale, so etwa die von ihm nie eindeutig beantwortete Frage, ob er in seiner Sturm-und-Drang-Zeit Kokain geschnupft habe, ein ernsthaftes Problem für die Glaubwürdigkeit eines Politikers, der sich als Hüter der Moral präsentiert und dies in einem Staat, in dem man für Drogenkonsum im Gefängnis landet. Trotzdem setzte sich Bush bald durch, wurde republikanischer Präsidentschaftskandidat, gewann die Wahlen 2000 – nach langwierigen Auseinandersetzungen um das knappe Ergebnis – und trat im Januar 2001 sein Amt an.

hier u. a. ein Angestellter namens William Sydney Porter, der später unter dem Pseudonym O. Henry zu einem bekannten Autor von Kurzgeschichten wurde. Literarisch interessierte Reisende können sich auch das Wohnhaus des Schriftstellers in der 5th Street ansehen, in dem sich das **O. Henry Museum** (3) (409 E. 5th St., Mi–So 12–17 Uhr) befindet.

Das **State Capitol** (4) (11th St. & Congress Ave., Mo–Fr 7–22, Sa–So 9–17 Uhr) ist in den 1990er Jahren komplett restauriert worden. Man kann das eindrucksvolle Gebäude auf eigene Faust erkunden oder an einer ausführlichen, kostenlosen Führung teilnehmen – Zeit nehmen sollte man sich dafür auf jeden Fall, denn es gibt viel zu sehen und man erfährt einiges über das texanische Selbstverständnis. Das aus einheimischem Granit errichtete, aufwendig gestaltete Gebäude ist nicht nur größer als die Kapitole in allen anderen 49 Staaten, es ist außerdem – und dies ist eigentlich gesetzlich verboten – etwa zwei Meter höher als das Kapitol in Washington, D. C. Die Kuppel des im Renaissance-Revival-Stil errichteten texanischen Regierungssitzes ist aus Metall und in einem rosafarbenen Ton gestrichen, der im Licht der untergehenden Sonne rötlich schimmert. Oben auf der Kuppel stellt eine Statue die Göttin der Freiheit dar.

Auf dem Gelände des Kapitols findet man eine Reihe von Denkmälern und Statuen. Die **Reiterstatue** vor dem Haupteingang stellt einen Texas Ranger dar. Weiter links sieht man eine lebhafte **Cowboyskulptur.** Das **Southern Confederacy Monument** im südöstlichen Teil der Grünanlage macht deutlich, dass in Texas noch einiges an Vergangenheitsbewältigung zu leisten ist, denn hier wird der Gefallenen des Bürgerkrieges in einer Art und Weise gedacht, die auch heute noch die Sache des Südens glorifiziert, der angeblich für die Freiheit der Einzelstaaten kämpfte. Vier der Figuren sollen Kavallerie, Artillerie, Marine und Infanterie der Konföderierten symbolisieren, die fünfte zeigt Jefferson Davis, den Präsidenten der Südstaaten. Auf dem Sockel befindet sich eine komplette Auflistung der über 2000 Schlachten des Krieges, deren letzte am 13. Mai 1865 auf der Palmetto Ranch in Texas stattfand. Zu diesem Zeitpunkt hatte der Süden zwar schon kapituliert, aber die Neuigkeit war noch nicht bis ins abgelegene Südtexas vorgedrungen.

Das Innere des texanischen Kapitols ist ebenso imposant wie die gesamte Anlage. Die **Lobby** zieren zwei patriotische Wandgemälde von William H. Huddle, die die Kapitulation Santa Annas und den Revolutionshelden David Crockett darstellen. Die beiden weißen Marmorstatuen stammen von der deutschen, nach Texas ausgewanderten Bildhauerin Elisabet Ney und zeigen Sam Houston und Stephen F. Austin. In der **Rotunde** hängen Portraits aller texanischen Gouverneure. Im restlichen Gebäude findet man viele weitere Bilder texanischer Politiker und historischer Persönlichkeiten.

Zu sehen sind außerdem die beiden Kammern des texanischen Parlaments. In dem größeren der beiden **Sitzungssäle** tagen die 150 Mitglieder des House of Representatives. Die zweite Kammer ist der aus nur 31 Mitgliedern bestehende Senat. Senatoren werden, wie der Gouverneur, für jeweils vier Jahre gewählt, während man sich im Repräsentantenhaus schon nach zwei Jahren zur Neuwahl stellen muss. Beide Kammern tagen nur in jedem zweiten Jahr und zwar immer in ungeraden Jahren. Nur wenn dringende Entscheidungen anstehen, kann der

University of Texas, Campus

Gouverneur die Parlamentarier zu Sondersitzungen nach Austin bestellen. Die Politik im Staat Texas wurde lange von der demokratischen Partei dominiert. Als 1978 ein Republikaner zum Gouverneur gewählt wurde, galt dies noch als eine kleine Revolution. Seitdem hat sich das politische Klima allerdings grundlegend geändert und Texas gilt mittlerweile als Hochburg der Republikaner.

State Cemetery

(5) Wer sich für texanische Politik und Geschichte interessiert, dem bietet sich auf dem State Cemetery (7th St. & Navasota St., Mo–Fr 8–17, Sa–So 9–18 Uhr) eine weitere Gele-

genheit für einen Spaziergang durch die Vergangenheit des Staates. Auf dem Friedhof sind u. a. Stephen F. Austin, der Stadtplaner Edwin Waller, bekannte Texas Rangers und Gouverneure begraben. Für George W. Bush ist schon ein Platz reserviert. Die Skulptur am Grab des Generals Albert Sidney Johnston stammt wie die Statuen im Kapitolsgebäude von Elisabet Ney, deren Atelier in einem schönen Haus im Hyde Park ebenfalls der Öffentlichkeit zugänglich ist (304 E. 44th St., Mi–Sa 10–17, So 12–17 Uhr).

Die University of Texas

Der Hauptcampus der University of Texas liegt nördlich des Kapitols mitten im Zentrum der Stadt. Wer in

Austin nicht bei der Staatsregierung oder in der Computerindustrie beschäftigt ist, der arbeitet an der Universität von Texas. Sie ist mit etwa 50 000 Studenten die zweitgrößte Universität in den Vereinigten Staaten. Ihr Jahresetat von einer Milliarde Dollars macht die UT, wie sie meist kurz genannt wird, zur reichsten öffentlichen Universität der USA. Sie kann es sich daher leisten, zumindest von texanischen Landeskindern nur äußerst niedrige Studiengebühren zu verlangen. Ihren unglaublichen Wohlstand verdankt die Universität einem eigenartigen Zufall, wie er wohl nur in Texas passiert: 1923 wurde auf ihrem Land Öl gefunden. Eine der Ölpumpen, mit der damals die erste große Quelle namens ›Santa Rita No 1‹ angezapft wurde, steht mittlerweile auf dem Campus (zwischen Trinity, San Jacinto und M. L. King Blvd.) und erinnert so an diese Öl- und Finanzquelle der Universität. Auf dem Campus, der größer ist als manche Stadt, kann man sich zugleich ansehen, wie die reichlichen Öldollars investiert wurden und werden. Zusätzlich zu Bibliotheken, Hörsälen, Laboren, Wohnheimen und Sportanlagen findet man hier einige sehenswerte Museen und architektonisch interessante Gebäude.

Ein Besuchermagnet auf dem Campus ist die **LBJ Library and Museum** (2313 Red River St., tgl. 9–17 Uhr) in einem auffallend klobigen, weißen Gebäude an der Red River Street. Lyndon B. Johnson, der im Hill Country auf die Welt kam und aufwuchs, hat diesem Museum neben Dokumenten, Fotos und Erinnerungsstücken auch seine große Sammlung politischer Cartoons vermacht, die man sich zumindest teilweise dort ansehen kann. LBJ muss einen ausgeprägten Sinn für Humor gehabt haben, denn auf vielen Cartoons ist er selbst das Ziel des bissigen Spotts. Teil der Ausstellung ist auch eine Nachbildung des Oval Office im Weißen Haus, so wie es zu LBJs Regierungszeit aussah.

Im benachbarten Gebäude, der Sid Richardson Hall, befindet sich neben dem Barker Texas History Center auch eines der Besucherzentren der Universität, in dem man sich einen Lageplan des Campus besorgen kann. Auf der anderen Seite des East Campus Drive sieht man das große **Performing Arts Center,** ein 41-Millionen-Dollar-Komplex mit Konzertsälen und Auditorien in allen Größen. Ein für die Studenten der UT noch wichtigerer Bezugspunkt steht südlich davon, das kaum zu übersehende **Darrel K. Royal Stadium.** In diesem nach einem legendären Footballtrainer benannten Stadion spielt das populäre Footballteam der Uni, das sich (genau wie das Basketball- und das Baseballteam) die Longhorns nennt. Das wichtigste Spiel des Jahres findet immer an Thanksgiving, am Erntedankfest im November, statt, wenn die Mannschaften der UT und der Texas A&M University aufeinander treffen und daher ganz Austin Kopf steht.

Im eigentlichen Zentrum des Campus, ein gutes Stück westlich des Stadions, steht das **Main Buil-**

ding genau an der Stelle, an der vor über hundert Jahren der Bau der Uni begann. Der hohe Turm des Gebäudes, der zur Feier eines Longhorn-Sieges immer festlich beleuchtet wird, stammt aus den 1930er Jahren. Er ist in der Erinnerung der Austinites immer noch mit einem tragischen Ereignis verbunden. 1966 verbarrikadierte sich dort ein Amokläufer und erschoss aus der Höhe des Turms 16 Menschen. Erst seit wenigen Jahren ist er wieder der Öffentlichkeit zugänglich.

Südwestlich des Main Building sieht man eines der schönsten Gebäude des Campus: **Battle Hall** wurde zu Beginn des 20. Jh. in einem Stil erbaut, der – von den Terrakottaziegeln des Dachs bis zu den Bogenfenstern – die Formen der spanischen Renaissance imitiert. Südöstlich des Main Building, gegenüber von Battle Hall, steht **Garrison Hall,** in dessen Architektur man manch genuin texanisches Detail erkennen kann. Unter dem Balkonfenster an der Nordseite bilden Kakteen und Kuhschädel einen Teil der Fassadendekoration. Unterhalb des Dachgesimses zieren Brandzeichen die Hauswände. In diesem Gebäude ist das historische Seminar untergebracht. Man kann an der UT nämlich nicht nur Computertechnik und Wirtschaftswissenschaften studieren, sie ist auch für Geisteswissenschaften bekannt und hat u. a. eines der besten germanistischen Seminare der USA. Hier werden nicht nur die deutschen Klassiker gelehrt. Die reichlich vorhandenen Öldollars

machen es möglich, dass die Studenten zeitgenössische deutschsprachige Schriftsteller persönlich kennen lernen: Ernst Jandl, Günther Kunert, Martin Walser und Jurek Becker gehören zu denjenigen, die hier als *writer in residence* Semester verbrachten.

Ein wenig weiter, an der Ecke von Guadalupe und West 22nd Street, steht das – neben dem LBJ Museum und dem in einem Art-déco-Gebäude untergebrachten **Texas Memorial Museum** (2400 Trinity St., Mo–Fr 9–17, Sa 10–17, So 13–17 Uhr) – dritte Museumsgebäude auf dem Campus. Das **Harry Ransom Center** (21st St. & Guadalupe St., Mo–Fr 9–17, Sa–So 13–17 Uhr) beherbergt eine große Sammlung lateinamerikanischer Kunst, amerikanische Gemälde aus dem 19. und 20. Jh. und die James Michener-Kunstsammlung, aber auch eine Gutenberg-Bibel gehört zu den permanenten Ausstellungsstücken. An den östlichen Rand des Campus schließt sich neben dem Ransom Center die Guadalupe Street an, die von den Studenten der UT *The Drag* genannt wird. An dieser Straße findet man neben Musik- und Buchläden laute Kneipen und eine Reihe belebter Studentencafés, in denen man sich bei einem eisgekühlten Cappuccino vom Campusrundgang erholen kann.

Musik & Natur

Studenten prägen nicht nur im Umfeld der Universität das Gesicht der

Country-Club in Austin

Stadt Austin, sondern auch das Nachtleben. Besonders die Clubs und Bars in der populären **Sixth Street** werden von ihnen bevölkert. In dieser bunten Ecke der Innenstadt ist eine der lebendigsten Musikszenen der Vereinigten Staaten zuhause – Austin nennt sich nicht umsonst *Live Music Capital of the World.* Zu den Musikern, die ihre Karriere in Austin begannen, gehören der Bluesstar Stevie Ray Vaughan, dessen Bronzebildnis an der Südseite des Town Lake zu einer Pilgerstätte geworden ist, an der Fans Blumen und Nachrichten für ihr verstorbenes Idol hinterlassen, ebenso wie die Rocksängerin Janis Joplin, die Folkmusikerin Shawn Colvin, die Butthole Surfers oder die

frühen Punkrocker Big Boys. Das wichtigste musikalische Ereignis des Jahres ist die jährlich im März stattfindende Musik- und Medienkonferenz ›South by Southwest‹ (auch kurz ›SxSW‹), die mittlerweile zum bedeutendsten Musikfestival der USA geworden ist. Aber auch wer in anderen Monaten nach Austin kommt, hat immer eine riesige Auswahl an Livemusik. Wer samstagsabends die mittlerweile ziemlich etablierte Sixth Street und die alternativere Fourth Street erkundet, kann hier alles hören, was das Ohr begehrt: Country, Folk, Blues, Tejano, Jazz, Reggae, Hip-Hop, Funk und Metal. Dafür bringt man in Austin manchmal ein in Texas äußerst ungewöhnliches Opfer: Wenn es in der beliebten Musik- und Kneipenstraße hoch hergeht, wird sie für den Autoverkehr gesperrt.

Threadgrill's Restaurant, Austin

Zilker Park

Neben seinem vielfältigen kulturellen Angebot ist es vor allem das ausgeprägte Umweltbewusstsein, das Austin von anderen amerikanischen Städten abhebt. Hier wurde schon der Müll getrennt, als das Konzept im Rest der USA noch unbekannt war. Die Stadt vergibt zinslose Darlehen an Bürger, die sich umweltfreundliche Haushaltsgeräte zulegen wollen. Seit einiger Zeit kann man sich auf gelben Gemeinschaftsfahrrädern durch die Stadt bewegen: Man benutzt sie und stellt sie, wenn man sie nicht mehr braucht, einfach wieder ab. Schließlich hat die Stadt neben unzähligen Meilen von Fahrrad- und Wanderwegen ganze 170 Parks.

Besonders beliebt ist der schöne Zilker Park (2100 Barton Springs Rd., tgl. 5–22 Uhr) südlich des Colorado River. Der Park wurde nach einem wohlhabenden deutschen Einwanderer benannt, der das Land für diese große Anlage stiftete. Zu ihr gehören ein botanischer Garten, der Umlauf Sculpture Garden, Sportanlagen, ein Kanuverleih und ein Golfplatz. Das eigentliche Herz des Parks ist der große **Barton Springs Pool,** ein See, der aus einer natürlichen Quelle gespeist wird und das ganze Jahr hindurch eine konstante Temperatur von 20 °C hat, so dass man sich hier einerseits im Sommer wunderbar abkühlen, andererseits aber auch während der milden texanischen Winter ein paar Runden schwimmen kann. Am Eingang zu

Barton Springs steht ein weiteres Highlight der Parkanlage: Die Bronzeskulptur **Philosophers' Rock** zeigt die drei bekanntesten Autoren, die Austin in der ersten Hälfte des 20. Jh. hervorbrachte: Roy Bedichek, Frank Dobie und Walter Prescott Webb, die sich zu Lebzeiten häufig am Barton Springs Pool trafen, sieht man hier diskutierend und in Badehosen – die lockere Atmosphäre der Stadt könnte kaum besser auf den Punkt gebracht werden.

Eine Natur-Sehenswürdigkeit anderer Art versteckt sich unter der großen Betonbrücke, auf der die Congress Avenue östlich vom Zilker Park den Colorado überquert. Unter dieser Brücke haben sich über eine

Million Fledermäuse eingenistet. Den Winter verbringen sie in Mexiko, doch vor Ostern kehren sie jedes Jahr nach Austin zurück, um hier ihren Nachwuchs zur Welt zu bringen. Zum Sonnenuntergang versammeln sich an der Brücke allabendlich hunderte naturbegeisterter Austinites zu einem ganz eigenen Happening. Sie lassen sich auf dem Rasen am Ufer des Colorado nieder, um den Aufbruch der Fledermäuse zu beobachten, die immer alle gleichzeitig zur nächtlichen Jagd aufbrechen.

Lady Bird Johnson Wildflower Center

Ein weiteres Muss für Naturfans ist ohne Frage das mit dem Auto in etwa zwanzig Minuten zu errei-

The King of Sixth Street, Austin

chende National Wildflower Research Center südlich der Innenstadt, das meistens Lady Bird Johnson Wildflower Center (4801 La Crosse Ave., Di–So 9–17.30 Uhr) genannt wird, da es 1982 von der Ehefrau Lyndon B. Johnsons gegründet wurde. Es handelt sich um eine Forschungseinrichtung, die sich der Botanik widmet und in einer Bibliothek, einem Museum und ansehnlichen Gartenanlagen über texanische Blumen und andere Pflanzen informiert.

 Austin Convention & Visitors Bureau, 201 East 2nd St., Austin, TX 78701, Tel. 512-404-4573 oder 800-926-2282, www.austintexas.org

 Driskill Hotel ($$$), 604 Brazos St., Tel. 512-474-5911, traditionsreiches Luxushotel in bester Lage im Zentrum.
Brook House ($$–$$$), 609 W. 33rd St., Tel. 512-459-0534, B&B in einem Haus aus den 1920er Jahren in der Nähe der Universität.
Radisson Hotel on Town Lake ($$$), 11 E. 1st. St., Tel. 512-478-9611, am Coloradoufer.
Austin Motel ($$), 1220 S. Congress Ave., Tel. 512-441-1157, günstiges, altes Motel südlich des Zentrums.
Hostelling International Austin ($), 2200 S. Lakeshore Blvd., Tel. 512-444-2294, preisgünstige, gepflegte Jugendherberge.

 County Line on the Hill, 6500 W. Bee Caves Rd., Tel. 512-327-1742, beliebtes BBQ-Lokal.
Mezzaluna, 310 Colorado St., Tel. 512-472-6770, gutes italienisches Restaurant im Warehouse District.
Manuel's, 310 Congress Ave., Tel. 512-472-7555, innovativer Tex-Mex in der Downtown.
West Lynn Café, 1110 W. Lynn, Tel. 512-482-0950, köstliche vegetarische Gerichte.
Mozart's, 3825 Lake Austin Blvd., Tel. 512-477-2900, Café mit Ausblick direkt am Ufer des Lake Austin.
Little City, 916 Congress Ave., Tel. 512-476-2489, das netteste Café im Zentrum.

 **The Gingerman,** 304 W. 4th St., Tel. 512-473-880, dutzende amerikanischer und internationaler Biersorten, mitten im Kneipenviertel.
Cactus Café, 24th St. @ Guadalupe St., Tel. 512-471-8228, beliebte Kneipe mit Livemusik.
Antone's, 2915 Guadalupe St., Tel. 512-474-5314, der bekannteste Bluesclub.
Broken Spoke, 3201 Lamar Blvd., Tel. 512-442-6189, riesige Tanzfläche und Westernatmosphäre mit Photos von Hank Williams und Tex Ritter an den Wänden.
Hang 'Em High Saloon, 201 E. 6th St., Tel. 512-322-9143, Drinks bei Country & Western.

 Dell Factory Outlet, 8801 Research, Tel. 512-728-5656, preisgünstige PCs der bekanntesten texanischen Computerfirma.

 South by Southwest, Medien- und Musikfestival im März.

 Greyhound, 916 E. Koenig St., etwas von Downtown entfernt, aber Busverbindung, Tel. 800-231-2222; **Amtrak,** 250 N. Lamar Blvd., Tel. 512-476-5684.

Die Highland Lakes

Der nördliche Teil des Hill Country wird von einer Kette von Seen dominiert, die das Gebiet zu einem wahren Freizeitparadies machen. Es gibt sechs oder sieben dieser so genannten Highland Lakes – je nachdem, ob man den **Town Lake** mitzählt, der eigentlich nicht im hügeligen Hochland liegt, sondern mitten im Zentrum von Austin zu finden ist. Alle Highland Lakes sind Stauseen, die zwischen den dreißiger und den fünfziger Jahren des 20. Jh. angelegt wurden. Durch den Bau mehrerer Dämme wollte man damals den Colorado zähmen und die Stadt Austin vor Hochwasser und Überschwemmungen schützen. Zugleich sollten die gestauten Seen als Quelle hydroelektrischer Energie und Wasserreservoir dienen.

Nordwestlich des Town Lake schließt sich zunächst der **Lake Austin** an, der in einer Wohngegend liegt. Nur im Emma Long Metropolitan Park gibt es einen öffentlichen Strand. Wer ernsthaft Wassersport treiben will, sollte besser noch etwas weiter fahren, denn der dritte See, **Lake Travis,** hat sehr viel mehr zu bieten. Er ist an die hundert Kilometer lang und der am besten erschlossene der Highland Lakes. Die vielfältigen Freizeitmöglichkeiten locken die Bewohner von Austin an den Wochenenden in Scharen zum Segeln, Wasserski, Angeln oder Tauchen hierher. Unter den Badegelegenheiten an den Ufern von Lake Travis sind besonders die Buchten von McGregor Park berühmt, die viele unter ihrem bezeichnenden Spitznamen ›Hippie Hollow‹ kennen, denn hier befindet sich ein FKK-Strand – der einzige in Texas.

Weiter nordwestlich und wiederum ein wenig höher folgt der kleinere **Lake Marble Falls.** Die Marmorwasserfälle, nach denen der See und der nah gelegene Ort benannt sind, gibt es seit der Errichtung der Staudämme nicht mehr. Was man nordwestlich der 4000-Einwohner-Kleinstadt **Marble Falls** aber immer noch sehen kann, ist der Steinbruch Granite Mountain, aus dessen rotem Granit das Kapitolsgebäude in Austin erbaut wurde.

Westlich schließt sich **Lake Lyndon B. Johnson** an, an dessen Ufern es neben drei Golfplätzen, Reitställen und Tennisplätzen wiederum Bootsanlegestellen, Campingplätze und einen Strand gibt. Die Granitfelsen seiner steilen Ufer und die umliegenden Wälder machen den See zum malerischsten der Highland Lakes. Der Name des Sees erinnert an den aus Texas stammenden Präsidenten, nicht nur, weil er in der Nähe aufwuchs, sondern weil ihm der Bau der Dämme und damit die Existenz der Seenkette zu verdanken ist. Er hatte nämlich als junger Kongressabgeordneter den Präsidenten Franklin D. Roosevelt davon überzeugt, das aufwendige Projekt mit Bundesmitteln zu unterstützen, ohne die der kostspielige Plan nicht zu verwirklichen gewesen wäre.

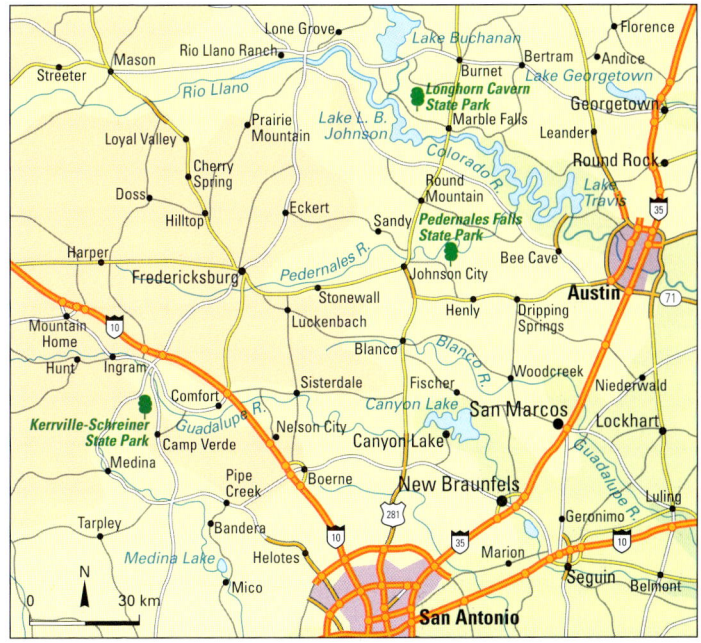

Austin und das Hill Country

Die nächste Stufe der Seentreppe heißt **Inks Lake.** Hier lohnt sich ein kleiner Abstecher über die Park Road 4 zu den unterirdischen **Longhorn Caverns** (tgl. 9–17 Uhr), einem Höhlenlabyrinth mit bewegter Geschichte. Wo in prähistorischen Zeiten Höhlenmenschen zuhause waren, da wurde während des Bürgerkrieges heimlich Schießpulver für die Südstaatenarmee hergestellt, bevor die Höhlen dann während der Prohibitionszeit einen illegalen Alkoholausschank beherbergten. Von hier aus ist es nicht mehr weit bis zum **Lake Buchanan,** dem höchsten und größten der Highland Lakes. An seinem Staudamm befindet sich das kleine **Buchanan Dam Visitors Center** (im Sommer tgl. 9–17 Uhr, ansonsten unregelmäßig geöffnet), das über die Baugeschichte des Damms informiert. Wirklich würdigen lässt sich die Größe dieses Sees hier allerdings nicht. Besser kennen lernen kann man den Lake Buchanan auf der **Vanishing Texas River Cruise** (tgl. um 11 Uhr außer Di). Während einer über zweistündigen Bootsfahrt, die an felsigen Ufern und Was-

Luckenbach, Texas

serfällen vorbeiführt, werden Besucher über Flora und Fauna der Gegend informiert. Von November bis März kann man mit etwas Glück sogar Exemplare der Adlerart *American bald eagle* zu Gesicht bekommen, die hier überwintern. Die Anlegestelle, von der das Boot Texas Eagle II zu diesen Rundfahrten aufbricht, ist über die Ranch Road 2341 zu erreichen.

In Llano: Badu House ($$–$$$), 601 Bessemer St., Tel. 915-247-4304, historisches B&B mit Restaurant im Haus.

An den Highland Lakes gibt es etwa vierzig Campingplätze. Infos und Karten erhält man bei der **Lower Co-**lorado River Authority**, die die Seen verwaltet: LCRA, 3700 Lake Austin Blvd., Austin, TX 78767-0220, Tel. 512-473-4083 oder 800-776-5272, www.lcra.org.

In Marble Falls: Bluebonnet Café, 211 US 281, direkt nördlich der Brücke, Tel. 830-693-2344, eine echte Institution, texanische Spezialitäten.

Bluebonnet Trail Spring Celebration, Lupinen-Festival, das an den Highland Lakes groß gefeiert wird, im April.

Johnson City und Stonewall

Der eine Stunde westlich von Austin gelegene, tausend Einwohner zählende Ort Johnson City wurde im 19. Jh. von einem unternehmungslustigen Pionier namens Sam Johnson gegründet – niemand anderes als der Großvater des späteren Präsidenten Lyndon B. Johnson. Er betrieb eine große Ranch und einen Sammelplatz für Vieh, an dem Rancher der Umgebung ihre Rinder ablieferten, bevor sie dann in großen Herden zum Verkauf in den Norden getrieben wurden. Teile der alten Ranchanlage kann man im **Johnson Settlement** (10th St. & G St., tgl. 9–17 Uhr) besichtigen, während das zum selben Museumskomplex gehörende **Johnson Boyhood Home** an die Jugend LBJs erinnert. Im Besucherzentrum sind außerdem ein Museum und ein Multimediaprogramm über den Präsidenten zu sehen.

Nach einer kurzen Fahrt über die Straße US 290, die parallel zum Pedernales River nach Westen führt, kommt man in den winzigen Ort **Stonewall,** der wie Johnson City ganz von der Viehzucht und der Landwirtschaft lebt und besonders für seine guten Pfirsiche bekannt ist. Hier laden zwei Weingüter zu Weinproben ein, die von deutschen Einwanderern gegründeten **Becker Vinyards** (Mo–Sa 10–17, So 12–17 Uhr) an der Jenschke Lane westlich des Ortes und der **Grape Creek Vinyard** (Di–Sa 10–17 Uhr) am South Grape Creek, ein paar Kilometer weiter westlich und ebenfalls über die US 290 zu erreichen.

Die Hauptattraktion von Stonewall ist allerdings die östlich des Ortes, am Ufer des Pedernales gelegene **LBJ Ranch** (tgl. 10–16 Uhr), die dem Präsidenten persönlich gehörte. Auch während seiner Zeit im Weißen Haus kehrte Johnson gerne auf seine Ranch zurück und brachte dabei manchmal internationale Prominenz mit, so etwa den deutschen Bundeskanzler Ludwig Erhard, der hier im Dezember 1963 zu Gast war. Neben den Ranchgebäuden sind auch das rekonstruierte Geburtshaus des Präsidenten und der Familienfriedhof zu sehen, auf dem Johnson neben seinen Geschwistern, Eltern und Großeltern begraben ist.

ⓘ **Johnson City Chamber of Commerce,** 404 Main St., Johnson City, TX 78636, Tel. 830-868-7684, www.nps.gov/lyjo.

Von New Braunfels nach Fredericksburg

Ein geeigneter Ausgangspunkt für eine Fahrt durch den von deutschen Einwanderern geprägten Teil des Hill Country ist das zwischen Austin und San Antonio gelegene **New Braunfels.** Die 35 000 Einwohner zählende Stadt unterscheidet sich auf den ersten Blick kaum von anderen amerikanischen Städten dieser Größe, doch ihre Geschichte ist ungewöhnlich. In einem kleinen Museum in der **Sophienburg** (401 W. Coll St., Mo–Fr 10–16 Uhr) erfährt man, dass New Braunfels 1845 im

Auf nach Texas

Die deutsche Einwanderung

Am 20. April 1842 fand in Schloss Biebrich bei Mainz ein ungewöhnliches Treffen statt. Der Herzog von Nassau hatte eine Gruppe von Standesgenossen dazu eingeladen, eine originelle Idee seines Freundes Graf Karl zu Castell zu diskutieren. Die wirtschaftlichen und sozialen Schwierigkeiten, unter denen die deutschen Staaten damals litten, waren ihm und seinen Freunden nur zu bewusst. Arbeitslosigkeit und Überbevölkerung schienen Probleme zu sein, die nur durch Auswanderung zu lösen wären. Dies war nicht neu, doch Castell und seine Freunde wollten die deutsche Auswanderung bündeln, besser organisieren und die Emigranten gezielt in Texas ansiedeln. Um 1840 war eine Reihe von Büchern erschienen, die Texas als ein wahres Paradies schilderten – den Roman »Das Kajütenbuch« von Charles Sealsfield hatte fast jeder der nach Biebrich eingeladenen Männer gelesen. In Texas gab es ganze Landstriche, die noch unbesiedelt waren, und – dies war das wahrhaft Neue der Idee –, da es eine unabhängige Republik und nicht Teil der USA war, konnte man hoffen, dass eine gezielte deutsche Masseneinwanderung es zu einem überwiegend von Deutschen besiedelten Staat und vielleicht sogar zu einer Art deutscher Kolonie machen würde.

Im März 1844 fand in Mainz die offizielle Gründungsversammlung des ›Vereins zum Schutze deutscher Auswanderer in Texas‹ statt. Man schloss einen Kolonisationsvertrag über einen 450 Quadratmeilen großen Landstrich in Texas und begann in Zeitungen für das Projekt zu werben. Gegen Zahlung von 300 Gulden für einen unverheirateten Mann oder 600 Gulden für eine Familie versprach der Verein, die Überfahrt nach Texas, den Transport in die Vereinssiedlungen, Ernährung, Unterbringung und Landverteilung zu organisieren.

Als erster Generalkommissar des Vereins traf Prinz Carl von Solms-Braunfels noch 1844 in Texas ein. Er kaufte ein Stück Land an der Küste von Matagorda Bay, das unter dem Namen Carlshafen als Landungsplatz für die Einwanderer dienen sollte. Noch im selben Monat kamen dort die ersten deutschen Siedler an. Da es wegen der großen Entfernung zwischen der Küste und dem vom Verein erworbenen Land nicht möglich war, diese Einwanderer sofort dort anzusiedeln, kaufte Solms einen weiteren, etwa auf halber Strecke zwischen Küste und Vereinsgebiet liegenden Landstrich, wo er am 21. März 1845 Neu Braunfels gründete. Bald danach trat Solms die Heimkehr nach Deutschland an und wurde durch den Freiherrn Ottfried von Meusebach ersetzt. Im Gegensatz zu Solms hatte Meusebach nicht vor, nach Deutschland zurückzukehren. Er wurde texanischer Bürger, legte seinen Titel nieder und nannte sich John O. Meusebach. Als weitere Etappe auf dem Weg zum abgelegenen Vereinsgebiet gründete er am 8. Mai 1846 die Siedlung Friedrichsburg – das heutige Fredericksburg.

Im Laufe des Jahres 1846 kamen über fünftausend deutsche Auswanderer in Carlshafen an. Aufgrund des Krieges mit Mexiko waren damals in ganz Texas Fahrzeuge und Zugtiere beschlagnahmt worden, so dass diese Einwanderer nicht sofort ins Landesinnere transportiert werden konnten und monatelang an der Küste festsaßen. Wegen mangelhafter Organisation und finanzieller Probleme brach die Versorgung zusammen, Seuchen brachen aus und griffen auf Neu Braunfels und Friedrichsburg über. Viele Einwanderer kamen ums Leben. Nachrichten über dieses Massensterben wurden schon 1847 von Rückwanderern in Deutschland verbreitet und der Verein wurde in der deutschen Presse heftig attackiert. Hinzu kam, dass Texas mittlerweile zu einem Teil der USA geworden war. Damit hatten sich die Träume von einer deutschen Kolonie überholt und viele Förderer hatten das Interesse an dem Projekt verloren. All dies führte zum Bankrott des Vereins.

Trotz Pleite und schlechter Presse hinterließ das Projekt des Vereins zum Schutze deutscher Einwanderer in Texas deutliche Spuren, die einem auf einer Reise durch das Hill Country kaum entgehen können. Die Organisation brachte zwar nur etwa 7400 Einwanderer nach Texas, doch Neu Braunfels und Friedrichsburg zogen im 19. Jh. noch viele deutsche Siedler an, die dort deutsche Häuser bauten, Sprache, Küche und Musik der Gegend entscheidend prägten und in der Umgebung weitere deutsche Siedlungen gründeten.

Viele Orte pflegen auch heute noch ihr deutsches Brauchtum – oder das, was man in Texas für deutsches Brauchtum hält. Zum Oktoberfest in Fredericksburg oder zum Wurstfest in New Braunfels wirft man sich in Lederhosen und Dirndl, trinkt Bier aus riesigen Humpen und isst Eisbein mit Sauerkraut.

»Was hatte ich nicht alles gehört vom deutschen Beitrag zur amerikanischen Wirklichkeit«, schreibt Martin Walser in seiner »Amerikareise«, »ich war im Jahr 73 bei einem Wurstfest in jenem texanischen New Braunfels: die Nachkommen der hessischen Einwanderer treten auf diesem Oktoberfest in violetten Lederhosen und mit rosaroten Gamsbärten auf. Was noch an Deutschland erinnert, wirkt wie eine unfreiwillige Parodie auf Deutschland.«

Zum Oktoberfest in Fredericksburg wirft man sich in Lederhosen und Dirndl

Auftrag des Vereins zum Schutze deutscher Einwanderer in Texas von dem Prinzen Carl zu Solms-Braunfels gegründet wurde. Er benannte die Siedlung nach dem Stammsitz seiner Familie in Braunfels an der Lahn, und er war es auch, der mit der Errichtung der Sophienburg begann, in der sich heute das interessante Heimatmuseum und das Archiv der Stadt befinden. Der Name des Gebäudes, mit dem der romantische Prinz seine in Deutschland weilende Verlobte ehren wollte, weckt allerdings falsche Erwartungen. Das schlichte Haus gleicht in keiner Weise einer Burg.

Auch das **Lindheimer Home** (491 Comal St., Sa–So 14–17, im Sommer Do–Di 14–17 Uhr) lässt die Geschichte des Ortes lebendig werden. Hier lebte der deutsche Botaniker Ferdinand Lindheimer, der um die Mitte des 19. Jh. die texanische Pflanzenwelt erforschte und dazu von New Braunfels ausgiebige Streifzüge durch damals noch völlig unbekannte Gegenden des Staates unternahm. An ihn erinnern heute noch etwa zwanzig einheimische texanische Pflanzen, die in ihren botanischen Bezeichnungen seinen Namen tragen – einige davon sind im Garten seines Hauses am Ufer des Comal zu sehen.

Deutsch sprechende Nachkommen der frühen Einwanderer kann man mittlerweile in New Braunfels zwar kaum noch finden und auch der Druck der ältesten deutschen Tageszeitung in Texas, der Neu Braunfelser Zeitung, wurde 1957 eingestellt, doch die Namen mancher Restaurants – ›Krause's Café‹ – und Hotels – ›Solms Inn‹ – erinnern noch an die ersten Bewohner der Stadt. Auch der Name des großen Freizeitparks der Stadt, bei dem es sich um einen der beliebtesten Wasserparks der USA handelt, spielt auf ihre deutschen Wurzeln an: Er heißt ›Schlitterbahn‹.

Auf dem Weg von New Braunfels über die Straße US 46 nach Fredericksburg, kommt man durch eine Reihe kleiner Orte, die ebenfalls von deutschen Siedlern gegründet wurden und teilweise noch deutsche Namen tragen. Der Ort **Boerne,** den man nach etwa 60 km erreicht und dessen Hauptstraße auch heute noch ›Hauptstraße‹ heißt, wurde nach dem Schriftsteller Ludwig Börne benannt. Über den Highway I-10 sind es von hier 30 km bis nach **Comfort.** Viele Touristen kommen in diesen sympathischen Ort, um die Antiquitätengeschäfte und Trödelläden an der High Street zu durchstöbern. Auch Comfort wurde von deutschen Pionieren gegründet. Angeblich wollten sie ihre Siedlung ›Gemütlichkeit‹ nennen. Da ihre amerikanischen Nachbarn diesen Namen aber nicht aussprechen konnten, soll man ihn dann mit dem englischen *comfort* übersetzt haben.

Interessanter als die Geschäfte der Stadt ist ein Denkmal, das die meisten Besucher kaum beachten. Man findet es neben der Schule des Ortes in der High Street. Auf dem weißen, obeliskartigen Denkmal sind eine Liste mit Namen und die – deutsche – Aufschrift ›Treue der Union‹ zu lesen. Sie erinnert daran, dass sich viele deutsche Siedler der Gegend gegen die Sklaverei engagierten und in der Zeit des amerikanischen Bürgerkrieges mit den Nordstaaten sympathisierten. Als es 1861 zu einer Abstimmung über die Frage kam, ob sich Texas dem Süden anschließen sollte, wurde dies in einigen deutsch geprägten Gebieten abgelehnt. Da sich daraufhin Hunderte deutscher Unionsanhänger zu organisieren begannen, um die Nordstaaten zu unterstützen, rückte Militär in die Gegend ein. Eine Gruppe liberaler

Deutscher wurde von den Konföderierten gestellt und geschlagen. Die Namen der Siedler, die in dieser ›Schlacht am Nueces‹ ihr Leben ließen, werden auf dem Denkmal aufgelistet.

Von Comfort geht es über die kleine Ranch Road 473 nach **Sisterdale.** Auch dieser 35-Einwohner-Ort hat eine bemerkenswerte Geschichte. Hier ließ sich eine Gruppe deutscher Intellektueller nieder, unter ihnen die Autoren Ottomar von Behr, Ernst Kapp, Adolf Douai, Julius Dresel und August Siemering. Diese deutschen Gelehrten unterschieden sich sehr von ihren angloamerikanischen Nachbarn. Sie hatten umfangreiche Bibliotheken mit nach Texas gebracht, waren überdurchschnittlich gebildet und wurden von ihren Nachbarn ›Latin Farmers‹ genannt, denn angeblich unterhielten sie sich sogar bei der Feldarbeit noch auf Latein.

Von Sisterdale sind es dann keine dreißig Kilometer mehr nach Fredericksburg. Die kurvige kleine Straße 1376 führt durch eine hügelige, grüne und waldige Gegend, die unweigerlich an deutsche Mittelgebirge erinnert und so gar nicht in das landläufige Bild von Texas als staubigem Präriestaat passt. Man versteht hier leicht, warum es Europäern gerade in diesem Teil des Staates gefiel. Ein winziger Ort liegt noch auf der Strecke, das aus einer Hand voll Häusern bestehende, natürlich auch von Deutschen gegründete **Luckenbach.** Fans der Countrymusik müssen hier einen Stopp einlegen, denn dies ist das Nest, das man aus Waylon Jennings Song »Luckenbach Texas« kennt. Außer einem heruntergekommenen General Store ist zwar nichts zu sehen, auf der Lichtung nebenan finden allerdings sonntags immer noch Konzerte oder Jam Sessions statt, bei denen manchmal sogar der im nahen Austin lebende Willie Nelson persönlich auftauchen soll.

Fredericksburg

Fredericksburg rühmt sich damit, die deutsche Hauptstadt von Texas zu sein. Der einladende, 9000 Einwohner zählende Ort ist mit seinen geschmackvoll restaurierten Häu-

Sonntagshaus in Fredericksburg

sern, seinen zahlreichen stilvollen Bed & Breakfasts, Geschäften und Sehenswürdigkeiten sicher der Höhepunkt dieser Route. Die Stadt wurde 1846, ein Jahr nach New Braunfels, ebenfalls vom Verein zum Schutze deutscher Auswanderer in Texas gegründet und treibt einen vergleichbaren Kult um ihre deutschen Wurzeln. Eines der ältesten öffentlichen Gebäude der Stadt ist die auffällige, achteckige **Vereinskirche** (Mo–Sa 10–16, So 13–16 Uhr) auf dem Marktplatz, in der sich ein kleines Museum zur Geschichte der Stadt befindet. An der hinteren rechten Wand hängt ein farbenfrohes Gemälde. Es zeigt den Gründer des Ortes, Baron Ottfried von Meusebach, im Kreise einiger Komantschenhäuptlinge beim Abschluss eines Friedensvertrages. Als die ersten Deutschen hier eintrafen, lag die Siedlung noch unmit-

telbar an der westlichen Siedlungsgrenze, und man schloss daher
1847 einen Friedensvertrag mit den
nächsten Nachbarn, den Komantschen – einer der ganz wenigen dieser Art, die von beiden Seiten einge-
halten wurden.

Es gibt in Fredericksburg eine
ganze Reihe sehenswerter Beispiele
texasdeutscher Architektur: die Zion
Evangelical Lutheran Church, die
katholische Marienkirche, das von
einer Einwandererfamilie aus Kob-
lenz errichtete Krauskopf Building
an der Main Street oder auch das
Krieger-Geyer House, das deutschen Fachwerkstil mit einer süd-
staatlichen *porch* verbindet. Es ist
eines der vielen so genannten **Sonn-
tagshäuser** in Fredericksburg, in denen deutsche Farmerfamilien aus
der Umgebung ihre Wochenenden
verbrachten. Eines der am besten erhaltenen Gebäude aus der Frühzeit
von Fredericksburg ist das Kammlah
House, das heute zum Komplex des
Pioneer Museum (309 W. Main St.,
Mo–Sa 10–17, So 13–17 Uhr) gehört. Das charakteristisch deutsche
Element dieses Hauses ist von außen nicht zu erkennen: Es hat – und
dies ist in Texas etwas sehr Ungewöhnliches – einen aus Stein gebau-
ten Weinkeller. Wer sich für die
deutsch-texanische Geschichte interessiert, sollte auch einen der Fried-
höfe der Stadt besuchen. Der ältere
ist der am östlichen Ende des Ortes
gelegene überkonfessionelle **Stadt-
friedhof,** auf dem man viele alte
deutsche Grabinschriften findet.
»Von Indianern ermordet«, heißt es

»Der Lindenbaum«, Fredericksburg

etwa auf einem Grabstein von 1862
im hinteren Teil des Friedhofs – der
Friedensvertrag mit den Komantschen war offensichtlich doch nicht
ganz so erfolgreich, wie man es in
Geschichtsbüchern nachlesen kann.

**Fredericksburg Convention & Vi-
sitors Bureau,** 106 N. Adams St.,
Fredericksburg, TX 78624, Tel. 830-997-
6523, www.fredericksburg-texas.com
New Braunfels Visitors Center, P.O. Box
311417, New Braunfels, TX 78131, Post
Rd. @ I-35, nördlich der Stadt gelegen,
Tel. 830-608-2100 oder 800-572-2626,
www.nbcham.org.

In New Braunfels: Faust Hotel
($–$$), 240 Seguin St., Tel. 830-
625-7791, zentral gelegen und günstig.

Cowboyspielen für Anfänger

Zu Gast auf einer Dude Ranch

Wer hat nicht schon einmal davon geträumt, wie der Held im Western im Sattel über die texanische Prärie zu galoppieren? Nichts ist einfacher, als diesen Traum wahr zu machen. Eine immer größer werdende Zahl von *Dude Ranches* bietet Besuchern Unterkunft, Verpflegung und Reitstunden an. Ein Stadtmensch, der am Wochenende John Wayne spielen will, ist ein echter *dude* – und auf einer Dude Ranch sind Freizeit-Cowboys genau richtig.

Die erste Dude Ranch in Texas war die – mittlerweile geschlossene – Buck Ranch in Bandera, deren Besitzer 1920 auf die Idee kamen, für zehn Dollars in der Woche Zimmer an auswärtige Gäste zu vermieten. Und in der Umgebung von Bandera im südlichen Teil des Hill Country findet man auch heute noch die meisten texanischen Gästeranches. Hier hat man die Auswahl zwischen riesigen Anlagen, die im Stil von Club Med Unterhaltung rund um die Uhr anbieten, Höfen mit einem ganzen Zoo exotischer Tiere oder auch echten *working ranches,* die außer vom Tourismus noch von der Viehzucht leben.

Eine noch relativ junge unter den vielen Gästeranches der Gegend ist die Running-R Ranch südlich von Bandera. Was diese mit ihren nur hundert Hektar relativ kleine Ranch von anderen unterscheidet, ist die ungewöhnlich große Vielfalt der Reitmöglichkeiten. Die *trails* (Rundreitwege), die hier angeboten werden, reichen von leichten, einstündigen Ausflügen für Anfänger bis zu fünf- und sechsstündigen Ausritten, für die man schon einige Erfahrung im Sattel mitbringen muss. Dabei wird man immer von einem kompetenten *wrangler* begleitet, der mit den Pferden und der Gegend vertraut ist.

Die Besitzer der Running-R Ranch kennen die Wünsche ihrer Gäste sehr genau, denn vor nicht allzu vielen Jahren waren sie selbst noch regelmäßig als Urlauber auf einer Dude Ranch zu Besuch. Zu dieser Zeit besaßen Iris und Ralph Kirchner eine erfolgreiche Werbeagentur in München und verbrachten nur die Ferien in Texas, doch Bandera und Umgebung hatten es ihnen bald so angetan, dass sie dort eine alte Ranch kauften, sie renovierten und dann 1997 endgültig ins Hill Country übersiedelten.

Die Running-R Ranch liegt direkt neben dem Hill Country State Park, einem großen, hügeligen Naturschutzgebiet, in dem sich die texanische

Flora und Fauna ungestört entfalten können. Die Kirchners haben mit dem benachbarten Park einen Vertrag abgeschlossen, der ihren Gästen erlaubt, in diesem unberührten Gebiet zu reiten.

Da auf der Running-R Ranch nur etwa fünfzig Gäste untergebracht werden können, ist die Atmosphäre auch während der Hochsaison noch familiär. Man lernt sich nicht nur bei den Ausritten schnell kennen, sondern auch bei den gemeinsamen Mahlzeiten im rustikalen Round-Up-Room. Abends erkunden die Gäste das Nachtleben im nah gelegenen Bandera oder sitzen einfach nur gemütlich in Schaukelstühlen auf der großen Veranda beisammen und genießen bei einem Bier den Sonnenuntergang. In der äußerst kurzen kühlen Jahreszeit wird dazu schon mal

Reiterferien auf der Running-R Ranch, Bandera

ein Lagerfeuer angezündet, und wenn es richtig heiß ist, dann bietet der Pool angenehme Abkühlung. Neben den obligatorischen Pferden bevölkern auch Longhorn-Rinder, Hühner, Katzen und Hunde in friedlicher Eintracht die Ranch, sehr zur Freude der Familien, die mit Kindern anreisen.

Weitere Infos: Running-R Ranch, 9050 Bandera Creek Rd., Bandera, TX 78003-3866, Tel. 830-796-3984; www.rrranch.com; runningr@texas.net. Zum Vergleichen: www.duderanches.com.

Girls auf Ranchurlaub in Bandera

In Fredericksburg: Fredericksburg Bed & Breakfast ($$–$$$), Tel. 830-997-8615, hier werden Zimmer in zumeist liebevoll und teils luxuriös eingerichteten B&Bs vermittelt.

 In Fredericksburg: Old German Bakery, 225 W. Main St., Tel. 830-997-9084, Bäckerei mit deutschen Spezialitäten und Café.
Navajo Grill, 209 E. Main St., Tel. 830-999-8289, hier wird die innovative Küche des Südwestens gepflegt, die leichter ist als das übliche Essen in Texas und auf frische Zutaten großen Wert legt.
Ausländer Biergarten, 323 E. Main St., Tel. 830-997-7714, einfache internationale Küche und Biere.

 Opas Haus, 1600 River Rd., deutsch-texanische Souvenirs.

Oktoberfest, texanische Version des Münchner Fests, in Fredericksburg; **Wurstfest,** deutsches Essen und Bier in New Braunfels, meistens am ersten Wochenende im November.

In der Umgebung von New Braunfels bietet sich Wassersport auf dem Guadalupe River oder dem Canyon Lake an. Bei Fredericksburg gibt es viele Möglichkeiten zum Wandern; schön ist der nördlich der Stadt gelegene **Park ›Enchanted Rock‹** um einen großen Felsen, der den Indianern der Gegend heilig war.

Kerrville und Umgebung

Die an den Ufern des Guadalupe gelegene Kleinstadt **Kerrville** ist einer der populärsten Urlaubsorte in

Texas. Hier kann man in angenehmem, mildem Klima reiten, wandern, schwimmen und mountainbiken. Man findet daher in Kerrville und Umgebung zahlreiche Hotels und Motels sowie Dutzende von Feriencamps für amerikanische Schulkinder.

Das **Hill Country Museum** (226 E. Garrett St., Mo–Sa 10–17.30, Do 13–17.30 Uhr) in der Innenstadt informiert nicht etwa, wie der Name suggeriert, über die Gegend, sondern war das Wohnhaus der Familie Schreiner, die im 19. Jh. aus dem Elsass auswanderte und zur reichsten Familie von Kerrville wurde.

Etwas ganz Besonderes ist das **Cowboy Artists of America Museum** (1550 Bandera Hwy, Mo–Sa 9–17, So 13–17 Uhr, September bis Mai montags geschlossen) auf der anderen Seite des Flusses. Eine kleine, permanente Sammlung und wechselnde Ausstellungen zeigen Skulpturen, Gemälde und andere Werke von Cowboys, die sich neben (oder nach) ihrer Arbeit im Sattel der Kunst widmen.

Für diejenigen, die die Umgebung von Kerrville nicht zu Fuß oder auf dem Pferd durchstreifen wollen, gibt es jede Menge *scenic drives*, auf denen man die Landschaft im Auto erkunden kann. Eine schöne Strecke ist z. B. die Straße 39, die entlang dem Guadalupe nach Westen führt. Wer einen Sinn für exzentrische Sehenswürdigkeiten hat, sollte von dem winzigen Ort **Hunt** aus die Farm Road 1340 nehmen und etwa drei Kilometer nach Westen weiterfahren. Dort stößt man auf **Stonehenge II,** eine komplette Rekonstruktion des südenglischen Originals.

Ein Erlebnis ist auch ein Besuch von **Bandera,** der einzigen echten Westernstadt der Gegend. Der 1100-Einwohner Ort liegt eine gute halbe Stunde südlich von Kerrville am Fluss Medina. Als selbst erklärte Cowboyhauptstadt der Welt präsentiert sich Bandera entsprechend rustikal: An der Main Street kann man sich mit Sporen, Sätteln, Gürteln und anderen Westernsouvenirs eindecken, sich mit Barbecue stärken oder im Silver Dollar Saloon ein kühles Bier trinken – am passendsten eines der Marke Lone Star. Im Sommer finden zweimal in der Woche Rodeos statt, auf denen einheimische Cowboys ihr Geschick demonstrieren.

 Kerrville Convention & Visitors Bureau, 2108 Sidney Baker, Kerrville, TX 78028, Tel. 830-792-3535 oder 800-221-7958, www.ktc.net\kerrcvb
Bandera Convention & Visitors Bureau, P.O. Box 171, Bandera, TX 78003-0171, Tel. 830-796-3045 oder 800-364-3833, www.tourtexas.com/bandera.

 In Kerrville: Best Western Sunday House Inn ($$–$$$), 2124 Sidney Baker, Tel. 800-677-9477, Mittelklassemotel an der Durchgangsstraße.
In Bandera: Hackberry Lodge ($$–$$$), 1005 Hackberry, Tel. 830-460-7134, romantisches B&B.

im **Kerrville-Schreiner State Park** am Guadalupe.

San Antonio und südliches Rio-Grande-Tal

San Antonio

Del Rio und Umgebung

Die beiden Laredos

Von San Ignacio nach Harlingen

Brownsville

Auf der Fiesta von San Antonio

Tex-Mex: San Antonio und das südliche Rio-Grande-Tal

Im quirligen San Antonio erwarten einen die legendäre Alamo und alte Missionsstationen aus der spanischen Kolonialzeit. Hier hört man auch heute noch mehr Spanisch als Englisch. Eine Fahrt durch das subtropische Rio-Grande-Tal führt in bunte Grenzorte und zeigt den Alltag der amerikanisch-mexikanischen Nachbarschaft.

San Antonio

»San Antonio ist eine alte Stadt«, schreibt Simone de Beauvoir in ihrem klassischen Reisebericht »Amerika Tag und Nacht«, »sie hat die heiteren Farben Mexikos und die Erinnerungen an das alte Spanien.« Überrascht stellt sie fest: »Altes Gemäuer, von Blumen umgeben – das hatte mir Amerika bisher noch nicht geboten«.

The Alamo

(1) Eines der ältesten und zugleich das bekannteste Gemäuer in San Antonio ist die Alamo (Alamo Plaza, Mo–Sa 9–17.30, So 10–17.30, im Sommer bis 18.30 Uhr) mitten in der Altstadt. Mit dem Bau dieser spanischen Missionskirche zu Beginn des 18. Jh. unter dem Namen San Antonio de Valero begann die eigentliche Besiedlung der Gegend. Zu den insgesamt 36 spanischen Missionen in Texas gehört jeweils nicht nur eine Kirche, sondern auch ein Presidio, ein Fort. Den Spaniern ging es natürlich nicht nur um die Bekehrung der einheimischen Indianer, sondern vor allem um militärische Präsenz. 1810 machte man sich ihre massiven Mauern zunutze und verwandelte auch die Missionskirche San Antonio de Valero in ein Fort. Da die Soldaten, die sie als erstes bezogen, ausnahmslos aus dem me-

---

San Antonio, Downtown
1 The Alamo
2 Menger Hotel
3 St. Joseph's Catholic Church
4 La Villita
5 Arneson River Theatre
6 San Fernando Cathedral
7 Spanish Governor's Palace
8 El Mercado
9 Institute of Texan Cultures
10 Tower of the Americas
11 Mexican Cultural Institute

152

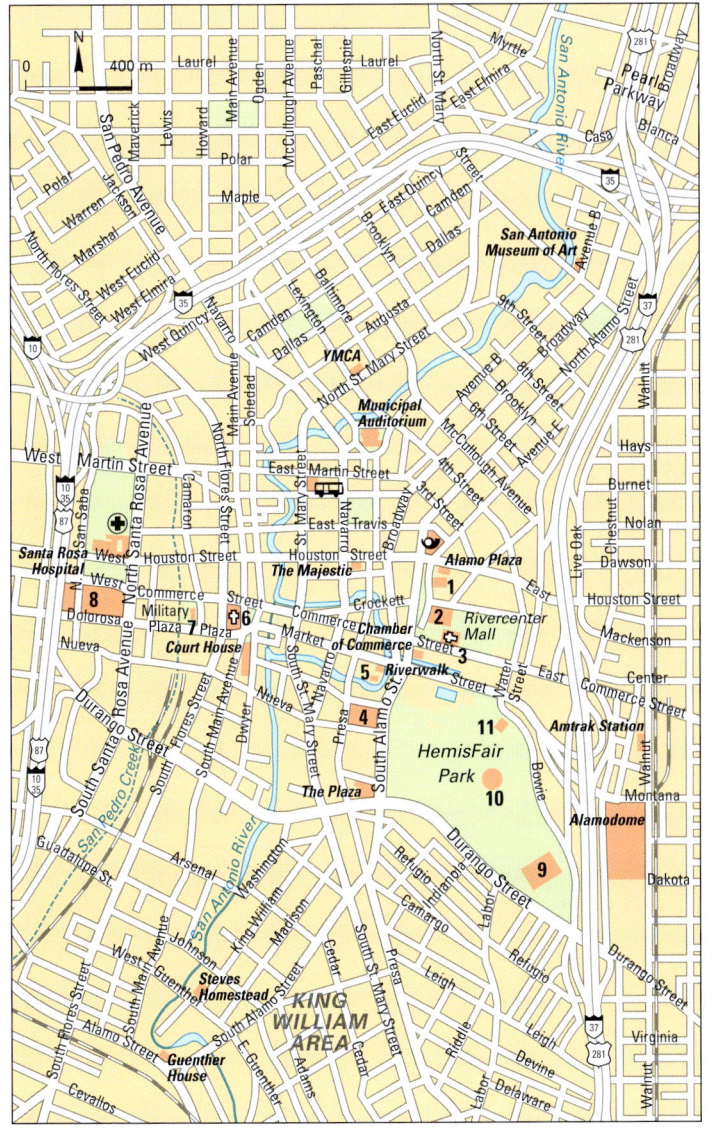

Schöner Schrein

Remember the Alamo

Ihr Anblick ist Texanern vertrauter als der des Weißen Hauses. Die Alamo ist ein patriotischer Wallfahrtsort, an dem man der Anfänge des texanischen Nationalgefühls gedenkt. Das bekannteste Symbol des Lone Star State steht mitten im Zentrum der Millionenstadt San Antonio, umgeben von Hochhäusern und Hotels, und ist sehr viel kleiner, als man angesichts der Dimensionen ihres Mythos meinen sollte. Das Gebäude ist schlicht und schön. Die steinerne Fassade mit säulenverziertem Eingang und geschwungenem Giebel ist wirklich unverkennbar.

Wenn man mit den Schlange stehenden Besuchermassen durch das Innere gedrängt wird, fällt es schwer, sich vorzustellen, welches Drama sich hier im Frühling 1836 abspielte. Texas war zu diesem Zeitpunkt noch ein Teil Mexikos, doch die Siedler hatten sich gegen die Regierung aufgelehnt. Dies erboste den mexikanischen Diktator Antonio López de Santa Anna und er machte sich persönlich mit seiner Armee nach Texas auf, um die aufmüpfigen Anglos zur Räson zu bringen.

Als er im Februar 1836 mit tausenden von Soldaten auf San Antonio zumarschierte, befanden sich ganze 183 Texaner in der Alamo, unter ihnen die legendären Westmänner Jim Bowie, William Travis und David Crockett. Sie verteidigten ihren Posten dreizehn Tage lang bis zum Tod. Dieser Kampf gilt vielen als die größte Heldentat der texanischen Geschichte, weil die Texaner durchaus die Möglichkeit zum Rückzug gehabt hätten, sich aber aus freien Stücken entschieden, dazubleiben und dem sicheren Tod entgegenzusehen. Ihr selbstloses Handeln trug damals zur Entscheidung im Krieg zwischen Texas und Mexiko bei. Da die mexikanische Armee in San Antonio aufgehalten wurde, hatte der texanische Kommandeur Sam Houston Zeit, seine Truppen zu sammeln und konnte die geschwächten Mexikaner wenige Wochen später bei San Jacinto endgültig schlagen. Die Nachricht über das Blutbad in San Antonio hatte sich mittlerweile im ganzen Staat verbreitet und brachte viele zö-

xikanischen Ort San José y Santiago del Alamo de Parras stammten, wurde die frühere Kirche bald nur noch kurz ›Alamo‹ genannt. Die wechselvolle Geschichte des Gebäudes gipfelte im März des Jahres 1836 in der legendärsten Schlacht der texanischen Revolution. Heute ist die Alamo das texanische Nationalheiligtum schlechthin und mit zehn Milli-

gernde Texaner dazu, sich Sam Houston und seinen Truppen doch noch anzuschließen. »Remember the Alamo« lautete der Schlachtruf, der diesmal die texanische Seite motivierte, hunderte von Mexikanern abzuschlachten.

Die schillerndste Figur der Schlacht um die Alamo ist David Crockett. Der aus Tennessee stammende Trapper war schon zu Lebzeiten eine echte Legende, eine Mischung aus Lederstrumpf und Robin Hood, die eine Zeit lang im Kongress saß, aber dann wieder in den Wilden Westen zurückkehrte. Der Heldentod in der Alamo war in seinem Fall der perfekte Abschluss eines abenteuerlichen Lebens, das zum Stoff für Dutzende von Filmen und Büchern wurde. Als die mexikanische Armee nach fast zwei Wochen Belagerung die Alamo schließlich stürmte, war Crockett unter den letzten Überlebenden, die immer noch verzweifelt Widerstand leisteten. Nachdem ihm die Kugeln ausgegangen waren, soll er sein Gewehr noch eine Weile als Knüppel benutzt haben, bevor dann auch er von den Mexikanern überwältigt und getötet wurde. Dies ist zumindest die Version der Ereignisse, die jeder kennt.

Seit einiger Zeit streiten die Historiker darüber, wie genau David Crockett ums Leben kam, denn das kürzlich entdeckte Tagebuch eines mexikanischen Offiziers, der die Belagerung der Alamo als Augenzeuge miterlebte, beschreibt, dass sich Crockett und eine Hand voll Überlebender gegen Ende der Schlacht ergeben hätten, dass sie Santa Anna dann aber sofort erschießen ließ.

Im Andenkengeschäft der Alamo kann man sich mit entsprechenden Souvenirs eindecken: Ein mit Trapperkostüm bekleideter Teddy namens Davy-Bear sitzt dort neben Schneekugeln, in denen Davy vor einer verschneiten Plastik-Alamo herumschwimmt. Die Mützen aus imitiertem Waschbär-Fell, die man überall in San Antonio kaufen kann, erinnern ebenfalls an ihn. Eine solche *coonskin cap* war nämlich sein Markenzeichen. Auch in der bekanntesten der vielen Verfilmungen der Schlacht um die Alamo geht Crockett nie ohne seine Waschbärmütze aus dem Haus. Und man kann leicht erraten, wer den heldenhaften Davy in der Hollywood-Version der Geschichte spielen durfte: Dafür kam nur John Wayne in Frage.

onen Besuchern im Jahr zugleich die populärste Touristenattraktion im Staat.

An der Alamo Plaza, dem belebten Platz vor der früheren Missions-kirche, steht auch das traditionsreichste Hotel der Stadt. Das **Menger Hotel** (2), (204 Alamo Plaza) wurde 1859 von dem deutschen Einwanderer Wilhelm Menger eröff-

The Alamo

net. Er hatte wenige Jahre zuvor bereits die erste Brauerei in Texas gegründet und es heißt, dass er durch das Hotel seinen Freunden und Kunden einen unbeschwerten Genuss seines beliebten Biers ermöglichen wollte.

Die **St. Joseph's Catholic Church** (3) um die Ecke, in der Commerce Street, wurde in den 60er und 70er Jahren des 19. Jh. ebenfalls von deutschen Einwanderern erbaut, als man die Messe nicht mehr wie bisher gemeinsam mit den mexikanischen Katholiken in der nahe gelegenen Kathedrale feiern wollte. Die kunstvollen Fenster der Kirche wurden um die Wende vom 19. zum 20. Jh. aus München importiert.

Weitere architektonische Spuren der deutschen Einwanderung findet man im **King William District,** einem Viertel, das lange die Wohngegend der oberen Zehntausend war und nach Kaiser Wilhelm I. benannt wurde.

River Walk

Von der Alamo Plaza ist es nicht weit bis zur zweiten Hauptattraktion der Stadt, dem am Ufer des San Antonio entlangführenden romantischen River Walk. In der Altstadt überqueren etwa zwanzig Brücken den Fluss, an denen kleine Treppen zum Ufer hinunter führen. Unten kann man auf gepflasterten Spazierwegen vorbei an Zypressen und Palmen flanieren. In den vollen Cafés, Bars und Restaurants am Ufer lassen es sich Einheimische und Touristen gutgehen, essen Chili oder Burritos, trinken einen Tequila oder eine Margarita und genießen den schönen Blick auf den Fluss. Der River Walk – oder Paseo del Rio – wurde während der Weltwirtschaftskrise im Rahmen einer Arbeitsbeschaffungsmaßnahme angelegt. Eigentlich plante die Stadtverwaltung damals, den San Antonio unter einer Betondecke verschwinden zu lassen, um so die vielen Überschwemmungen in den Griff zu bekommen. Doch glücklicherweise organisierten sich damals einige weitsichtige Bürger zur San Antonio Conservation Society und schlugen eine sympathische Alternative vor. Man könne den Fluss durch Schleusen zähmen, meinten sie, seine Ufer in der Stadt befestigen und sollte dann versuchen, Einzelhandel und Gastronomie dort anzusiedeln. Der malerische River Walk entwickelte sich nach und nach zur beliebtesten Ecke der Stadt und hat viel dazu beigetragen, dass der Tourismus zu ihrem wichtigsten Wirtschaftszweig wurde.

La Villita

(4) Auf dem River Walk kommt man zum Viertel La Villita an der südlichen Biegung des San Antonio. Seine kleinen, einfachen Häuser wurden größtenteils im späten 18. und frühen 19. Jh. erbaut. Eigentlich ist La Villita das älteste Stadtviertel, denn lange bevor die ersten Europäer nach San Antonio kamen, befand sich hier schon ein Dorf des Indianerstammes der Coahuiltecans. Die Architektur des Viertels ist eine echt texanische Mischung: Spanisch-mexikanische Lehmbauten stehen neben Gebäuden, die kaum verleugnen können, dass sie von deutschen oder französischen Einwanderern errichtet wurden.

In den 1930er Jahren siedelte sich in La Villita eine kleine Künstlerkolonie an, an die heute noch einige Galerien und das schöne **Arneson River Theatre** (5) erinnern, dessen Repertoire von klassischen Opern und Tejano-Konzerten bis zu Flamenco-Vorführungen reicht (Auskunft und Reservierung Tel. 210-207-8610). Ungewöhnlich ist besonders die Anlage dieses Theaters, denn die Bühne befindet sich auf der einen Seite des Flusses, während das Publikum auf der gegenüberliegenden Seite sitzt.

Main Plaza

Die belebte Main Plaza oder Plaza de las Islas ist einer der beliebtesten Plätze der Innenstadt. Einige Jahre nachdem die ersten spanischen Mönche und Soldaten angekommen waren, ließen sich hier 15 Familien nieder, die von den kanarischen Inseln nach San Antonio gekommen waren. An der westlichen Seite des Platzes steht die **San Fernando Cathedral** (6), die älteste Pfarrkirche in Texas. Mit ihrem Bau wurde in den 1830ern begonnen. Reste der ur-

River Walk

sprünglich im Stil des spanischen Barock gestalteten Kirche sind noch zu erkennen, insgesamt dominiert allerdings der neugotische Stil die im 19. Jh. vollendete Kathedrale. In ihrem Inneren sind die Grabmäler einiger prominenter Texaner zu sehen – unter ihnen der erste mexikanische Gouverneur von Texas, José Antonio Navarro. In einer Kapelle links neben dem Eingang wurden außerdem die in der Alamo gefallenen Texaner bestattet.

Military Plaza

Neben der Kathedrale führt rechts die Trevino Street weiter zur Military Plaza oder Plaza de Armas, dem früheren Exerzierplatz des spanischen Militärs. Hier steht eines der interessantesten historischen Gebäude der Stadt. Das weiße einstöckige Haus wird **Spanish Governor's Palace** (7), (105 Plaza de Armas, Mo–Sa 9–17, So 10–17 Uhr) genannt, war aber trotz seines Namens nicht der Sitz des spanischen Gouverneurs. Hier lebte vielmehr der Kommandeur des Presidio. Das gedrungene Gebäude zählt zu den ältesten der Stadt. Der malerische Innenhof, die kargen Räume mit Balkendecken und das schlichte Mobiliar aus dunklem Holz vermitteln einen einmaligen Eindruck vom Leben in San Antonio zur spanischen Kolonialzeit.

El Mercado

(8) Auf der Commerce Street kommt man von der Military Plaza nach einem Block zum El Mercado. In dieser Ecke zwischen Dolorosa und Commerce Street werden in Markthallen und Geschäften Geschenkartikel und Kunsthandwerk verkauft. Obwohl sich das Angebot heute mehr an Touristen als an Einheimische richtet, hat sich der alte Markt doch viel Charme bewahren kön-

nen. In einigen gemütlichen mexikanischen Straßencafés wie im beliebten Mi Tierra kann man sich stärken und der Musik der Mariachis lauschen, die in dem bunten Viertel ständig unterwegs sind.

HemisFair Park

In San Antonio ist zwar jeder Stadtbummel eine Unterrichtsstunde in Sachen Multikulturalität, wer sich aber systematisch darüber informieren möchte, wie viele und welche ethnischen Gruppen Texas und seine Kultur geprägt haben, der sollte dem **Institute of Texan Cultures** (9), (Bowie & Durango St., Di–So 9–17 Uhr) einen Besuch abstatten. Hier werden an die dreißig texanische Bevölkerungsgruppen vorgestellt, die von Indianern, mexikanischstämmigen Amerikanern, Afroame-

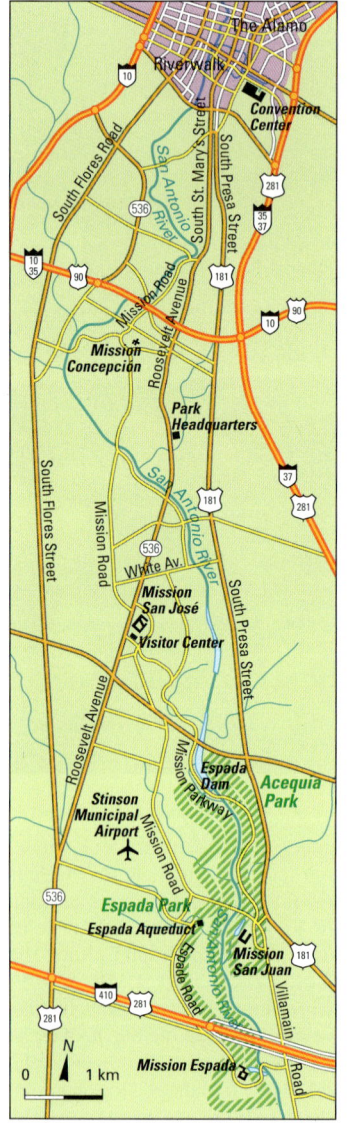

rikanern, Angloamerikanern und europäischen Einwanderern bis zu Asiaten reichen. Das Museum befindet sich auf dem Gelände des HemisFair Park südöstlich der Alamo. Dieser Komplex wurde 1968 angelegt, um das 250-jährige Bestehen von San Antonio zu feiern.

Das auffälligste Gebäude im HemisFair Park ist der hohe **Tower of the Americas** (10), (600 HemisFair Park, tgl. 8–23 Uhr), von dessen Spitze aus man einen schönen Ausblick auf die Innenstadt hat. Nicht weit entfernt steht das vom mexikanischen Außenministerium betriebene **Mexican Cultural Institute** (11), (600 HemisFair Plaza Way, Di–Fr 9.30–17.30, Sa–So 11–17 Uhr), in dem wechselnde Ausstellungen über Mexiko zu sehen sind. Auf dem HemisFair-Gelände befindet sich außerdem eine Niederlassung der Universidad Nacional Autonoma de Mexico, an der man mexikanische Studiengänge absolvieren kann, ohne Texas zu verlassen.

Der Mission Trail

Außer der Alamo errichteten spanische Mönche im frühen 18. Jh. vier weitere Missionsstationen im Tal des San Antonio-Flusses. Sie stehen einige Kilometer südlich der Innenstadt und sind über den gut ausgeschilderten Mission Trail leicht zu finden.

Mission Trail

Als erste Station auf dieser Route erreicht man nach etwa drei Kilometern die **Mission Concepción** (807 Mission Rd., tgl. 9–17 Uhr). Diese auf den ersten Blick etwas karg, ja vielleicht sogar düster anmutende Kirche ist die einzige der Missionen, an der noch keinerlei Renovierungsmaßnahmen vorgenommen wurden – und dafür ist sie erstaunlich gut erhalten.

Knapp fünf Kilometer weiter südlich steht auf der anderen Seite des San Antonio-Flusses die große **Mission San José** (6539 San José Dr., tgl. 9–17 Uhr). San José ist die bekannteste und gilt als die schönste unter den texanischen Missionen. Zu der großzügigen, von einer hohen Mauer umgebenen Anlage gehören neben der eigentlichen Missionskirche auch Werkstätten und Wohngebäude. Die barocke Fassade wurde vom mexikanischen Steinmetz Pedro Huizar geschaffen. Das meistfotografierte Detail ist ein Seitenfenster, das *rose window* oder auch *Rosa's window* genannt wird und das ebenfalls von Huizar stammt. Er soll es zu Ehren seiner Verlobten Rosa entworfen haben, die auf der Reise von Mexiko nach Texas ums Leben kam.

Im Gegensatz zur Alamo, die mittlerweile zum Museum geworden ist, sind die vier Missionen südlich der Stadt heute aktive Pfarrkirchen. So auch San José, dessen sonntägliche Mariachimessen bei Einheimischen wie Touristen beliebt sind.

Wieder ein Stück weiter südlich stößt man auf die **Mission San Juan**

Mission San Juan Capistrano

(9102 Graf Rd., tgl. 9–17 Uhr). Im Vergleich zu San José mutet San Juan trotz ihres eleganten Glockenturms eher einfach an. Es sind nur wenige Nebengebäuden der Anlage erhalten geblieben.

Die letzte Station des Mission Trail ist schließlich **Mission Espada** (10040 Espada Rd., tgl. 9–17 Uhr), die man nach einer weiteren Überquerung des San Antonio erreicht. Sie bleibt besonders durch die vielen Blumen in Erinnerung, die von franziskanischen Mönchen gepflanzt und gepflegt werden. Etwas nördlich der Mission Espada ist das **Acequia de Espada** zu sehen, ein Aquädukt, das noch ein Rest des Bewässerungssystems ist, mit dessen Hilfe die Mönche die umliegenden Felder bewässerten.

San Antonio Convention & Visitors Bureau, 121 Alamo Plaza, San Antonio, TX 78298, Tel. 210-270-8700 od. 800-447-3372, www.sanantoniocvb.com.

La Mansion del Rio ($$$), 112 College St., Tel. 210-518-1000, edles altes Hotel im spanischen Hacienda-Stil, direkt am River Walk.
Menger Hotel ($$$), 204 Alamo Plaza, Tel. 210-223-4361, mit seiner alten Einrichtung sicher eines der schönsten Hotels der Stadt, unweit der Alamo.
Noble Inns ($$$), 102 Turner St., Tel. 210-225-4045, noble Unterkunft im King William District.
O'Casey's Bed & Breakfast ($$), 225 W. Craig Place, Tel. 210-738-1378, kleines B&B im Monte Vista Historic District.
Bullis House Inn ($$), 621 Pierce St., Tel. 210-223-9426, günstiges B&B.
Hostelling International ($), 621 Pierce St., Tel. 210-223-9426, preiswerte Jugendherberge.

Zuni Grill, 511 River Walk, Tel. 210-227-0864, südwestliche Küche und gute Mixgetränke, z. B. ›Cactus Rita‹.
Rio Rio Cantina, 421 Commerce St., Tel. 210-226-8462, Tex-Mex.
Boudro's, 421 Commerce St. @ River Walk, Tel. 210-224-8484, eines der besten Restaurants am River Walk, Fisch und Tex-Mex, das Guacamole wird am Tisch zubereitet, nicht ganz billig.
Mi Tierra, 218 Produce Row, Tel. 210-225-1262, günstiges Lokal mitten im Market Place, traditionelle mexikanische Küche, besonders für süßes Gebäck, *pan dulces,* bekannt, schöne Bar.

Pecan Street Market, 152 E. Pecan St., Tel. 210-227-3226, Sandwiches und Lunch bei der Greyhound Station.
Rosario's, 1014 S. Alamo St., Tel. 210-223-1806, innovative mexikanische Küche im hispanischen Viertel Southtown.
Guenther House, 205 E. Guenther St., Tel. 210-227-1061, Sandwiches, Salate und leichte Gerichte in viktorianischem Haus im King William District.

Ganz egal, was im **Majestic Theater,** 230 E. Houston St., Tel. 210-225-3333, gerade aufgeführt wird, ein Besuch in dem phantasievollen, exotisch dekorierten Art-déco-Theater aus den 1920er Jahren ist ein Erlebnis.
Originell ist auch das **Alamo Street Restaurant & Theater,** ein Dinner Theater in einer ehemaligen Kirche, 1150 S. Alamo St., Tel. 210-271-7791.

Wer ungewöhnliche Einkaufserlebnisse mag, sollte in San Antonio eine Botanica aufsuchen. In diesen religiös-medizinischen Läden werden die typischen Heilmittel und Kultobjekte des *curanderismo,* einer lateinamerikanischen Geheimlehre. Zu den bekanntesten zählt Papa Jim's in Southtown (5630 S. Flores).

Splashtown, 3600 North Pan Am Expressway, Tel. 210-227-1100, Wassererholungspark mit vielen Rutschen, Pools etc.

Fiesta San Antonio, mehrtägiges, riesiges Volksfest im April; **Fiestas de las Luminarias,** Weihnachtsumzug im Tex-Mex-Stil.

Greyhound, 500 N. St. Mary's St., Tel. 210-270-5824, in der Innenstadt.
Amtrak, 224 Hoefgen St., Tel. 210-223-3226.

Del Rio und Umgebung

Mit seinen 35 000 Einwohnern ist Del Rio der größte Ort zwischen San Antonio und El Paso. Del Rio hat Touristen nicht viel zu bieten, eignet sich aber als Zwischenstopp auf dem Weg zum Big Bend. Außerdem ist es durch seine Lage am Rio Grande und in der Nähe des Amistad-Sees ein praktischer Ausgangspunkt für Ausflüge in die Umgebung, in der es einiges zu entdecken gibt.

Das ›Rio‹ im Ortsnamen meint nicht etwa den Rio Grande, an dem Del Rio liegt, sondern den San Felipe, den man sich im **Moore Park** ansehen kann. Der Fluss entspringt ganz in der Nähe der Stadt, und ihm ist es zu verdanken, dass sich in dieser trockenen Gegend im 19. Jh. Siedler niederließen, die mit seinem Wasser ihre Felder bewässerten.

Seit über hundert Jahren wird in diesem Gebiet auch Wein angebaut, so in der kleinen **Val Verde Winery** (100 Qualia Dr., Mo–Sa 9–17 Uhr), dem ältesten Weingut in Texas. Es wurde von der italienischen Familie Qualia gegründet, der es auch heute noch gehört, und ist besonders für seinen Portwein bekannt.

Über die Vergangenheit von Del Rio und Umgebung informiert das kleine **Whitehead Memorial Museum** (1308 S. Main St., Di–Sa 9–16.30, So 13–17 Uhr). In diesem Freilichtmuseum kann man sich u. a. eine Nachbildung von Roy Beans Saloon ansehen. Der berüchtigte Richter ist auf dem Gelände des Museums begraben.

Del Rios mexikanische Nachbarstadt **Acuña** hat in den letzten Jahren ein rasantes Bevölkerungswachstum erlebt und ist mittlerweile etwa viermal so groß wie ihr texanisches Pendant. Viel zu sehen gibt es zwar nicht, aber Amerikaner machen trotzdem gerne Ausflüge auf die andere Seite des Rio Grande, um an der Calle Hidalgo einzukaufen oder in einem der vielen preisgünstigen Restaurants zu essen. Ein weiteres beliebtes Ausflugsziel in der Umgebung von Del Rio ist der große **Amistad Lake** nördlich des Ortes. Dieser Stausee ist in amerikanisch-mexikanischer Zusammenarbeit entstanden und seine Wasservorräte werden von beiden Seiten freundschaftlich (daher der Name) genutzt. Zugleich haben sich durch die Errichtung des Amistad-Dammes aber auch ganz neue Freizeitmöglichkeiten ergeben, die jährlich über eine Million Besucher anlocken. An den 1300 km langen Ufern des Sees gibt es Strände, Bootsstege und Campingplätze. Da das Wasser des Amistad Lake ungewöhnlich klar ist, kommen Tauchschulen aus dem ganzen Land hierher, um Kurse abzuhalten. Der **Seminole Canyon** nördlich des Sees ist für seine indianischen Höhlenmalereien berühmt. Er ist Teil des Seminole Canyon State Park, den man über die US 90 und den Ort Comstock erreicht. Im Visitors Center erfährt man einiges über die Schöpfer der Malereien und kann sich Wanderungen anschließen, die von Park Rangers geleitet werden und zu den schönsten Felsenmalereien führen.

Die Kleinstadt **Brackettville**, etwa 50 km östlich von Del Rio, ist besonders für Westernfans einen Abstecher wert. Im **Alamo Village** nördlich des Ortes (an der FM 674, tgl. 9–17 Uhr) wurde 1959 der klassische Western »Die Alamo« mit John Wayne gedreht. Neben einer Nachbildung der Alamo ist eine komplette Westernstadt zu sehen, die auch in anderen Filmen als Kulisse diente, in den 1980er Jahren z. B. in »Lonesome Dove«. **Eagle Pass,** eine gute Stunde südlich von Del Rio, ist Filmenthusiasten ebenfalls von der Leinwand bekannt, denn hier wurde 1996 John Sayles' Meisterwerk »Lone Star« gedreht.

Del Rio Chamber of Commerce, 1915 Ave. F, Del Rio, TX 78840, Tel. 830-775-3551, www.chamber.del-rio.com

Villa del Rio ($$–$$$), 123 Hudson Dr., Tel. 830-768-1100, B&B bei der Val Verde Winery.
Holiday Inn Express ($–$$), 3616 Ave. F, Tel. 830-775-2933, neues Motel nördlich der Stadt.

Am **Lake Amistad** gibt es mehrere Campingplätze, sowohl in der National Recreation Area als auch außerhalb.

Texas, der Süden

Texas made in Hollywood

Der Western

Ikone des Westerns und Regisseur
John Wayne

Die Geschichte des Westerns ist mit der Geschichte des amerikanischen Kinos praktisch identisch – der erste Spielfilm, »The Great Train Robbery« von 1903, war zugleich der erste Western. Er erzählt die Geschichte eines legendären Zugüberfalls, der wenige Jahre zuvor von dem berüchtigten Butch Cassidy organisiert worden war. An den Standardelementen des Westerns hat sich seit diesen frühen Tagen wenig geändert: Pferde und Revolver sind seine wichtigsten Ikonen; die Handlung wird von einfachen Konflikten und Gewalt dominiert, wobei sich in der Rolle der Schurken Gangster, Indianer und Mexikaner abwechseln, und sie spielt irgendwo im Wilden Westen, meistens natürlich im Westernstaat Texas.

Auch das Auftreten historischer Personen ist ein typischer Bestandteil des Westerns geblieben und wirkliche geschichtliche Ereignisse sind immer noch der ergiebigste Stoff. Die Schlacht von Little Bighorn z. B., in der George Custer von Sioux-Indianern überwältigt wurde, kommt in fast fünfzig Western vor. Auch der legendäre Sheriff Wyatt Earp tritt in über dreißig Filmen auf und wurde schon von ebenso vielen Hollywoodstars gespielt, darunter Henry Fonda, Burt Lancaster, James Stuart, Ronald Reagan, James Garner, Kurt Russel und Kevin Costner. Unter den dramatischen Ereignissen der texanischen Geschichte ist die Schlacht um die Alamo besonders häufig verfilmt worden.

Die aufwendigste Alamo-Verfilmung übernahm Ende der 50er Jahre John Wayne höchstpersönlich. Der Superstar des Westerns hatte schon

seit Jahren mit dem Gedanken gespielt, den mythischen Stoff neu zu ver-
filmen und wollte dabei nicht nur als David Crockett selbst die Hauptrolle spielen, sondern zugleich auch Regie führen. Seine Suche nach einem passenden Drehort hatte ihn schon nach Panama und ironischer-
weise sogar nach Mexiko geführt, bevor er auf die ideale Kulisse stieß –
und die fand er natürlich in Texas. Der Besitzer einer großen Ranch nördlich von Brackettville lud John Wayne damals ein, sich sein Ranchland
anzusehen, auf dem kurz zuvor schon der Western »The Last Command«
(Sein letzter Befehl) gedreht worden war. Wayne war begeistert. Neben
der eindrucksvollen, kargen Landschaft gab es hier vor allem unendlich
viel Platz, und noch im selben Jahr begann er mit dem Bau des Filmsets.
Dabei wurden weder Kosten noch Mühe gescheut. Man errichtete einen
naturgetreuen Nachbau der Alamo und eine komplette Westernsiedlung.
Als der Film 1960 fertig gestellt war und in San Antonio uraufgeführt
wurde, hatte John Wayne über zehn Millionen Dollar ausgegeben und
den – damals – teuersten Film aller Zeiten produziert. »The Alamo«
war trotzdem eine künstlerische Katastrophe und gilt als einer der
schlechtesten Western überhaupt.

Das Beste, was von John Waynes »Alamo« blieb, war der Filmset, der
in über hundert Filmen zu sehen ist. Das ›Alamo Village‹ diente in der
goldenen Zeit des Western als Drehort für Klassiker wie »Two Rode To-
gether« (Zwei ritten zusammen) mit Jimmy Stewart oder »Bandolero« mit
Raquel Welsh. Als gegen Ende der 1980er Jahre das große Revival des
Westerngenres einsetzte, wurden dort »Gunsmoke« und »Rio Diablo«
gedreht, ebenso wie die Verfilmung von Larry McMurtrys Roman »Lonesome Dove« und später dessen Fortsetzung »Streets of Laredo«. In den
1990er Jahren brachten die Dreharbeiten an dem Frauenwestern »Bad
Girls« Madeleine Stowe, Drew Barrymore und Andie MacDowell nach
Brackettville.

Alamo Village kann besichtigt werden, und selbst wenn gerade kein
Filmteam aus Hollywood zugange ist, kann man sich leicht in einen
Western hineindenken. Vom Saloon über die Kirche, das Gefängnis, den
General Store, Wohnhäuser und Ställe bis hin zum Leichenbestatter sind
alle Institutionen des Westernortes vertreten. In einer kleinen, mittlerweile leicht angestaubten Ausstellung wird außerdem an John Wayne
und seine Filmarbeit vor Ort erinnert. Im Sommer wird zur Unterhaltung
der Touristen in den heißen und staubigen Straßen auch Wildwest
gespielt. Da kann man Lassokunststücke bestaunen, Cowboymusik
hören oder auch (unblutigen) Schießereien zusehen.

Garibaldi Restaurant, 139 Garfield St., Tel. 830-768-1161, authentisches mexikanisches Essen.
Memo's, 804 Loyosa St., Tel. 830-775-8104, beliebter Mexikaner.

 Fiesta de Amistad, mexikanisch-texanisches Freundschaftsfest im Oktober.

 Am **Lake Amistad** gibt es Gelegenheit zum Bootsfahren, Angeln (für beides ist eine Genehmigung nötig, die man im Hauptgebäude der Amistad National Recreation Area bekommen kann), Schwimmen und Tauchen.

Die beiden Laredos

Knapp 300 km südlich von Del Rio liegen die wichtigsten Grenzorte der Gegend, das texanische Laredo mit etwa 170 000 und das mexikanische Nuevo Laredo mit über 350 000 Einwohnern. Ihr Leben wird in jeder Hinsicht von der Grenzlage am Rio Grande geprägt. Die Wirtschaft der beiden Städte ist untrennbar miteinander verknüpft. Die Bevölkerung ist verwandt und viele Einwohner pendeln täglich zur Arbeit auf die andere Seite der Grenze. Ja, die beiden Laredos teilen sich sogar eine Baseballmannschaft: Die ›Tecolotes de los dos Laredos‹ sind das einzige internationale Baseballteam der Welt, das die eine Hälfte der Saison im La Junta Park in Nuevo Laredo, die andere im Stadion Veterans Field in Laredo spielt. Vor ihren Spielen werden jeweils zwei Flaggen gehisst und zwei Nationalhymnen gespielt.

Das historische Zentrum von Laredo ist die **San Augustin Plaza** im Herzen der Stadt. Hier steht die älteste Kirche der Gegend, die **San Augustin Church,** die ursprünglich 1767 errichtet wurde. Das jetzige weiße Gebäude stammt allerdings erst aus dem 19. Jh. An der Südseite des Platzes findet man – neben dem La Posada, dem schönsten Hotel der Stadt – das kleine **Republic of the Rio Grande Museum** (1000 Zaragoza St., Di–Sa 9–16, So 13–16 Uhr). Es erinnert an die kurzlebige Republik des Rio Grande, die 1840 ausgerufen wurde. Damals wollten sich drei nordmexikanische Staaten und der südwestliche Teil von Texas zu einem unabhängigen Staat zusammenschließen. Laredo befand sich damals praktisch im Niemandsland, denn Mexiko hatte den Rio Grande noch nicht als Grenze anerkannt. Erst durch den amerikanisch-mexikanischen Krieg von 1846 bis 1848 zwangen die USA Mexiko, den Rio Grande offiziell als Grenze zu akzeptieren. Die Bevölkerung von Laredo war davon zunächst gar nicht begeistert. Da sie lieber Bürger Mexikos sein wollten, flüchteten damals viele Bewohner auf die südliche Seite des Flusses und gründeten dort eine neue Siedlung – Nuevo Laredo.

Weil heute in den beiden Laredos wichtige amerikanische und mexikanische Autobahnen und Zuglinien zusammenlaufen, passieren fast die Hälfte aller mexikanischen Handelsgüter auf dem Weg in die Vereinigten Staaten die Grenze an dieser Stelle. Seit der Verabschiedung der nordamerikanischen Freihandelsübereinkunft NAFTA 1994 nimmt der Grenzverkehr ständig zu, und man verspricht sich daher ein andauerndes wirtschaftliches Wachstum. Laredo, das lange einer der ärmsten Orte in Texas war, konnte sich in den 1990ern über jährliche Wachstumsraten von über 20 % freuen und ist heute die am schnellsten wachsende Stadt im Staat.

Wenn man in den beiden Laredos herumläuft, ist kaum zu übersehen, dass auch der Einzelhandel vor allem vom Grenzverkehr lebt. Das Angebot in den Geschäften Laredos richtet sich nach dem, was Mexikaner hier einkaufen möchten: Elektrogeräte und Kleidung. Im mexikanischen Nuevo Laredo werden an amerikanische Touristen vor allem Geschenkartikel und Alkohol verkauft. Die beiden Ortskerne liegen einander direkt gegenüber. Die belebte Convent Street führt zur **International Bridge # 1,** der einzigen Fußgängerbrücke über den Fluss, und wird auf der anderen Seite zur Avenida Guerrero, der Haupteinkaufsstraße von Nuevo Laredo. Auch der bunte **El Mercado** zwischen den Avenidas Guerrero, Bravo und Victoria lockt die Touristen an. In den Straßen des Stadtzentrums fällt einem in Nuevo Laredo unweigerlich auf, dass sich in jedem zweiten Haus entweder eine Apo-

Laredo

theke befindet oder ein Zahnarzt um Kunden wirbt. Beides resultiert aus den Schattenseiten des amerikanischen Gesundheitswesens. Da viele Texaner so schlecht versichert sind, dass Medikamente und Zahnbehandlungen von ihren Krankenkassen nicht bezahlt werden, kaufen sie Tabletten gerne billig in Mexiko ein oder lassen sich ihre Zahnlöcher zu günstigeren mexikanischen Preisen füllen.

ℹ️ **Laredo Convention & Visitors Bureau,** 501 San Augustin Ave., Laredo, TX 78042, Tel. 956-795-2200, www.cityoflaredo.com.

Truck Stop

 **La Posada Hotel & Suites** ($$$), 1000 Zaragoza St., Tel. 956-722-1701, das historische Hotel am San Augustin Plaza ist die erste Adresse der Stadt.
La Quinta Motor Inn ($$), 3610 Santa Ursula Ave., Tel. 956-722-0511, Motel an der Kreuzung von I-35 und US 59.
Executive House Hotel ($), 7060 N. San Bernardo Ave., Tel. 956-724-8221, einfache, günstige Unterkunft.

im **Lake Casa Blanca International State Park** östlich der Stadt, den man über die US 59 erreicht.

In Laredo: Tack Room, 1000 Zaragoza St., Tel. 956-722-1701, ed-

les, nicht ganz billiges Restaurant neben dem La Posada, die Spezialitäten sind Rippchen und Seafood.
Cotulla-Style Pit Bar-B-Q, 4502 McPherson St., Tel. 956-724-5747, deftiges, reichhaltiges Frühstück und Lunch, montags geschlossen.
La Palapa, 5300 San Dario Ave., Tel. 956-727-7115, Tex-Mex.
In Nuevo Lartedo: Mexico Tipico, 934 Av. Guerrero, Tel. 011-5287-12-1525, gegrilltes Fleisch, besonders *cabrito* (Zicklein).
Victoria's, Calle Victoria 3023, Tel. 011-5287-13-3020, elegante mexikanische Küche.

Marti's, 2923 Av. Victoria, Antiquitäten und Kunsthandwerk in Nuevo Laredo.

Greyhound, 801 San Bernardo Ave., Tel. 956-795-2000.

Von San Ygnacio nach Harlingen

Die US 83 führt gut 300 km am Rio Grande entlang nach Südosten Richtung Golfküste, mitten durch das *valley,* wie das Rio-Grande-Tal hier meist knapp genannt wird. Die Straße ist zwar nie sehr weit vom Grenzfluss entfernt, da die Gegend aber äußerst flach ist, kann man ihn meistens nicht sehen. Nach etwa 80 km kommt man in den nächsten Ort, das kleine **San Ygnacio** mit der Kirche Our Lady of Refuge aus dem 19. Jh. am beschaulichen Dorfplatz. In den Wohnwagensiedlungen am Ortsrand verbringen Amerikaner aus dem kalten Norden gerne den Winter. Solche *snow birds* sind zwar in Texas noch nicht so zahlreich wie in Florida, der Tourismus ist aber ein expandierender Sektor, weil hier neben günstigen Preisen die höchsten Temperaturen im Staat herrschen.

Die kleine Stadt **Zapata,** die man als nächstes erreicht, entstand an ihrem jetzigen Ort erst um die Mitte des 20. Jh. Das alte Zapata, das sich früher näher an der Grenze befand, musste geräumt werden, als der Rio Grande 1953 durch den neu konstruierten Falcon-Damm gestaut wurde. Dadurch entstand das große **Falcon International Reservoir,** ein See, der heute ein beliebtes Naherholungsgebiet ist. Sein Wasserreservoir wird von der texanischen und der mexikanischen Seite gemeinschaftlich zur Bewässerung der umliegenden Felder genutzt. Ohne die Wasservorräte des Sees könnte man hier nicht sehr viel anbauen, mit Hilfe künstlicher Bewässerung ist aus der subtropischen Gegend aber ein echter Garten geworden. Man sieht Zwiebel-, Getreide- und Kohlfelder, ein wenig weiter südlich auch Zitrusplantagen. Besonders die rosafarbene *Texas Ruby Red Grapefruit* wird von fahrenden Händlern und an Obstständen am Straßenrand verkauft.

Roma, die nächste Kleinstadt auf der Weiterfahrt nach Süden, wurde bereits Mitte des 18. Jh. gegründet und ist damit eine der ältesten Siedlungen der Region. Als der Rio Grande noch schiffbar war, befand sich in Roma ein wichtiger Hafen. Die Dampfschiffe, die damals regelmäßig vor Anker gingen, brachten einen – für die Gegend – ungewöhnlichen Wohlstand in den Ort, der sich in der Architektur mancher alter Wohnhäuser immer noch zeigt. Das Zentrum von Roma ist eine mit Kakteen bepflanzte Plaza – niemand käme hier auf die Idee, von einem *square* zu sprechen. Der Kern des Ortes wirkt so völlig mexikanisch, dass hier 1952 der Film »Viva Zapata« über das Leben des mexikanischen Revolutionärs Emiliano Zapata gedreht wurde. Roma liegt dicht an der Grenze, so dass man ausnahmsweise einmal einen direkten Blick auf den Rio Grande hat. Der ›große Fluss‹ macht hier seinem Namen allerdings keine Ehre. Schließlich wird er überall angezapft und zur Bewässerung von Feldern und Gärten genutzt, so dass der

Fluss am Ende der Welt

Der Rio Grande

Rio Grande heißt der texanisch-mexikanische Grenzfluss nur in den USA, in Mexiko wird er Río Bravo (oder Río Bravo del Norte) genannt. Ob nun ›großer Fluss‹ oder ›mutiger Fluss‹, er entspringt in den San Juan-Bergen in Colorado, ist über 3000 Kilometer lang und mündet in den Golf von Mexiko. Das interessanteste Stück sind die 1300 Kilometer zwischen El Paso und Brownsville, da hier zwei Kulturen und zwei Länder mit einem enormen Wirtschaftsgefälle aufeinander treffen.

Aus nördlicher Perspektive erscheint der Rio Grande vielen als das Ende der zivilisierten Welt, die man allenfalls für einen kurzen Tagesausflug verlässt, um vor Einbruch der Dunkelheit wieder auf die sichere Seite zu flüchten. Aus südlicher Perspektive hingegen bedeutet er für viele die Grenze zum gelobten Land, wo man sich Arbeit, Geld und die sprichwörtlichen unbegrenzten Möglichkeiten erhofft. Andere betrachten den reichen Nachbarn im Norden und die gemeinsame Grenze allerdings eher als einen Fluch: »Armes Mexiko«, lautet eine mexikanische Volksweisheit, »so fern von Gott, so nah bei den Vereinigten Staaten«.

Die Grenzbefestigungen, mit denen die USA sich in El Paso, Laredo oder Brownsville nach Süden abzuschotten versuchen, erinnern unwillkürlich an den eisernen Vorhang. Doch dieser Vergleich hinkt. Nicht nur, weil es außerhalb der Ballungszentren ohnehin keine solchen Grenzanlagen gibt und die Grenze über viele Meilen völlig offen und durchlässig ist, sondern auch, weil sogar in diesen Städten täglich Tausende von Lastwagen, Autos und Massen von Fußgängern die Grenze überqueren – problemlos und in beide Richtungen.

Der legale Grenzverkehr hat in den Jahren seit der Verabschiedung des Freihandelsabkommens NAFTA nie dagewesene Dimensionen erreicht. Gegen Ende des 20. Jh. wurden die Verkehrsverbindungen zwischen Texas und Mexiko daher gründlich ausgebaut und mehrere neue Brücken über den Rio Grande eröffnet. Zwei Drittel aller nach Mexiko importierten Waren stammen schon jetzt aus den USA. Doch nicht nur der internationale Handel wird von beiden Regierungen gefördert, man bemüht sich auch darum, am Südufer des Rio Grande Fabriken anzusiedeln, um so vor Ort Arbeitsplätze zu schaffen. Diese so genannten *maquiladoras* haben zwar tatsächlich neues Geld und viele Stellen ins Rio-Grande-Tal gebracht, doch nutzen sie die Grenzlage schamlos aus.

Fährmann am Rio Grande

Die – amerikanischen – Betreiber dieser Unternehmen bezahlen ihren – mexikanischen – Arbeitern Gehälter, die nicht zum Überleben reichen: Tagelöhne von unter vier Dollars sind keine Seltenheit. Auch Vorschriften für die Sicherheit am Arbeitsplatz oder den Umweltschutz werden häufig ignoriert. Diese Unternehmen halten niemanden davon ab, die Grenze auch ohne Visum und Arbeitserlaubnis zu überqueren und sein Glück im Norden zu versuchen. Man schätzt, dass jedes Jahr über zwei Millionen Lateinamerikaner illegal in die USA kommen – ein Großteil davon nach Texas. Da viele von ihnen den flachen Rio Grande einfach durchschwimmen, kommen sie nass auf der amerikanischen Seite an. Daher werden illegal in Texas lebende Mexikaner auch *wetbacks* genannt.

Es ist nicht wenig, was die beiden ungleichen Nachbarn nördlich und südlich des Rio Grande trennt, aber gerade in Texas wird deutlich, dass sie auch vieles verbindet. Die Bevölkerung der Grenzorte kommt bestens miteinander aus. Fast überall gibt es regelmäßig texanisch-mexikanische Freundschaftswochen und auch der grenzüberschreitende Tourismus wird nachbarschaftlich gefördert. So gibt es ein binationales Projekt, mit dem seit den 1990er Jahren versucht wird, Besucher in das südliche Rio-Grande-Tal zu locken und zur Besichtigung der kleinen Grenzorte auf beiden Seiten des Flusses anzuregen. Der Werbespruch des Projekts ist ein für die Gegend typischer Mix: »Welcome to los caminos del rio!«

Rio Grande immer schmaler und flacher wird, je weiter man nach Süden kommt.

Auf Roma folgen bald das winzige Los Saenz und die Kleinstadt **Rio Grande City,** wo nach dem amerikanisch-mexikanischen Krieg von dem damaligen General und späteren amerikanischen Präsidenten Zachary Taylor das Fort Ringgold zur Sicherung der neuen Grenze errichtet wurde. In Rio Grande City führt eine der vielen Brücken über den Fluss nach Mexiko. Wenig weiter, in **Los Ebanos,** kann man den Grenzfluss auch heute noch so überqueren, wie es vor hundert Jahren üblich war, denn hier gibt es die letzte handbetriebene Fähre über den Rio Grande. Weiter südöstlich im **Bentson-Rio Grande Valley State Park** bei **Mission** sind exotische Tiere wie der Ozelot und an die 300 Vogelsorten zuhause.

Im Südosten des Rio-Grande-Tals findet man anstelle verschlafener, mexikanisch aussehender Grenzdörfer deutlich amerikanischer wirkende Städte wie **McAllen.** Mit seinen über 100 000 Einwohnern ist es das wichtigste Zentrum der texanischen Zitrusindustrie. Auch der Straßenverkehr nimmt deutlich zu. Dafür hat man jetzt allerdings auch die Wahl zwischen verschiedenen Strecken: Man kann auf der US 83 bleiben und auf dem direkten Weg nach Harlingen weiterfahren oder auf kleinere Straßen wechseln, die näher am Rio Grande ebenfalls nach Südosten führen. Wenn man etwa die Farm Road 115 nach Süden

Richtung Hidalgo abbiegt, gelangt man auf die Straße US 281, die parallel zur Grenze verläuft.

Etwa zehn Kilometer östlich von Hidalgo führt sie am sehenswertesten Park des Valley vorbei, dem **Santa Ana National Wildlife Refuge** (Visitors Center tgl. 8–16.30, Sa und So 9–16.30 Uhr). Er vermittelt einen Eindruck davon, wie es am Rio Grande vor der Ankunft der ersten europäischen Siedler aussah, denn hier ist ein kleines Stück des üppigen subtropischen Waldes erhalten, der sich früher über das ganze Tal erstreckte. Wer sich für die Vegetation von Südtexas interessiert, sollte sich auch **Sunderland's Cactus Garden** (FM 495 & FM 907, Oktober bis April Mo–Fr 9–17, Sa–So 14–17; Mai bis September Di–Fr 9–17 Uhr; im August geschlossen) nördlich der Kleinstadt **Alamo** nicht entgehen lassen.

Ob man nun von Alamo einfach auf der US 83 weiter nach Osten oder auf der kleineren US 281 weiter durch die Felder des Valley fährt und bei Los Indios die Straße 1479 nach Norden nimmt, als nächste größere Stadt erreicht man **Harlingen,** das nach dem gleichnamigen Ort in den Niederlanden benannt ist. Sein früherer Name, Six-Shooter Junction, macht deutlich, dass das Rio-Grande-Tal lange ein ziemlich heißes Pflaster war. Noch in den ersten Jahrzehnten des 20. Jh. unternahm Pancho Villa Raubzüge auf die amerikanische Seite der Grenze. Heute geht es friedlicher zu und man lebt in Harlingen vom Handel mit landwirtschaftlichen Produkten, besonders von Zitrusfrüchten.

Für einen Stopp bietet sich das **Rio Grande Valley Museum** (Boxwood & Raintree St., Mi–Sa 10–16, So 13–16 Uhr) an. Der Museumskomplex besteht aus einem kleinen historischen Museum und einem schönen Freilichtmuseum, auf dessen Gelände das älteste Haus von Harlingen, das erste Krankenhaus sowie das älteste Hotel der Stadt zu besichtigen sind. Außerdem werden regelmäßig Filme, etwa über die Entwicklung der Zitrusindustrie, vorgeführt.

McAllen Convention & Visitors Bureau, 10 N. Broadway, McAllen, TX 78502, Tel. 956-682-2871, www.mcallen.org
Harlingen Chamber of Commerce, 311 E. Tyler St., P.O. Box 189, Harlingen, TX 78551, Tel. 210-423-5440 oder 800-531-7346, www.harlingen.com

In Rio Grande City: La Borde House ($$), 601 E. Main St., Tel. 956-487-5101, Hotel mit viel Atmosphäre in einem Wohnhaus aus dem späten 19. Jh., mit gutem mexikanischem Restaurant im Haus.
In McAllen: Doubletree Club Hotel/Casa de Palmas ($$), 101 Main St., Tel. 956-631-1101, geschmackvoll renoviertes Hotel im spanisch-mexikanischen Stil.

Campingplätze im **Falcon State Park** und im **Bentson-Rio Grande Valley State Park**.

Sugar Tree Farms, Bass Blvd. am US 83 West, Harlingen, Früchte und frische Säfte, nur November bis April.

Riofest, Volksfest in Harlingen, im Oktober.

Brownsville

Brownsville ist die größte Stadt im Rio-Grande-Delta und die südlichste in Texas. Man sollte eigentlich nur zwischen November und Februar hierherkommen, um die hohen Temperaturen, den immerblauen Himmel und die ständig strahlende Sonne so richtig schätzen zu können.

Wie die meisten Grenzstädte entstand Brownsville erst nach seiner Nachbarstadt auf der südlichen Seite des Rio Grande. Während die Gegend des mexikanischen Matamoros bereits im 17. Jh. von Spanien besiedelt wurde, verdankt Brownsville seine Existenz erst dem amerikanisch-mexikanischen Krieg. 1846 wurde hier **Fort Brown** (600 International Blvd.) errichtet. Die Gebäude der Festung kann man sich auf dem Campus ansehen, den sich die University of Texas at Brownsville und das Texas Southmost College teilen. Texas war gerade ein Teil der Vereinigten Staaten geworden und der Bau des Forts sollte damals der mexikanischen Regierung deutlich machen, dass die USA auf dem Rio Grande als Grenze bestanden. Da man in Mexiko aber genauso beharrlich darauf bestand, dass nicht der Rio Grande, sondern der weiter nördlich verlaufende Fluss Nueces die Grenze sei, sah man in der Errichtung des Forts eine militärische

Provokation. Die Auseinandersetzung um Fort Brown wurde zum Auslöser des amerikanisch-mexikanischen Krieges. Die **Palo Alto Battlefield National Historic Site** (FM 1847 & FM 511) nördlich der Stadt erinnert an die erste Schlacht des Krieges, die dort stattfand.

Die USA gewannen die Schlacht und den Krieg relativ schnell. Nach seinem Ende konnten die zahlreichen Amerikaner, die damals in Matamoros lebten, dort nicht mehr mit viel Sympathie rechnen. Sie entschlossen sich daher, auf die andere Seite des Grenzflusses überzusiedeln und sich bei Fort Brown niederzulassen. Dies war der Anfang der Stadt Brownsville.

Neben der neogotischen **Immaculate Conception Cathedral** (1218 E. Jefferson St.) zeugen auch noch einige historische Wohnhäuser in der Innenstadt vom Wohlstand der Händler, die im 19. Jh. die Stadt beherrschten, z. B. das schöne **Stillman House** (1305 Washington St., Mo–Fr 10–12 und 14–17, So 15–17 Uhr), das Heim des Stadtgründers Charles Stillman.

Wegen der günstigen Lage der Hafenstadt blüht der internationale Handel, und der Grenzverkehr verspricht der Wirtschaft der 140 000-Einwohner-Stadt eine rosige Zukunft. Die Zeiten, in denen Brownsville als der arme Hinterhof von Südtexas galt, scheinen vorbei zu sein.

 Brownsville Chamber of Commerce, 1600 E. Elizabeth St., Brownsville, TX 78523, Tel. 956-542-4341 oder 800-626-2639, www.brownsville.org

 Best Western Rose Garden ($$), 845 N. Expressway, Tel. 956-546-5501, eines der besseren Motels der Stadt am Highway 77/83.
Colonial Hotel ($–$$), 1147 Levee St., Tel. 956-541-9176, mitten in der Innenstadt und in Grenznähe.

 Bigo's Bar & Grill, 464 Paredes Line Rd., Tel. 956-986-0787, beliebtes mexikanisches Lokal.
Tidewater BarBQue, 4999 N. Frontage Rd. @ Alton Gloor, Tel. 956-350-5199, gutes BBQ.
Cobbleheads, 3154 Central Blvd., Tel. 956-546-6772, Tex-Mex.

 Mexikanisches Kunsthandwerk in Matamoros.

 Charro Days, mexikanisches Rodeo im Februar.

 Wassersport aller Art auf der nahe gelegenen Insel South Padre Island (vgl. Kapitel zur Golfküste).

 Greyhound, 1134 E. St. Charles St., Tel. 956-546-7171.

Zimmer frei? Motel am Highway

Der Westen

Guadalupe Mountains National Park

Halb so wild: Der weite Westen

Die Zeiten, in denen das Gesetz westlich des Pecos von Roy Beans schäbigem Saloon in Langtry repräsentiert wurde, sind natürlich vorbei, doch das Trans-Pecos-Gebiet ist immer noch die ursprünglichste und am dünnsten besiedelte Region von Texas. In den Guadalupe Mountains und im Big Bend-Nationalpark lockt auch heute noch unberührte Natur. In El Paso fühlt man sich durch die spanischen Missionsstationen und die indianische Bevölkerung des Tigua-Reservats in den Nachbarstaat Neu Mexiko versetzt.

Die Guadalupe Mountains

Nachdem man stundenlang durch die eintönige Chihuahua-Wüste gefahren ist, wirken die majestätischen Gipfel der Guadalupe-Berge fast wie eine Fata Morgana. Der Kontrast zwischen der flachen Ebene und den schroffen Felsen der Berggruppe könnte kaum größer sein. Der größte Berg, der Guadalupe Peak, ist mit seinen 2700 m die höchste Erhebung in Texas. Die Guadalupe Mountains ganz im Westen des Staates, an der Grenze zu Neu Mexiko, liegen fernab vom nächsten Ort, und wenn man sie nicht gerade in der Hauptreisezeit besucht, kann man sich hier leicht vorstellen, wie Westtexas gewesen sein muss, be-

vor die ersten weißen Siedler jenseits des Rio Pecos eintrafen.

Damals lebten hier die Mescalero-Apatschen und auch als nach und nach immer mehr Weiße in die Gegend kamen, konnten sie sich in den unwegsamen Bergen noch lange halten. Die amerikanische Armee startete 1849 eine erste Offensive gegen die Indianer, doch es dauerte danach noch drei Jahrzehnte, ehe man die letzten Mescaleros aus den Bergen vertrieben hatte. Um die Wende vom 19. zum 20. Jh. war die Umgebung der Berge dann fest in den Händen weißer Rancher. Der **Guadalupe National Park** (8–18, im Winter nur bis 16.30 Uhr), zu dem die Guadalupe Mountains heute gehören, wurde erst 1972 gegründet.

Wegen ihrer Abgelegenheit sind die Guadalupes einer der weniger besuchten Nationalparks der USA – ›nur‹ knapp eine viertel Million Besucher kommen jährlich hierher. Diese werden mit malerischen Ausblicken und wunderschönen Wanderwegen belohnt. Der Guadalupe National Park ist allerdings nicht, wie viele andere amerikanische Parks, mit dem Auto zu durchfahren. Hier muss man den Wagen stehen lassen und sich zu Fuß ins Innere des Parks aufmachen. Die Routen, die von den Besucherzentren ausgehen und gut ausgeschildert sind, reichen von kurzen Wegen für Spaziergänger bis zu langen Stre-

cken für hartgesottene Wanderer. Eine beliebte Route führt in den McKittrick Canyon, den manche für das schönste Fleckchen Erde in Texas halten. Die Vegetation in diesem Canyon ist eine ganz eigene Mischung aus Wüstenpflanzen und Bergwäldern. Hier stehen Kakteen und Agaven neben Farn, Walnussbäumen und Pinien. Auch die Tierwelt ist noch ziemlich intakt. Füchse und Coyoten leben hier ebenso wie Berglöwen, Hirsche, Hasen und Stachelschweine.

Da es im Guadalupe National Park und seiner unmittelbaren Umgebung weder Restaurants und Geschäfte noch Tankstellen gibt, muss man sich für einen Ausflug entsprechend ausrüsten. In Texas ist das

Guadalupe Mountains

Der Westen

etwa sechzig Meilen entfernte **Van Horn** der nächste Ort, in dem man das Auto volltanken und Vorräte einkaufen kann. Es gibt im Park drei von den Park Rangers betriebene Informationspunkte: das eigentliche Visitors Center, in dem man sich mit Karten und anderem Material eindecken kann, und zwei weitere, kleinere Anlaufpunkte am Eingang zum McKittrick Canyon (auf der texanischen Seite) und am Dog Canyon (an der Grenze zu Neu Mexiko).

Von der neumexikanischen Seite des Parks ist es nicht weit zu einer weiteren Naturschönheit der Gegend, den bekannten **Carlsbad Caverns** (geöffnet ab 8, letzter Einlass nach Höhle und Jahreszeit zwischen 14 und 17 Uhr). Über achtzig Tropfsteinhöhlen formen dieses unterirdische Labyrinth bei Whites City in Neu Mexiko.

National Park Service, Office of Information, P.O. Box 37127, Washington, D.C. 20013-7127, Tel. 202-208-4747, Guadalupe Mountains: www.nps.gov/gumo, Carlsbad Caverns: www.nps.gob/cave

In Van Horn: Holiday Inn Express ($$), 1905 S.W. Frontage Rd., Tel. 915-283-7444, das beste Motel im Ort. **Freeway Inn Motel** ($), 505 Van Horn Dr., Tel. 915-283-2939, preisgünstig.

Pine Springs und **Dog Canyon Campgrounds** im Park.

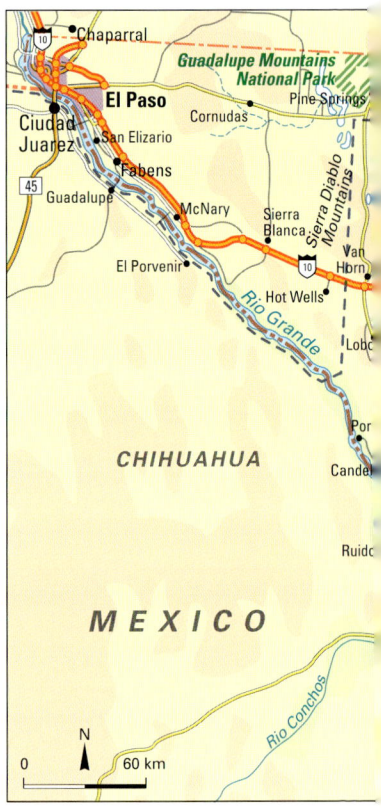

El Paso

El Paso unterscheidet sich durch seine relativ isolierte Lage von anderen texanischen Städten. Es liegt näher an Los Angeles als an Texarkana im Osten von Texas. Die Hauptstadt von Neu Mexiko, Santa Fe, ist nur halb so weit entfernt wie die texanische Hauptstadt Austin. Und die engsten Beziehungen hat El Paso

natürlich zu seiner mexikanischen Schwesterstadt Ciudad Juárez, von der es seit dem amerikanisch-mexikanischen Krieg (1846–1848) eine internationale Grenze trennt. El Paso ist mit seinen gut 700 000 Einwohnern die größte texanische Grenzstadt, genau wie Juárez, das mit etwa 1,7 Millionen Einwohnern die größte Grenzstadt auf der mexikanischen Seite ist. Die beiden Städte sind nicht nur historisch und wirtschaftlich eng miteinander verbunden, auch die Bevölkerung ist verwandt. Etwa achtzig Prozent der Einwohner El Pasos sind hispanischer Abstammung – Tendenz steigend. Die Grenzlage der Stadt hat natürlich auch Probleme mit sich gebracht. So war der genaue Verlauf der Grenze zwischen El Paso und Juárez lange umstritten, aus dem

183

City lights: Blick vom Murchison Park auf El Paso

einfachen Grund, dass der Rio Grande ständig seinen Lauf änderte. Ein umstrittenes Stück Land war z. B. das Gelände, auf dem sich heute das **Chamizal National Monument** befindet. Das Denkmal erinnert zugleich an die Konflikte um den Grenzverlauf wie an die freundschaftliche Lösung des Problems, die in den 1960er Jahren gefunden wurde, als das strittige Land geteilt und der Fluss durch Betonufer kanalisiert wurde. Im Chamizal-Zentrum (800 S. San Marcial, tgl. 8–17 Uhr) informieren ein Film und eine Ausstellung über die Geschichte dieses amerikanisch-mexikanischen Konfliktes. Hier finden auch kulturelle Veranstaltungen statt, so das jährliche Border Folk Festival im Oktober, das mit viel Musik die amerikanisch-mexikanische Freundschaft feiert. Auf der anderen Seite des Rio Grande liegt das mexikanische Pendant zum Chamizal, das dort eine ganz ähnliche Funktion hat.

Geschichte

Es ist schon seltsam: Im November feiert man alljährlich in den gesamten Vereinigten Staaten ein Erntedankfest, das an das erste Zusammentreffen der Pilgerväter mit den einheimischen Indianern in Neu-England im Jahr 1620 erinnert. Dabei hatte sich mehr als zwei Jahrzehnte früher, am 20. April 1598, schon etwas ganz Ähnliches ereignet. Damals kam Juan de Oñate mit etwa 500 spanischen Siedlern über den Rio Grande in das Gebiet des heutigen El Paso und wurde von den dort lebenden Indianern freundlich empfangen. El Paso ist die einzige Stadt in den USA, in der man sich auf dieses frühere Ereignis zurückbesinnt und daher Thanksgiving im April feiert.

Nach dem mexikanisch-amerikanischen Krieg errichteten die USA in El Paso Fort Bliss, dessen Besatzung militärische Präsenz demonstrieren und die neue Grenze sichern sollte. Eine Nachbildung der damaligen Lehmgebäude kann man sich auf dem Militärgelände der **Fort Bliss Military Reservation** ansehen (Pershing & Pleasanton Rd., tgl. 9–16.30 Uhr). Das Militär ist in El Paso auch heute noch sehr präsent und ein wichtiger Arbeitgeber. Mit dem Militär hängt es auch zusammen, dass man in El Paso vergleichsweise häufig Deutsch hören kann, denn in Fort Bliss sind im Rahmen der Nato-Kooperation deutsche Soldaten stationiert.

Als 1881 die Strecke der Southern Pacific-Eisenbahn von Kalifornien aus El Paso erreichte, begann eine neue Phase in der Geschichte der Stadt, die jetzt mit dem Rest der USA verbunden war. Der Bau der Zug-strecke brachte etwa die ersten Chi-nesen in die Stadt, die seitdem ein Element im bunten Mix der Bevöl-kerung bilden. Gegen Ende des 19. Jh. gaben sich hier dann alle möglichen Wildwestlegenden ein Stelldichein: Wyatt Earp, Bat Master-son, Billy the Kid und viele andere, deren Namen man aus Western kennt, hielten sich regelmäßig in der Stadt auf. Der Revolverheld John Wesley Hardin, der über vierzig Männer erschossen haben soll, kam in El Paso bei einer Schießerei ums Leben und liegt auf dem Concordia Cemetery begaben.

Für den Überblick – Murchison Park

Den kleinen Murchison Park – ei-gentlich eher ein schlichten Park-platz am **Scenic Drive** oberhalb der Innenstadt – sollte man während ei-nes Aufenthaltes in El Paso auf jeden Fall einmal aufsuchen. Von hier aus kann man einen Großteil der beiden Grenzstädte überblicken und den Grenzverlauf gut erkennen. Zwölf Informationstafeln helfen einem, die verschiedenen Stadtteile – von Fort Bliss im Osten, über Downtown mit seinen Hochhäusern bis zur Univer-sität im Westen – zu identifizieren.

Downtown

Wie angesehene Bürger hier im 19. Jh. lebten, kann man sich im his-torischen **Magoffin Home** (1) (1120 Magoffin Ave., tgl. 9–16 Uhr) mitten im Stadtzentrum ansehen. Dieses gedrungene Adobe-Gebäude sieht zwar von außen eher unscheinbar aus, es lohnt aber einen Besuch, denn es ist noch komplett eingerich-tet und man erfährt während der in-formativen Führungen viel über Po-litik und Gesellschaft im El Paso des 19. Jh.

El Paso hat zwar keine besonders schöne, aber eine sehr lebendige In-nenstadt, in der man einige interes-sante Ecken entdecken kann. Die **San Jacinto Plaza** (2) ist mit ihrer südländischen Atmosphäre das Herz des Viertels. Meistens sitzen hier viele Einheimische, genießen die Sonne und plaudern, manchmal werden auch politische Reden ge-schwungen oder es wird musiziert. Ein farbenfroher Brunnen in der Mit-te des Platzes ist mit Krokodilfiguren dekoriert. Diese Skulptur, ›Los La-gartos‹ des Bildhauers Luis A. Jiménez, ersetzt die echten Alligato-ren, die in dem Brunnen lebten, be-vor in den 1960er Jahren einige Tier-schützer dafür sorgten, dass sie in den städtischen Zoo umsiedelten.

An die San Jacinto Plaza schließt sich die **Pioneer Plaza** (3) an. Die große Statue auf diesem Platz zeigt Fray García de San Francisco, einen der Gründer der Stadt. Das herunter-gekommene Gebäude, auf dem man die Schriftzüge ›Plaza Motor Hotel‹ lesen kann, war eines der ers-ten Hilton-Hotels; eine Zeit lang be-fand sich hier auch das Hauptquar-tier des Hilton-Empire. Das gepfleg-

El Paso, Downtown 1 Magoffin Home 2 San Jacinto Plaza 3 Pioneer Plaza
4 Camino Real del Norte 5 Civic Center Plaza 6 Americana Museum 7 El Paso
Museum of Art

tere Gebäude gegenüber, an der
Ecke von El Paso Street und Texas
Avenue, ist das Hotel **Camino Real
del Norte** (4). In dem 1912 erbauten
Nobelhotel der Stadt sind schon so
unterschiedliche Prominente wie
Pancho Villa oder Zsa Zsa Gabor
abgestiegen.

Auf der **Civic Center Plaza** (5)
weiter westlich liegt links das Abra-
ham Chávez Theatre, in dem sich
die Konzerthalle des El Paso-Sym-
phonieorchesters befindet. Die
Form des originellen Gebäudes ist
einem mexikanischen Sombrero
nachempfunden. Im selben Komplex ist auch das winzige **Americana Museum** (6) (5 Civic Center Plaza, Di–Fr 10–17 Uhr) zu finden, das
wechselnde Ausstellungen lokaler

El Paso, San Jacinto Plaza

Künstler zeigt und über die untergegangenen Indianerkulturen der Gegend informiert. Vor der Touristeninformation daneben fahren die El Paso-Juárez-Trolleys ab, mit denen viele Touristen die mexikanische Nachbarstadt besuchen. Das nagelneue **El Paso Museum of Art** (7) auf der anderen Seite der Santa Fe Street (1 Festival Plaza, Santa Fe & San Antonio Ave., Di–Sa 9–18, Do 9–21, So 12–17 Uhr) zeigt eine hervorragende Sammlung europäischer und amerikanischer Kunst mit lokalen Schwerpunkten.

Eine weitere sehenswerte Ecke der Innenstadt, die man von der Civic Center Plaza oder der Santa Jacinto Plaza leicht zu Fuß erreichen kann, sind die Straßen zwischen dem Paisano Drive und dem Rio Grande. Dieses bunte Viertel unmittelbar an der Grenze zu Mexiko ist zwar etwas heruntergekommen, aber interessant und auch völlig sicher, da in keinem anderen Teil der Stadt so viel Polizei und Border Patrol unterwegs ist wie gerade hier. Wenn man z. B. die **Stanton Street** Richtung Stanton Bridge entlangschlendert, läuft man direkt auf einen der Grenzübergänge zu und hat ständig eine auf der anderen Flussseite wehende, riesige mexikanische Flagge im Blick. Entlang der Straße befindet sich ein Geschäft neben dem anderen. Hier wird in erster Linie preisgünstige Billigware angeboten, die reißenden Absatz findet und von den zahlreichen Kunden in Pappkartons und großen Müllsäcken davongetragen wird. Das Angebot in den Geschäften dieser Gegend richtet sich praktisch nur an Mexikaner, die zum Shopping aus Juárez über die Grenze kommen.

Border Patrol Museum

Das Border Patrol Museum (4315 Transmountain Rd., Di–So 9–17 Uhr) ist zwar abgelegen und nur mit dem Auto zu erreichen, es passt aber gut zu einem Aufenthalt in El Paso, denn in diesem Museum wird man über die amerikanische Grenzpolizei informiert, die seit den 1920er Jahren versucht, an der amerikanisch-mexikanischen Grenze Schmuggel und illegale Einwanderung zu verhindern.

Der Mission Trail

Die spanischen Missionsstationen, mit denen die Besiedlung der Gegend um El Paso begann, liegen im Tal des Rio Grande südlich der Innenstadt. Die erste Kirche, die man auf der Fahrt nach Süden erreicht, ist die **Ysleta Mission** (100 Old Pueblo Rd., tgl. 9–17 Uhr), die noch zum Stadtgebiet von El Paso gehört. Sie wurde 1682 unter dem Namen Nuestra Señora del Carmen zur Missionierung der Tigua-Indianer gegründet. Ihr Pueblo befand sich damals noch südlich des Rio Grande, der seinen Lauf später änderte. Das bescheidene, weiße Gebäude der Kirche wurde im Lauf der Zeit immer wieder in Mitleidenschaft gezogen, verändert und renoviert, der Glockenturm wurde erst im 19. Jh. hinzugefügt. Ysleta ist die älteste erhaltene Missionskirche in Texas, sie ist auch älter als die bekannteren Kirchen in Kalifornien. Die Mission ist außerdem deswegen besonders interessant, weil der Stamm der Tiguas immer noch in Ysleta ansässig ist. Die Tigua-Indianer betreiben unmittelbar neben der alten Kirche das **Speaking Rock Casino,** wo man an einarmigen Banditen sein Geld verlieren kann, und ein paar Straßen weiter – und sicher sehenswerter – das **Ysleta del Sur Pueblo Cultural Center** (305 Yana Lane, Di–Fr 9–16, Sa–So 9–17 Uhr) mit einem kleinen Museum, einem Restaurant und einigen Geschäften, die Kunsthandwerk und Souvenirs anbieten. An den Wochenenden finden Tänze statt, bei denen Besucher willkommen sind.

Die **Socorro Mission** (Nevarez & Socorro Rd., tgl. 9–17 Uhr), nur etwa zwei Meilen weiter, wurde im selben Jahr wie Ysleta zur Bekehrung einiger kleiner Stämme, der Piros, Thanos und Jemes, gegründet, die sich später den Tiguas anschlossen.

Die dritte Kirche, **San Elizario** (Marktplatz an der Socorro Rd., tgl. 9–17 Uhr) etwa fünf Meilen weiter südöstlich, entstand bei dem Presidio, dem Fort, in dem die Soldaten stationiert waren, die hier wie anderswo die spanischen Priester begleiteten. Das heutige Gebäude der Kirche wurde 1877 errichtet und liegt an einem schönen Platz, der

Nach Vertreibung und Völkermord

Indianer in Texas

Wenn man sich die Liste der Indianerstämme ansieht, die im Gebiet des heutigen Texas lebten, bevor die ersten Europäer eintrafen, und sie mit den Stämmen vergleicht, die heute in Texas beheimatet sind, dann fällt einem zweierlei auf. Zum einen ist die neuere Liste sehr viel kürzer, was angesichts der blutigen Indianerkriege des 19. Jh. sicher keine Überraschung ist. Zum anderen findet sich kein einziger Name der heutigen Stämme auf der ersten Liste, denn alle heutzutage in Texas lebenden Indianer sind durch Vertreibung, Flucht oder Zwangsumsiedlung in den Staat gelangt.

Die Tiguas zum Beispiel siedelten im Gebiet des heutigen Neu Mexiko, als dort die ersten Spanier eintrafen. Sie betrieben Landwirtschaft, lebten in mehrstöckigen Pueblos, trugen Baumwollkleidung und stellten kunstvolle Töpferwaren her. Sie arrangierten sich schnell mit den Spaniern, und als sich andere Stämme der Gegend 1680 in der so genannten Pueblorevolte gegen die Kolonialherren auflehnten, flüchtete ein Teil der Tiguas mit den Weißen nach Osten. So kamen sie an den Rio Grande, in die Gegend des heutigen El Paso, wo sie sich niederließen und die Siedlung Ysleta del Sur gründeten. Ysleta ist heute noch das Zentrum der texanischen Tiguas. Während sich fast alle amerikanischen Indianerreservate in abgelegenen und ländlichen Regionen befinden, leben die Tiguas in einem kleinen Reservat in unmittelbarer Nachbarschaft zur Großstadt El Paso. Um so erstaunlicher ist es, dass es ihnen trotzdem gelungen ist, sich eine gewisse kulturelle Eigenständigkeit zu erhalten. Eines ihrer neueren Projekte ist das Speaking Rock Casino, das ihre leeren Kassen auffüllen soll. Das nagelneue Kasino mit seinen Spieltischen und einarmigen Banditen steht unmittelbar neben der Mission Ysleta, der ältesten erhaltenen spanischen Kirche in Texas. Hier treffen Welten aufeinander, doch die Tiguas scheinen mit beiden umgehen zu können. Sie bieten interessierten Besuchern mehr an als nur das Kasino. Das Tigua Cultural Center, das im Pueblostil errichtet ist, besteht aus einem Restaurant, einem winzigen Museum und Geschäften, in denen indianisches Kunsthandwerk und Andenken verkauft werden. Im Innenhof des Kulturzentrums finden außerdem regelmäßig Tanzvorführungen statt.

Auch die Alabama-Coushatta-Indianer tanzen für Touristen. Ihr Reservat liegt bei Livingston in Südosttexas – gut 1300 km von den Tiguas entfernt. Es handelt sich bei den Alabama-Coushatta-Indianern um zwei verwandte Stämme, die zur Gruppe der Creek-Indianer gehören. Ursprünglich siedelten sie viel weiter im Osten, am Alabama River. Als sich dort im 18. Jh. immer mehr weiße Siedler breit machten, zogen sie nach Westen und ließen sich im Big Thicket, einem feuchten und waldigen Gebiet im östlichen Texas, nieder. Dass ihnen ihr Land im 19. Jh. nicht abgenommen wurde, haben sie der Fürsprache Sam Houstons zu verdanken, der sich für ihre Rechte stark machte. Es hängt aber auch einfach damit zusammen, dass beide Stämme schon damals so klein waren, dass sie wenig bedrohlich erschienen.

Heute versuchen die Alabama-Coushattas genau wie die Tiguas vom Tourismus zu leben. Sie haben in ihrem Reservat ein Besucherzentrum, organisieren Ausflüge in die Wälder der Umgebung, betreiben ein Restaurant und einen Campingplatz, führen Handwerkstechniken und Tänze vor. Mit ihrer Geschichte nehmen sie es dabei allerdings nicht so genau wie die Tiguas, denn der bunte Federschmuck und die Kostüme, die sie tragen, sind, genau wie die Tänze, die sie darin zeigen, von den nomadischen Indianerstämmen der Prärien entliehen und entstammen nicht ihrer eigenen Kultur.

Der dritte anerkannte texanische Indianerstamm sind die Kikapoos, die bei Eagle Pass am Rio Grande leben. Auch sie sind eigentlich kein einheimischer Stamm und ihr Leidensweg hat sie aus noch größerer Entfernung nach Texas geführt als die Tiguas oder die Alabama-Coushattas. Ihr ursprüngliches Siedlungsgebiet war nämlich in der Gegend der heutigen Staaten Wisconsin und Illinois im Mittleren Westen der USA. Sie flüchteten vor den weißen Siedlern, die in die Gegend kamen und gelangten über einige Umwege nach Nordmexiko. Ein Großteil des Stamms lebt heute in Nacimiento in Mexiko. Weil es dort sehr wenig Arbeit gab und gibt, ist ein Teil des Stammes mittlerweile auf die andere Seite des Rio Grande gezogen und manche Kikapoos pendeln zwischen Mexiko und Texas. Da es sich bei ihnen ja eigentlich um einen amerikanischen Indianerstamm handelt, haben sie eine juristische Sonderposition, um die sie ihre mexikanischen Nachbarn nur beneiden können. Kikapoos sind Bürger Mexikos und der USA und können sich daher im Grenzgebiet völlig frei bewegen. Die Kikapoos sind traditionsbewusster und deutlich konservativer als die Tiguas und die Alabama-Coushattas. Sie lassen keine Weißen bei Tänzen oder Zeremonien zusehen. Ihre einzigen Versuche, mit Fremdenverkehr Geld zu machen, sind das kleine Kikapoo Kafé und das Lucky Eagle Casino, das sie 1996 außerhalb von Eagle Pass eröffnet haben.

Tiguas in El Paso

sich genau an der Stelle befinden soll, an der 1598 die ersten Spanier mit Oñate eintrafen.

Ausflug nach Juárez

Ein Besuch von **Nuestra Señora de Guadalupe** (tgl. 9–17 Uhr) auf der anderen Seite des Rio Grande im mexikanischen Juárez ist eine logische Fortsetzung der Fahrt entlang dem Fluss. Diese kleine Missionskirche, die noch etwas älter ist als die Missionen auf der heute amerikanischen Seite des Rio Grande, steht direkt an der zentralen Plaza im Zentrum von Juárez, neben der Kathedrale, die ebenfalls auf das 17. Jh.

zurückgeht. Das **Museo Histórico** (Av. Juárez & Av. 16 de Septiembre, Di–So 10–18 Uhr) an der Plaza gibt einen Überblick über die mexikanische Geschichte.

Die meisten amerikanischen Touristen, die für einen Tag nach Juárez kommen, verirren sich weder in das Museum noch in eine der Kirchen. Sie kommen in erster Linie zum Essen, zum Trinken und zum Shopping hierher. Sie kaufen Kunsthandwerk aus Silber und Leder, Alkohol, Zigaretten und Medikamente – alles Waren, die in Mexiko viel günstiger sind als in den USA. Der Markt an der Ecke der Av. 16 de Septiembre und Melgar hat sich ganz und gar auf die Bedürfnisse dieser Tagesausflügler eingerichtet. Der ältere Markt an der Südseite der Plaza ist nicht ganz so touristisch. Eine weitere Attraktion von Juárez sind die Stierkämpfe, die von Ostern bis September in der Arena an der **Plaza Monumental de Toros** (Av. 16 de Septiembre & Blvd. Lopez Mateos) stattfinden.

El Paso Civic Convention & Tourist Center, 1 Civic Center Plaza, El Paso, TX 79901, Tel. 915-534-069 oder 800-351-6024, www.visitelpaso.com

El Camino Real Hotel ($$–$$$), 101 S. El Paso St., Tel. 915-534-3000, die erste Adresse in El Paso, beste Lage direkt in der Innenstadt, günstige Wochenendangebote.
Sunset Heights Bed & Breakfast ($$–$$$), 717 W. Yandell Dr., Tel. 915-544-1743, kleines B&B in einem schönen, viktorianischen Haus.
Hampton Inn ($$–$$$), 6635 W. Gateway Blvd., Tel. 915-771-6644, gepflegtes Motel an der Autobahn I-10.
Cliff Inn ($$), 1600 Cliff Dr., Tel. 915-533-6700, nördlich der Innenstadt.
Ramada Inn ($$), 6099 Montana Ave., Tel. 915-772-3300.
Budget Inn Motel ($), 5634 E. Paisano Dr., Tel. 915-772-8875, nicht gerade ansehnlich, aber eine sehr günstige Adresse.
Gardner Hotel ($), 311 E. Franklin Ave., Tel. 915-532-3661, Mischung aus Jugendherberge und einfachem Gästehaus in günstiger Lage.

Forti's Mexican Elder, 321 Chelsea, Tel. 915-772-0066, ein guter Mexikaner, sehr beliebt.
La Hacienda, 1720 Paisano Dr., Tel. 915-532-5094, von diesem mexikanischen Restaurant direkt am Rio Grande, das für seine köstlichen *chiles rellenos* (gefüllte Paprika) bekannt ist, kann man nach Mexiko herübersehen.

Griggs Gourmet New Mexican Food, 9007 Montana, Tel. 915-598-3451, hier gibt es eine innovative (leichtere) Variante der mexikanischen Küche.
Wyngs 'n Spirits, 122 S. Old Pueblo Rd., Tel. 915-859-3916, eines der Restaurants des Tigua-Indianerstammes.
Great American Land & Cattle Company, 2200 Yarbrough, Tel. 915-595-1772, beliebtes Steakhouse.
Sojourns Coffeehouse, 127 Pioneer Plaza, Tel. 915-532-2817, gemütliches Kaffeehaus im Zentrum.
Dome Bar, 101 S. El Paso St., Tel. 915-534-3000, im Camino Real Hotel, hier sollte man sich eine Margarita gönnen, denn dieser Cocktail wurde in El Paso erfunden.

Mexikanische Geschenkartikel in den Geschäften entlang der Avenida Juárez und der Avenida Lincoln (beide in Juárez).

Wer zwischen Juni und August in El Paso ist, sollte sich das **Freilichtspektakel ›Viva! El Paso‹** nicht entgehen lassen, das die Geschichte der Region in Gesang, Tanz und Theater darstellt und in wunderschöner Lage im McKelligon Canyon-Amphitheater aufgeführt wird.

Juan de Oñate First Thanksgiving Reenactment, letzter Sonntag im April; **Border Folk Festival,** Musik aus Mexiko und den USA, auf dem Gelände des Chamizal, zweites Oktoberwochenende.

El Paso ist eine golfbesessene Stadt. Es gibt vier öffentliche und viele private Golfplätze. Der **Painted Dunes Desert Golf Course** in wüstenartiger Umgebung nordöstlich der Stadt (Highway 54 Richtung Alamogordo) gilt als einer der schönsten Golfplätze der USA.

Greyhound, 200 W. San Antonio Ave., Tel. 915-532-2365; **Amtrak,** 700 San Francisco Ave., Tel. 915-545-2247.

Der Big Bend

Zufällig kommt am Big Bend-Nationalpark niemand vorbei, denn selbst aus den texanischen Großstädten ist man bis hierher einen Tag unterwegs. Daher finden auch vergleichsweise wenig Touristen in den großen Park an der Biegung des Rio Grande. Etwa 340 000 Besucher zählt man im Jahr. Im Vergleich zu den zehn Millionen, die jedes Jahr den viel kleineren Great Smoky Mountains-Nationalpark heimsuchen, oder zu den an die fünf Millionen, die sich Stoßstange an Stoßstange durch den Yosemite-Nationalpark quälen, ist dies eine verschwindend geringe Zahl. Die großen Entfernungen sollten einen aber nicht abschrecken, denn schon die Anreise zum Big Bend ist ein echtes Erlebnis. Die beiden wichtigsten Zufahrtsstraßen, die von Marathon und von Alpine nach Süden zu dem Nationalpark führen, durchqueren eine der am dünnsten besiedelten Regionen von Texas. Die wenigen abgelegenen Ranches, an denen man vorbeifährt, sieht man meistens nicht, allenfalls die am Straßenrand aufgereihten Briefkästen oder die Rancheinfahrten, deren Torbögen – häufig

Santa Elena Canyon, Big Bend

mit geschmiedeten Schildern, mit Rinderschädeln oder auch Skulpturen dekoriert – zu einer regelrechten Kunstform geworden sind. Außerdem zieren hin und wieder Windräder die karge Landschaft.

Wenn man in den Nationalpark hineinfährt, ändert sich eigentlich nicht sehr viel. Die Strecke führt weiter durch die Chihuahua Desert, eine der großen Wüsten Nordamerikas, die sich weit nach Mexiko hinein erstreckt. Die Chihuahua besteht nicht etwa nur aus Sanddünen, nein, diese Wüste lebt. Schon wenn man nur am Straßenrand anhält, um das grüne Gestrüpp, das man vom Auto aus sieht, einmal genauer zu betrachten, erkennt man eine unglaubliche Vielfalt an Vegetation. Hier wachsen sämtliche Kakteenarten, die man in Europa jemals auf Fensterbrettern und in Gewächshäusern gesehen hat, nur dass die Ausmaße beeindruckender sind.

Die kleinen Vögel, die ständig hektisch über die Straße hasten, sind so genannte *roadrunners.* Sie rennen mit einer Geschwindigkeit von über 30 km Eidechsen und kleinen Klapperschlangen hinterher, um sie zu fressen. Genauso regelmäßig kann man am Straßenrand kleinere Gruppen von Geiern sehen; häufig sind sie gerade dabei, die Überreste eines überfahrenen Gürteltiers zu verspeisen. Auch *jackrabbits,* die hiesige Version des Hasen, Coyoten und Stinktiere bekommt man zu Gesicht. Berglöwen oder Bären sind sehr viel scheuer und man sieht sie daher selten.

Wenn man weiter in den Park hineinfährt, werden die Berge höher. Die Farben wechseln zwischen braun, rot und ocker. Eine dramatische Felsformation folgt auf die nächste. Die Indianer, die diese Gegend früher bewohnten, glaubten, dass der große Geist, nachdem er die Welt erschaffen hatte, alle Reste in den Big Bend warf – und tatsächlich sieht das Gestein so aus, als hätte es jemand mit übermenschlicher Kraft einfach wahllos hingeschmissen.

Die **Chisos Mountains** sind das Ziel aller Besucher im Park, denn hier gibt es die meisten Wanderwege, die von leichten Spazierrouten bis zu äußerst anstrengenden, langen Strecken reichen. Für einen kleinen Ausflug weg von den Teerstraßen bietet sich etwa der nur einen knappen Kilometer lange **Window View Trail** an, der zu einem Felsfenster führt, in dem man die Sonne untergehen sehen kann. Am anderen Ende der Schwierigkeitsskala steht die Besteigung des Emory Peak, der mit knapp 2400 m der höchste Gipfel der Chisos Mountains ist.

Die Südgrenze des Parks ist zugleich die amerikanisch-mexikanische Grenze, die hier wie überall in Südtexas vom Rio Grande markiert wird. Der Rio Grande, der anderswo in Texas eher gemächlich und ein wenig langweilig dahinfließt, zeigt sich im Big Bend von seiner dramatischen Seite: Hier führt er an wolkenkratzerhohen Felswänden vorbei und hat im Laufe der Jahrtausende spektakuläre Canyons geformt. Der **Santa Elena Canyon** sollte zum Minimalprogramm eines Parkbesuchers gehören. Man kann nah heranfahren und der etwa 3 km lange Wanderweg, der in den Canyon hineinführt, ist nicht allzu beschwerlich. Zu Recht beliebt sind auch die Fahrten mit dem Ruderboot, die durch diese malerische Schlucht führen. Man muss allerdings mindestens einen kompletten Tag dafür einplanen, manche Touren dauern sogar mehrere Tage.

Ein weiteres Highlight ist der **Sotol Vista Overlook.** Von diesem Aussichtspunkt kann man bei klarer Sicht den halben Nationalpark überblicken.

Wer sich nach der langen Fahrt oder nach einer langen Wanderung erholen möchte, sollte sich zum Abschluss des Tages Richtung Rio Grande Village aufmachen, denn zwei Kilometer weiter befinden sich die **Hot Springs.** In heißem Wasser, dem die Indianer der Gegend eine heilende Wirkung nachsagten, kann man hier die müden Beine ausstrecken und entspannen.

 National Park Service, Office of Information, P.O. Box 37127, Washington, D.C. 20013-7127, Tel. 202-208-4747; www.nps.gov/bibe

Im Park selbst gibt es neben Campingplätzen nur eine Übernachtungsmöglichkeit, die schön gelegene **Chisos Mountain Lodge** ($$) im Basin, Tel. 915-477-2291, ohne Reservierung hat man kaum eine Chance, hier ein Bett zu bekommen.

Zur Chisos Mountain Lodge gehört auch ein Restaurant. Bei den Visitors Centers gibt es Geschäfte, in denen man sich mit Getränken und Lebensmitteln für eine Tour in den Nationalpark eindecken kann.

Bootsfahrten werden nicht von Rangern, sondern nur von kommerziellen Veranstaltern angeboten, die ihre Quartiere außerhalb des Parks haben. In Study Butte: **Texas River Expeditions**, Tel. 800-839-7238; in Terlingua u. a. **Far Flung Adventures**, Tel. 915-371-2489, oder **Big Bend River Tours**, Tel. 915-424-3219.

In Terlingua kann man bei Desert Sports auch Mountain Bikes ausleihen, Tel. 915-371-2727 oder Tel. 888-989-6900. Wer den Big Bend im Sattel erkunden möchte, findet in der Umgebung auch Reitställe: Big Bend Stables in Study Butte, Tel. 800-887-4331, und Lajitas Stables in Lajitas, Tel. 888-508-7667.

Von Study Butte nach Presidio

Die Strecke von Study Butte nach Presidio ist genauso spektakulär wie die Routen im Big Bend-Nationalpark selbst. Besonders die FM 170 von Lajitas nach Presidio ist eine der schönsten Autorouten in den Vereinigten Staaten. Ausgangspunkt der Fahrt ist **Study Butte,** das sich direkt an einem der Eingänge zum Big Bend-Nationalpark befindet. Das kleine Nest besteht aus Tankstellen, einigen Geschäften und ist eine Art Proviantstation für den Big Bend. Das nur wenige Meilen weiter gelegene Terlingua ist interessanter. Der Ort bezeichnet sich als *ghost town,* denn viele Häuser sind verlassen und verfallen. Hier lebten einmal 2000 Arbeiter, die ihr Geld in einer Mine verdienten, in der rotes Erz abgebaut wurde. Als die Mine geschlossen wurde, da starb der Ort zunächst völlig aus. Heute herrscht eine ganz eigene Atmosphäre, denn eine Reihe der Ruinen ist zumindest ansatzweise wiederhergerichtet worden und wird jetzt von Aussteigern, Künstlern und Fremdenführern bewohnt. Es sieht so aus, als ob dem Ort bald eine Wiedergeburt bevorstünde. Den Anfang dafür machte das **Starlight Theater** im Ortskern. Das Gebäude des ehemaligen Kinos war schon völlig verfallen, ist aber mittlerweile renoviert und in ein gemütliches Restaurant verwandelt worden, in dem sich allabendlich, häufig bei Livemusik, die Szene trifft. Nebenan hat **Far Flung Adventures** sein Hauptquartier, das älteste der mittlerweile recht zahlreichen Unternehmen, die Big Bend-Besucher betreuen, indem sie Bootsfahrten, Kanutrips und Ausritte organisieren.

Von Terlingua geht es über die Straße 170 etwa 13 Meilen nach Westen nach **Lajitas.** Hier erwartet den Besucher die gepflegte Version der Westernstadt. Die Holzgebäude an der Hauptstraße, an der sich ein Hotel, Geschäfte und eine altmodische Eisdiele befinden, sind einfach zu malerisch, um echt zu sein – und sie sind es auch nicht. Diese Bilderbuch-Häuserzeile wurde von einer Firma aus Houston komplett rekonstruiert, die das ganze Örtchen vor einiger Zeit aufgekauft und es in einen Urlaubsort verwandelt hat. Lajitas ist heute eine edle *resort-retirement community,* eine Kombination aus Club Med und Seniorenheim mit Golfplatz und eigenem Flughafen.

Über die FM 170 geht es weiter nach Westen. Die Strecke verläuft parallel zum Rio Grande, führt bergauf, bergab durch den dramatischen Colorado Canyon und über ausgetrocknete Flussbetten. Ab und an warnen Schilder vor freilaufendem Vieh. Immer wieder fährt man direkt am Ufer des Rio Grande entlang und wundert sich über die offene Grenze, die hier so völlig anders wirkt als in den großen Grenzstädten, wo die Grenzanlagen an den eisernen Vorhang erinnern. In trockenen Sommern kann man hier gefahrlos durch den Fluss auf die andere Seite waten.

Nach etwa fünfzig Meilen erreicht man Presidio. Kurz bevor man in den Ort fährt, sieht man links **Fort Leaton** (tgl. 8–17 Uhr). Die ockerfarbenen Gebäude dieser schönen Anlage sind im eckigen Adobe-Stil des Südwestens erbaut.

Die Stadt **Presidio,** die der Autor James Michener einmal als seinen persönlichen Lieblingsort in Texas bezeichnet hat, ist vor allem als die heißeste Stadt des Staates bekannt. Die Temperaturen erreichen oft über vierzig Grad. Weder Presidio noch seine mexikanische Schwesterstadt Ojinaga sind Touristenorte und man lebt hier wie eh und je von der Landwirtschaft.

In Study Butte: Big Bend Motor Inn/Mission Lodge ($$), an der Kreuzung von Highway 118 und FM 170, Tel. 915-371-2218, ordentliche Unterkunft in günstiger Lage.

In Presidio: Three Palms Inn ($), Old US 76 North, Tel. 915-229-3211, nicht gerade ein Hilton, aber in Presidio die beste Unterkunft.

 u. a. im Big Bend Travel Park an der FM 170 zwischen Study Butte und Terlingua.

 In Terlingua: Starlight Theater, im Zentrum, Hausnummern und Straßennamen gibt es hier nicht, Tel. 915-371-2326, günstiges Essen in origineller Umgebung, manchmal Livemusik.

In Presidio: El Patio Restaurant, 513 O'Reilly St., Tel. 915-229-4409, beliebtes mexikanisches Lokal im Zentrum.

Alpine und Umgebung

Alpine ist mit seinen 6000 Einwohnern die ›Metropole‹ der Big Bend-Region, dabei muss der kleine Ort schon die 2500 Studenten der Sul Ross State University mitzählen, um auf diese Einwohnerzahl zu kommen. Auf dem Campus der schön gelegenen Universität findet man das **Big Bend Museum** (Di–Sa 9–17, So 13–17 Uhr), ein nettes Heimatmuseum für Geschichte, Kultur und Wirtschaft der Region. Nicht nur der Name der Stadt erinnert an die Alpen, auch die Lage des Ortes in einer Höhe von über 1300 m ist ein wenig alpin. In Alpine findet man all das, was man nach einem längeren Aufenthalt im Big Bend vermissen könnte: eine gut sortierte Buchhandlung, in der auch überregionale Zeitungen verkauft werden, ein Kino, ausgezeichnete Restaurants und einen Club mit Livemusik.

Der 900-Einwohner-Ort **Fort Davis** am Fuß der Davis Mountains liegt noch ein Stück höher als Alpine und hat ein dementsprechend angenehmes Klima. Fort Davis entstand, wie man bei dem Namen auch vermuten sollte, aus einem Fort, das hier 1854 angelegt wurde, um die Strecke von San Antonio nach El Paso zu sichern. Die **Fort Davis National Historic Site** (über den Highway 17 oder 118 zu erreichen, Mai bis September 8–18, sonst 8–17 Uhr) am nördlichen Rand des Ortes ist gut erhalten und mit Sicherheit das am schönsten gelegene Fort in ganz Texas. Hier waren *buffalo soldiers* stationiert. So nannte man im Westen afroamerikanische Soldaten, die auch nach dem Bürgerkrieg noch in rassengetrennten Einheiten dienten und von weißen Offizieren kommandiert wurden. Eine weitere Attraktion bei Fort Davis ist das **McDonald Observatory** (am Highway 118, tgl. 9–16 Uhr) in den Davis Mountains. Die einsame Lage im westlichen Texas bringt einen ungewöhnlich dunklen Himmel mit sich, so dass die Arbeitsbedingungen für Astronomen hier ideal sind. Die neueste Anschaffung des Observatoriums, das 1998 fertig gestellte Hobby-Eberly-Teleskop, ist eines der stärksten Teleskope der Welt, das von der University of Texas in

Kooperation mit zwei weiteren amerikanischen Universitäten und den beiden deutschen Universitäten München und Göttingen betrieben wird.

In der sympathischen Kleinstadt **Marfa,** etwa 25 Meilen westlich von Alpine, hat der Künstler Donald Judd an seinem Wohnsitz die Chinati Foundation (1 Cavalery Row, Do–Sa 13–17 Uhr) gegründet. Neben seinen minimalistischen Werken sind monumentale Installationen anderer zeitgenössischer Künstler ausgestellt. Marfa ist aber vor allem eine Pilgerstätte für Filmfans, denn hier wurde der bekannteste Film über Westtexas gedreht, der Klassiker »Giganten« mit James Dean, Elizabeth Taylor und Rock Hudson, der 1956 in die Kinos kam. Die Stars wohnten während der Dreharbeiten im **Paisano Hotel** an der Highland Avenue mitten im Ort. Dort kann man in der altmodischen Lobby vergilbte Fotos der Schauspieler und Andenken an den Film bewundern.

 Alpine Chamber of Commerce, 106 N. 3rd St., Alpine, TX 79830, Tel. 915-837-2326, www.alpinetexas.com

 Best Western ($$), 2401 US 90 East, Tel. 915-837-1503, eines der besten Motels im Ort.
Antelope Lodge ($), 2310 US 90 West, Tel. 915-837-2451, einfach und günstig
The Corner House Bed & Breakfast ($), 801 US 90 East, Tel. 915-837-7161, einfaches B&B.
Paisano Hotel ($$–$$$), 207 N. Highland Ave., Tel. 915–729-3145.

Raeta, 203 N. 5th St., Tel. 915-837-9232, gutes Restaurant mit experimentierfreudiger Küche, zivile Preise.
Railroad Blues, 504 W. Holland Ave., hier spielt sich bei Livemusik und großer Bierauswahl das Nachtleben von Alpine ab.

Apache Trading Post, indianisches Kunsthandwerk, am US 90 etwa zwei Kilometer westlich von Alpine.

Langtry

Langtry steht ganz im Zeichen einer Westernlegende: In diesem winzigen Örtchen am Rio Grande war der Richter Roy Bean zuhause, der hier in den Zeiten des Wilden Westens das ›Gesetz westlich des Pecos‹ repräsentierte. Man kennt seine Geschichte aus diversen Filmen – im bekanntesten wird Bean von Paul Newman verkörpert. In einem kombinierten Gerichtssaal-Saloon fällte der streitbare Richter seine Urteile, wobei eine Runde Whisky für alle Anwesenden zu den häufigsten Strafen gehört haben soll. Wer Schlimmeres angestellt hatte, musste mit Beans Haustier, dem Bären Bruno, um die Wette rennen. Das Beste an der Geschichte ist, dass sie, zumindest in ihren Grundzügen, durchaus stimmt. Roy Beans gut erhaltener, aus mittlerweile ausgebleichten Brettern zusammengenagelter Saloon ist dementsprechend die Hauptattraktion, genau genommen das einzige, was man sich in dem 18-Einwohner-Dorf ansehen kann.

Das Rodeo

Sport und Spektakel

Dafür, dass es in erster Linie Unterhaltung ist, fängt ein Rodeo erstaunlich feierlich an. Nach der Begrüßung steht das Publikum erst einmal stramm, der Cowboyhut wird abgenommen, die Hand aufs Herz gelegt und dann wird gemeinsam die Nationalhymne geschmettert. Dabei reitet die Rodeo Queen mit einer amerikanischen Flagge durch die Arena. Hat man den nationalen Teil hinter sich, geht es nahtlos zum Religiösen über. Jetzt muss noch gemeinsam gebetet werden, für einen unfallfreien Wettkampf, für grüne Weiden und was man sonst noch auf dem Herzen hat.

Der eigentliche Wettbewerb besteht je nach lokalen Traditionen und je nach Prestige des Rodeos aus unterschiedlichen Disziplinen. Ein echter Klassiker ist das *calf roping*. Hier muss der Cowboy einem Kalb hinterherreiten, es mit dem Lasso einfangen, vom Pferd steigen, dem Kalb die Beine zusammenbinden und dann wieder in den Sattel hinauf, alles möglichst schnell und stilecht. Dies ist eine der wenigen Disziplinen, bei denen man noch eine Verbindung zwischen Rodeo und Ranch erkennen kann, denn Geschick beim Kälbereinfangen ist auch für den echten *working cowboy* durchaus noch wichtig. Auch das *bronc riding* ist aus der Arbeitswelt entstanden, in diesem Fall aus dem Zureiten von Pferden. Der Wettbewerbsteilnehmer muss dabei versuchen, sich möglichst lang auf dem Rücken eines wilden Pferdes zu halten. Es gibt zwei Varianten: *saddle bronc* (mit Sattel) und *bareback bronc* (ohne). Das *bull riding* funktioniert ähnlich, nur dass es mit dem Alltag auf einer Ranch nichts mehr zu tun hat, denn kein ›echter‹ Cowboy käme jemals auf die Idee, einen wilden Bullen zu reiten. Es gibt dafür einfach keinen vernünftigen Grund und die Sache ist außerdem äußerst riskant. Beim *steer wrestling* versucht man schließlich, einen Stier bei den Hörnern zu packen, ihn dann möglichst schnell umzuwerfen und auf den Boden zu zwingen.

Zu diesen athletischen und nicht ungefährlichen Disziplinen werden grundsätzlich nur Männer zugelassen. Bei kleineren Provinzrodeos kann es sich bei ihnen wirklich noch um Cowboys handeln, die auf den Ranches der Gegend arbeiten. Aus solchen Wettbewerben, bei denen die

---

ⓘ In Langtry befindet sich das **Judge Roy Bean Visitors Center**, ein offizielles Besucherzentrum des Staates, in dem man sich mit Informationen über ganz Texas eindecken kann. Durch das Center erreicht man auch den Saloon.

Angestellten zweier benachbarter Ranches gegeneinander antraten, ist im 19. Jh. das Rodeo überhaupt erst entstanden. Das älteste Rodeo der USA ist das West of the Pecos Rodeo, das immer noch jeden Juli in Pecos in Westtexas stattfindet und das sich aus einem derartigen Wettstreit entwickelt hat. Daran erinnert eine besonders originelle Disziplin, die es nur in Pecos gibt. Hier versuchen die Teilnehmer, sich beim Melken wilder Kühe gegenseitig zu übertreffen, und auch völlige Laien dürfen sich daran beteiligen. Auf wirklich hoch dotierten Rodeos treten heutzutage allerdings nur noch echte Vollprofis an, die dafür auch aus Australien oder Kanada nach Texas fliegen.

Damit ein Rodeo nicht zu einer reinen Männerveranstaltung wird, sind im Lauf der Zeit auch spezielle Wettbewerbe für Frauen und Kinder dazuerfunden worden. Cowgirls können etwa beim *barrel racing* antreten, bei dem sie möglichst schnell drei in der Arena verteilte Fässer umreiten müssen. *Calf scramble* und *sheep scramble* sind Rodeosportarten für Kinder. Dabei versammelt sich eine große Gruppe von Jungen und Mädchen in der Arena, bevor einige Kälber oder Schafe hereingetrieben werden. Einem der Tiere wurde vorher ein farbiges Band an den Schwanz geknotet und die Kinder müssen versuchen, es irgendwie zu ergattern.

Was alle Elemente eines Rodeos gemeinsam haben, ist ihre extrem kurze Dauer. Reiter können sich meistens kaum länger als die vorgeschriebenen acht Sekunden auf dem Rücken des Bullen oder des wild austretenden Pferdes halten. Viele Versuche scheitern auch direkt in der ersten Sekunde. Und auch das langwierigste *calf scramble* ist nach ein paar Minuten beendet. Damit nun das komplette Rodeo nicht nach einer halben Stunde vorbei ist, gibt es noch einiges an Drumherum, ein Rahmenprogramm gewissermaßen. Da wären z. B. die Rodeoclowns, die zwischen den Ritten ihre Possen reißen. Sie haben allerdings auch eine ernsthafte Aufgabe, denn wenn ein Teilnehmer in eine gefährliche Situation gerät, unter die Hufe eines Pferdes oder vor einen Bullen fällt, dann greifen die mutigen Clowns ein und lenken die Tiere ab. Ein reines Unterhaltungselement ist aber das Musikprogramm, das zumindest bei den wirklich bekannten und prestigeträchtigen Rodeos nie fehlt. Beim jährlichen Houston Rodeo, dem größten Rodeo in Texas, ist es sogar einer der Hauptanziehungspunkte, denn hier kann man sich leisten, die Superstars der amerikanischen Musikszene zu engagieren.

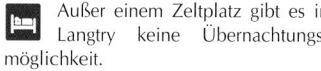 Außer einem Zeltplatz gibt es in Langtry keine Übernachtungsmöglichkeit.

High Bridge Adventures organisiert **Bootsfahrten** auf dem Rio Grande, Tel. 915-292-4495.

Der Panhandle

Palo Duro Canyon

Auf dem flachen Land: Der Panhandle

Karl-May-Lesern schlägt bei den Namen Canadian River und Llano Estacado das Herz höher, denn hier in der nördlichsten Ecke von Texas ist es gewesen: Old Shatterhand traf zum ersten Mal mit seinem zukünftigen Blutsbruder Winnetou zusammen. Der Panhandle ist tatsächlich echtes Bilderbuch-Texas. Cowboyhut und Westernstiefel sind hier mehr als modische Accessoires.

Sieht der Umriss von Texas wirklich wie eine Pfanne aus? Vielleicht erklärt sich der Name *panhandle*, also Pfannenstiel, in Wahrheit durch die Temperaturen, die im Sommer ganz gewiss an eine Bratpfanne erinnern. Die dünn besiedelte Region ist eine unendliche, flache Prärie, die von tiefen Canyons durchzogen wird. Man lebt von der Landwirtschaft, der Viehzucht und den reichlich vorhandenen Bodenschätzen. Amarillo und Lubbock, die beide knapp 200 000 Einwohner zählen, wetteifern um die Rolle der Metropole der Region.

Amarillo

Für Texasreisende liegt die Stadt Amarillo vielleicht etwas abseits, so ganz in der nördlichsten Ecke des Staates. In Amarillo hält man diese Lage allerdings für ideal und für geradezu zentral – nämlich genau auf halber Strecke zwischen New York und Los Angeles. Dementsprechend war die Gegend schon immer ein beliebtes Reiseziel. Der spanische Entdecker Francisco Vásquez de Coronado kam schon 1541 vorbei, fast ein Jahrhundert bevor die Pilgerväter in Neu-England an Land gingen. Aber Scherz beiseite: Als Ausgangspunkt zur Erkundung des oberen Panhandle ist die Stadt wirklich gut geeignet. Amarillo verdankt seine Lage zwei Eisenbahnlinien, der Fort Worth & Denver Railway und der Atchison, Topeka & Santa Fe Railway, die im späten 19. Jh. gebaut wurden und deren Strecken sich genau an dieser Stelle kreuzten. Daher entstand hier zunächst eine provisorische Zeltstadt, aus der dann bald eine kleine Siedlung wurde. Deren Name – *amarillo* ist spanisch und heißt gelb – wurde vom

Amarillo 1 Livestock Auction 2 American Quarter Horse Heritage Center & Museum 3 Big Texan Steak Ranch 4 Amarillo Museum of Art 5 Cadillac Ranch

Amarillo Creek übernommen, einem Fluss, den die ersten Weißen, die die Gegend durchquerten, wegen des gelblichen Bodens an seinen Ufern so genannt hatten.

Neben Zügen kamen im ausgehenden 19. Jh. vor allem Rinder durch den Ort, und Amarillo wurde zu einem der wichtigsten Umschlagplätze für Vieh im gesamten Staat Texas. Dies ist es auch heute noch.

Wer dienstags in der Stadt ist, kann sich in den Stockyards an der Manhattan Street die **Livestock Auction** (1) (100 S. Manhattan St., Di 8–17 Uhr) ansehen, die größte Viehauktion in Texas, bei der allwöchentlich Tausende von Rindern versteigert werden – über 600 000 sollen es im Jahr sein. Unablässig werden hier den potentiellen Käufern Gruppen von Kühen und Bullen vorgeführt, es folgt mehr oder weniger hektisches Bieten und, ehe man sich versieht, werden kleine Herden in den Gattern um das Gebäude für den Abtransport zusammengetrie-

Denkmal für die Route 66?
Die Cadillac Ranch

ben. Zwischendurch stärken sich Kunden und Angestellte im **Stockyard Café** nebenan mit einem herzhaften Frühstück oder einem blutigen Steak zum Lunch.

Wenn man sich bei der Livestock Auction an Rindern, Cowboys und Ranchern satt gesehen hat, dann ist man auf ein weiteres nicht wegzudenkendes Westernelement gerade richtig eingestimmt, nämlich auf Pferde. Im **American Quarter Horse Heritage Center & Museum** (2) (I-40, Exit Nelson St., Mo–Sa 10–17, So 12–17 Uhr) erfährt man alles über die Rolle, die Pferde bei der Besiedelung des amerikanischen Westens gespielt haben. Filmvorführungen, Kunstausstellung, Museum, Bibliothek – alles ist hier Pferden gewidmet. Zu den interaktiven Ausstellungsstücken in der Kinderabteilung gehört sogar ein Video, in dem ein sprechendes Pferd auftritt.

Nach so viel Westernambiente muss man den Tag natürlich in einem passenden Restaurant abschließen, etwa in der **Big Texan Steak Ranch** (3) (7701 I-40, Tel. 806-372-7000), einer wahren Institution in Amarillo. Hier wird zwischen einem riesigen Holzindianer und einem ausgestopften Grizzlybären neben Rinder- und Büffelsteaks auch Klapperschlange serviert. Die Spezialität des Hauses ist allerdings das *seventy-two-ounce prime steak dinner,* ein über zwei Kilo schweres Steak, das man nicht bezahlen muss, wenn man es schafft, das Fleisch samt reichlichen Beilagen innerhalb einer Stunde komplett zu verspeisen. Manchen Gästen gelingt dies wirklich – den Rekord hält der Baseballspieler Frank Pastore, der dafür nur neun Minuten und 45 Sekunden brauchte. Der Fleischverzehr ist in Amarillo eine Art Weltanschauung, die manchmal allerdings auch etwas zu

weit getrieben wird. So ließen sich die Rinderzüchter der Stadt nicht davon abhalten, den Fernsehstar Oprah Winfrey zu verklagen, weil sie in ihrer beliebten Talk Show eine angeblich fleischfeindliche Bemerkung gemacht hatte. Zur Ehrenrettung von Amarillo muss man allerdings hinzufügen, dass die Jury Oprah 1998 im Aufsehen erregendsten Prozess in der Geschichte der Stadt freisprach.

Historische Häuser und Museen

Gewissermaßen als Kontrastprogramm zu Pferden und Rindern sind in Amarillo auch einige schöne historische Wohnhäuser zu sehen, etwa das **Harrington House** (1600 S. Polk St., Tel. 806-374-5490, Besichtigungen nur nach Voranmeldung) oder das **Lee and Mary E. Bi-**

vins Home, (1000 S. Polk St., Mo–Fr 8–17 Uhr), in denen man sich davon überzeugen kann, dass man auch im Wilden Westen stilvoll zu leben wusste. Auch das **Amarillo Museum of Art** (4) (2200 Van Buren St., Di–Fr 10–17, Do 10–21, Sa–So 13–17 Uhr) auf dem Campus des Amarillo College lohnt einen Besuch. Neben einer Sammlung von Fotos aus den dreißiger und vierziger Jahren des 20. Jh. besitzt das Museum vor allem amerikanische Malerei, darunter einige Aquarelle von Georgia O'Keeffe, die eine Zeit lang im nahen Ort Canyon lebte und malte.

Kunst und Kunsthandwerk zu erschwinglichen Preisen wird in den vielen Trödelläden an der West 6th Avenue zwischen Georgia und Western Street feilgeboten. Dieses Stück der 6th Avenue ist die belebteste Ecke der Stadt. Wo früher einmal die Route 66 entlangführte, befindet sich jetzt eine nette, etwas vergammelte Ansammlung von Läden und Kneipen.

Cadillac Ranch

An die legendäre Route 66 erinnert auch die **Cadillac Ranch** (5) westlich der Stadt (I-40, Exit Arnot Rd.). Sie ist eine ziemlich eigene Kreation: Zehn alte und bunt bemalte Cadillacs ragen hier aus einem Feld heraus und scheinen den Weg nach Westen zu weisen. Der aus Amarillo stammende Geschäftsmann Stanley Marsh hatte 1974 eine Gruppe von Künstlern aus Kalifornien angeheuert, um auf einem seiner Felder dieses ganz besondere Kunstwerk zu schaffen. Da Amarillo im Laufe der Zeit immer mehr gewachsen ist, mussten die zehn alten Schlitten 1997 vier Meilen weiter nach Westen umziehen. Sie sind ein Kunstwerk in ständiger Veränderung, denn jeder Passant oder Sprayer kann die vielfarbigen Autos verändern und seine eigene Handschrift hinterlassen. Auch die Entschlüsselung der Botschaft dieser exzentrischen Sehenswürdigkeit bleibt den Besuchern überlassen. Soll hier dem Straßenkreuzer und der Route 66 ein Denkmal gesetzt werden? Ist dieser Ort das ultimative Symbol der amerikanischen Liebe zum Auto oder ein Witz, ein parodistischer Autofriedhof, der sich gerade darüber lustig macht? Am besten selber mal vorbeischauen und natürlich stilgerecht anreisen: »If you ever plan to motor west – take the highway that's best. Get your kicks on Route 66!«

Amarillo Convention & Visitors Bureau, 1000 S. Polk St., Amarillo, TX 79105, an der Kreuzung von Polk und 10th St. im schönen Lee and Mary E. Bivins Home, Tel. 806-373-7800 oder 800-692-1338, www.amarillo-cvb.org.

Crowne Plaza ($$$), 3100 I-40, Tel. 806-358-6161, das Luxushotel der Stadt.
Hampton Inn ($$), 1700 I-40, Tel. 806-372-1425.
Parkview House ($$), 1311 Jefferson St., Tel. 806-373-9464, sehr kleines B&B, daher unbedingt reservieren.
Camelot Inn ($), 2508 I-40, am Exit 72a, Tel. 806-373-3699, einfach und günstig.

KOA Kampground mit Pool, 111 Folson St., etwa 6 Meilen östlich von Downtown (I-40 bis Exit 75).

 Big Texan Steak Ranch, 7701 I-40, an der Straße, die direkt neben dem Highway entlangführt, zwischen den Exits Whitaker und Lakeside, Tel. 806-372-7000, altmodisches, kitschiges Westernambiente und Riesensteaks.
Country Barn, 1805 Lakeside Dr., Tel. 806-355-2325, Steaks und Tex-Mex, am Wochenende Musik und Tanz.
The Brew Pub, 3705 Olsen, Tel. 806-353-2622, Bier, Burger, Pizza in lockerer Atmosphäre.
OHMS Café, 619 Tyler, Tel. 806-373-3233, Lunchlokal im Stadtzentrum mit guten Salaten und Sandwiches.

 Amarillo ist für alle Arten des Westernzubehörs ein geeignetes Pflaster, z. B. **Hilltop Boot & Saddle,** 4624 River Rd., **Boots 'n Jeans Western Wear,** S. Georgia, **Tejas Western Outlet,** 3701 Plains Blvd.

 Coors Ranch Rodeo, im Juni; **World Championship Ranch Rodeo,** im November; **Amarillo Farm & Ranch Show,** im Dezember.

 Greyhound, 700 S. Tyler St., Tel. 806-374-5371, günstig gelegen mitten in der Innenstadt.

Ausflug in den hohen Norden

In Amarillo gibt es zwar einiges zu sehen, aber wirklich erleben kann man das nördlichste Nordtexas nur auf dem – im wahrsten Sinne des Wortes – flachen Land. Die vorgeschlagene Route umrundet weitläufig den Lake Meredith, führt vorbei an riesigen Ranches, über den Canadian River und durch eine Reihe kleiner, unspektakulärer Orte.

Von Amarillo fährt man zunächst auf dem Highway 60 nach Osten, bevor man nach etwa 30 Meilen in die Kleinstadt kommt, die wie die ganze Region **Panhandle** heißt. Es ist die Hauptstadt von Carson County und man lebt hier von einer typisch texanischen Mischung aus Viehzucht, Landwirtschaft, Öl und Gas. Einen kurzen Stopp lohnt das **Carson County Square House Museum** (Pioneer Park am Highway 207, Mo–Sa 9–17, So 13–17.30 Uhr), ein kleines Museum über Geschichte, Kultur und Wirtschaft der Region, das auch eine Sammlung indianischer Malerei zeigt.

Über die schnurgerade Landstraße 207 geht es weiter nach Norden. Vereinzelt sieht man malerische Windmühlen und weniger dekorative Ölpumpen, bevor man in **Borger** ankommt, das mit seinen etwa 15 000 Einwohnern deutlich größer ist als Panhandle. Borger entstand 1926 praktisch über Nacht, als man auf einem Feld in der Nähe Öl entdeckte. Öltanks und petrochemische Werke dominieren auch heute das Ortsbild. Wenn man hier nach Westen Richtung Fritch abbiegt, kommt man zum tiefblauen **Lake Meredith,** dem größten See der Gegend, der sich malerisch im Tal des Canadian River erstreckt.

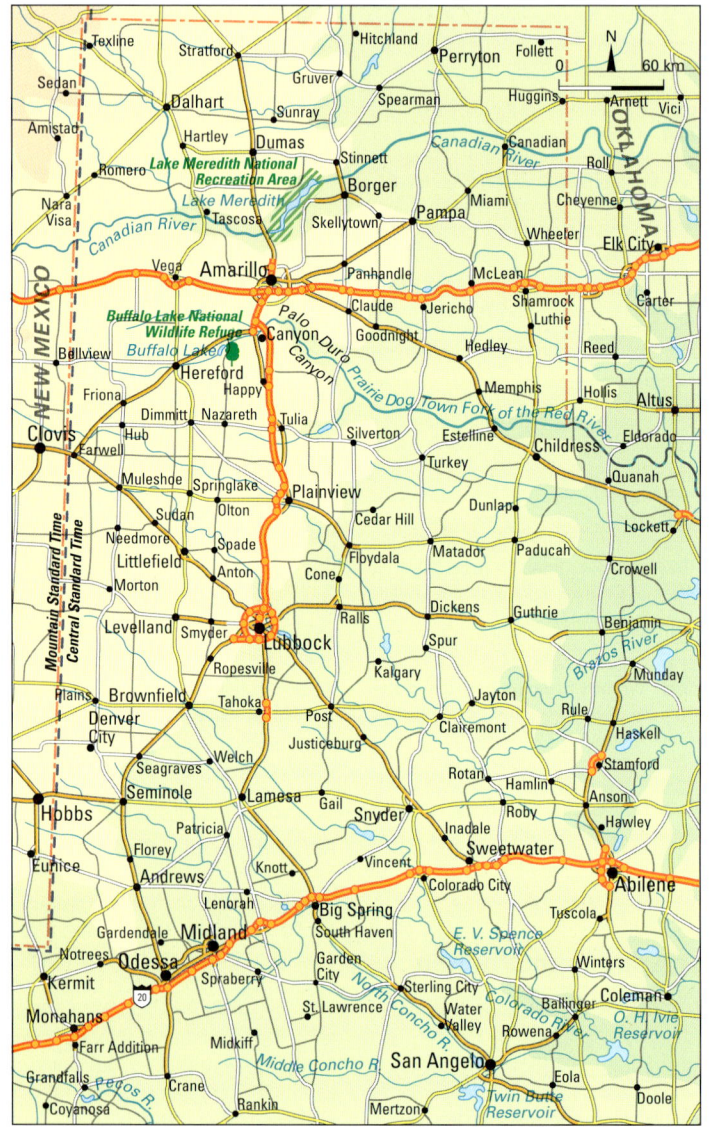

Das winzige **Stinnett** nördlich des Sees ist bekannt als Schauplatz der *battles of Adobe Walls*, zwei berühmt-berüchtigter Zusammenstöße zwischen Indianern und Weißen. Bei der ersten dieser beiden ›Schlachten‹ konnte der legendäre Kit Carson 1864 nur knapp einer Niederlage entgehen. Beim zweiten Zusammenstoß griffen die Komantschen unter der Führung ihres Häuptlings Quanah Parker weiße Büffeljäger an, die im Fort Adobe Walls lebten. Dieser Überfall löste den letzten Indianerkrieg in Texas aus.

XIT Ranch, Dalhart

Von Stinnett führt die Landstraße 152 nach Westen. Sie endet in Dumas, wo man auf den Highway 87 wechselt, der nach Dalhart führt. Der Ort liegt mitten auf der XIT Ranch, deren Namen in Texas jeder kennt. Vor hundert Jahren bestand sie aus 1,25 Millionen Hektar Land, das von 6000 Meilen Zäunen gesichert wurde; man hielt hier 150 000 Rinder, um die sich 150 Cowboys kümmerten. Diese Mega-Ranch war 1875 entstanden, weil der Staat Texas, der damals gerade das Kapitolsgebäude in Austin errichtete, so knapp bei Kasse war, dass er das dazu nötige Kapital nicht aufbringen konnte. Da man zwar kein Geld, dafür aber Land ohne Ende besaß, gab man der

für den Bau des Kapitols verantwortlichen Firma statt der drei Millionen Dollars, die er kosten sollte, einfach drei Millionen *acres* Land. Dies war ein echt texanischer Deal: Der (damals) größte Staat der USA bezahlte den Bau des (auch heute noch) größten Kapitols der Vereinigten Staaten mit der größten Ranch der Welt.

Die Ranch zerfiel dann zwar bald, aber ihr Mythos ist immer noch lebendig. Das jährliche XIT Rodeo zieht am ersten Wochenende im August tausende von Besuchern an, und das **XIT Museum** (108 E. 5th St., Mo–Sa 10–17 Uhr) informiert das ganze Jahr hindurch über die Ranch.

Auf dem Rückweg nach Amarillo kommt man auf der Straße 385 an einer weiteren bemerkenswerten Ranch vorbei. Wo sich früher in Old Tuscosa Westernlegenden wie Billy the Kid und Kit Carson begegnet waren, wurde 1939 ein Heim für verwaiste und schwer erziehbare Jungen gegründet, das sich **Cal Farley's Boys Ranch** (an der Straße 233, tgl. 8–17 Uhr) nennt. Der Gründer Cal Farley, der damals ein bekannter Ringer war, glaubte, dass Arbeit und Landleben Kindern den rechten Weg weisen würden. Auch heute noch helfen die 400 Jungen, die hier leben, nach der Schule bei der Rancharbeit.

 In Dahart: Comfort Inn ($–$$), US 54E, Tel. 806-249-8585; **Days Inn**($$), US 54E, Tel. 806-249-5246.

 in den Recreation Areas am Lake Meredith.

Boys Ranch Rodeo, auf der Cal Farley's Boys Ranch, im September; **XIT Rodeo** in Dalhart alljährlich am ersten Augustwochenende.

Canyon und der Palo Duro Canyon

Canyon

Die kleine Collegestadt Canyon, etwa 16 Meilen südlich von Amarillo, liegt ganz in der Nähe des bekannten Palo Duro Canyon, nach dem sie benannt ist. Als im 19. Jh. amerikanische Büffeljäger in das Gebiet kamen, blieben Konflikte nicht aus, denn Büffel waren die Lebensgrundlage der hier lebenden Komantschen. Der letzte Häuptling Quanah Parker, der selbst der Sohn eines Komantschen und einer weißen Frau war, startete in den siebziger Jahren des 19. Jh. den letzten Versuch, das Land um den Palo Duro Canyon für die Indianer zu retten – aber dies war natürlich aussichtslos. 1874 zerstörte die amerikanische Kavallerie die indianischen Dörfer im Canyon, nahm ihnen ihre Pferde ab und zwang sie, in ein Reservat in Oklahoma zu ziehen. Nach dieser Aktion, die in Geschichtsbüchern Battle of Palo Duro Canyon genannt wird, dauerte es kein Jahr, bis die ersten weißen Farmer und Rancher sich in der Gegend breit machten. Aus einer der ersten Ranches, die damals entstanden, aus der T-An-chor Ranch, wurde später die Stadt Canyon.

Sie ist für Reisende in erster Linie als Ausgangspunkt für Ausflüge zum Palo Duro Canyon interessant. Es gibt allerdings zumindest eine lohnende Sehenswürdigkeit in der Stadt selbst, nämlich das große Panhandle-Plains Historical Museum (2401 4th Ave., Mo–Sa 9–17, Juni bis August 9–18, So 14–18 Uhr), zu dem u. a. die Hauptgebäude der T-Anchor Ranch gehören, aus der sich der Ort entwickelte. Das älteste staatliche Museum in Texas dokumentiert Natur, Geschichte und Wirtschaft der Gegend und befindet sich in einem beachtenswerten Gebäude auf dem Campus der Texas A&M West University. Es wurde in den 1930ern im Art-déco-Stil erbaut, kombiniert diesen Stil allerdings mit originär texanischen Motiven. So finden sich Sporen und Brandzeichen unter den dekorativen Elementen der Fassade.

Ein Stellenangebot an dieser Universität führte die Malerin Georgia O'Keeffe nach Texas. Als sie von 1912 bis 1918 in Canyon lebte und Kunst unterrichtete, verliebte sie sich in die karge Landschaft der Gegend, die man in vielen ihrer Bilder wieder erkennen kann. »Ich konnte nicht glauben, dass Texas wirklich war«, sagte sie einmal über ihre ersten Eindrücke, »für mich ist Texas so riesig und wunderbar wie Ozeane und die höchsten Berge – Texas ist meine spirituelle Heimat.« In der Kunstabteilung des Panhandle-Plains Historical Museum zeigt ein leuchtend rotes Ölgemälde von Georgia O'Keeffe den Palo Duro Canyon.

Palo Duro Canyon

Der Palo Duro Canyon wird auch der ›Grand Canyon von Texas‹ genannt und lockt jedes Jahr über eine halbe Million Besucher an. Sein Name – *palo duro* heißt ›hartes Holz‹ – geht auf den spanischen Entdecker Coronado zurück und bezieht sich auf die vielen Wacholderbäume, die sich von den ockerfarbenen und rötlichen Felsformationen malerisch abheben. Der gut 300 m tiefe Canyon erstreckt sich über eine Länge von fast 200 km und wird von einem Seitenarm des Red River durchflossen. Nur ein kleiner – allerdings der schönste – Teil des Canyon gehört zum **Palo Duro Canyon State Park.** In diesem Park gibt es ein Informationszentrum für Besucher, Picknick- und Campingplätze und natürlich jede Menge Wanderwege, auf denen man die vielfältige Tier- und Pflanzenwelt des Canyon entdecken kann. Auf einer ausgebauten Straße hat man auch die Möglichkeit, bequem im eigenen Auto auf den Boden des Canyon hinabzufahren.

Am Rand des Canyon gibt es immer noch eine Reihe von Ranches, etwa die **Figure 3 Ranch,** die nicht weit vom Palo Duro Canyon State Park entfernt ist. Sie ist für die ›Cowboy Mornings‹ bekannt, die hier im Sommer täglich, im Frühling und im Herbst nur an den Wochenenden veranstaltet werden. Angestellte der Ranch bereiten bei diesen Veranstaltungen im Cowboystil für Touristen das Frühstück über dem offenen Feuer zu, in wunderschöner Lage, direkt am Rand des großen Canyon. Auch für Unterhaltung ist gesorgt: Echte Cowboys, die auf der Figure 3 Ranch arbeiten, führen ihre Lassokünste vor und demonstrieren, wie das Vieh gebrandmarkt wird. Nachdem sich die Besucher gestärkt haben, können sie ein Stück reiten, mit dem Planwagen fahren oder auch einfach nur herumwandern und die Aussicht genießen (Infos & Reservierung Tel. 806-944-5562 oder 800-658-2613).

Canyon Chamber of Commerce, 308 17th St., Canyon, TX 79015, Tel. 806-655-7815, www.web-tex.com/canyon.

Hudspeth House ($$), 1905 4th Ave., Tel. 806-655-9800, B&B in einem viktorianischen Haus, in dem Georgia O'Keeffe lebte, als sie in Canyon arbeitete.
Buffalo Inn ($), 300 23rd St., Tel. 806-655-2124, zentral gelegen und günstig.

im **Palo Duro Canyon State Park**.

Railroad Crossing Steakhouse, 1303 23rd St., Tel. 806-655-7701, außer Steak gibt es auch Huhn und Fisch
Stomping Grounds Espresso, 2320 4th Ave., Tel. 806-655-7711, nicht nur Kaffee und Kuchen, sondern auch Sandwiches etc., sonntags geschlossen.

 im Sommer wird im Palo Duro Canyon das **Musical-Drama »Texas«** aufgeführt, Tel. 806-655-2181.

Heilige Kuh des Westens

Das Longhorn

Longhorn

Das Texas Longhorn ist unter den verschiedenen Rinderrassen etwas ganz Besonderes und von anderen leicht zu unterscheiden: Es ist schlanker und zäher als andere Rinder und fällt vor allem durch die ungewöhnlich langen, geschwungenen Hörner auf, nach denen es benannt ist. Sie können – von Hornspitze zu Hornspitze – über zwei Meter breit sein und sind in Texas beliebte Dekorationsgegenstände. Rinderschädel mit Hörnern machen sich gut über dem Kamin, sie zieren Balkone und Terrassen und manche Texaner glauben offensichtlich, dass solche Hörner sogar auf der Motorhaube gut aussehen.

Das Texas Longhorn hat spanische Vorfahren. Die ersten Rinder kamen 1540 mit Francisco Vásquez de Coronado nach Texas. Wie andere spanische Expeditionen so hatten auch Coronado und seine Leute eine große Viehherde dabei, um so ihre Ernährung auf der langen und abenteuerlichen Reise in den Norden zu sichern. Einige Rinder gingen unterwegs verloren, sie verwilderten, vermehrten sich und zwei Jahrhunderte später gab es in Texas jede Menge wilde und herrenlose Rinderherden. Wer in Texas eine Ranch gründen wollte, konnte sich daher sein Vieh kostenlos einfangen. Die Rinder hatten sich an die natürlichen Gegebenheiten ihrer Umgebung perfekt angepasst und waren zu

Lubbock

Für Fans des frühen Rock'n'Roll ist Lubbock eine Pilgerstätte, die gleich nach Elvis' Heimatstadt Memphis kommt, denn hier kam der Rock-Pionier Buddy Holly zur Welt. Seine Legende und die Musik

einer unglaublich zähen Rasse geworden. Sie kamen ohne jegliche Pflege aus, konnten bei größter Hitze lange Strecken zurücklegen und ernährten sich notfalls auch von Kakteen.

Die ersten Ranches entstanden in Südtexas noch in spanischer Zeit und auch einige der zahlreichen Missionsstationen betrieben Rinderzucht. Die Mission Espiritu Santo z. B., die in der Nähe des heutigen Victoria am Guadalupe River zu finden war, besaß 1770 eine Herde von 40 000 Rindern. Erst im 19. Jh. wurde die Rinderzucht zunehmend von Angloamerikanern übernommen und ausgebaut. Eine ihrer Neuerungen war etwa die Einführung von Brandzeichen, mit denen Rindern der Besitzanspruch ihrer Eigentümer auch heute noch ins Fell gebrannt wird. Die goldenen Zeiten des Texas Longhorn waren die Jahrzehnte nach dem amerikanischen Bürgerkrieg, als jährlich riesige Rinderherden in den Norden getrieben wurden. Da Rinder damals über hunderte von Meilen zu den Bahnhöfen und Viehhandelszentren in Dodge City oder Abilene in Kansas getrieben werden mussten und dabei große Strapazen auf sie warteten, war das genügsame und zähe Longhorn die ideale Rasse. Doch bald kamen die ersten Eisenbahnlinien nach Texas, der lange Viehtrieb wurde überflüssig, und nach und nach waren andere Rindersorten gefragter. Es wurden englische Herefords und indische Brahmas eingeführt, und auf der King Ranch wurde die neue Rasse Santa Gertrudis gezüchtet – die erste einheimische amerikanische Rindersorte. Sie alle waren jetzt wertvoller als das Longhorn, weil sie mehr Fleisch auf den Rippen hatten, das außerdem auch weniger zäh war.

Das Longhorn hatte ausgedient. Die Rindersorte, von der es in Texas im 19. Jh. an die zwanzig Millionen Exemplare gegeben haben soll, wäre im 20. Jh. dann sogar beinahe ausgestorben. Der Tiefpunkt dieser Entwicklung war erreicht, als die letzten Exemplare in San Antonio im Zoo ausgestellt wurden. Doch in den 1960er Jahren setzte langsam ein Revival ein und das Longhorn kam wieder in Mode. Schließlich ist es eine echte texanische Ikone und es darf mittlerweile auf keiner Wochenendranch mehr fehlen. Aber nicht nur aus sentimentalen und dekorativen Gründen ist das Longhorn mittlerweile wieder populär, auch sein mageres Fleisch ist in Zeiten des zunehmenden Gesundheitsbewusstseins und der cholesterinarmen Ernährung wieder im Kurs gestiegen.

seiner Nachahmer sind die Hauptattraktion von Lubbock. Man kann dem berühmtesten Sohn der Stadt an der überlebensgroßen Buddy-Holly-Statue am Civic Center Reverenz erweisen und sein Grab auf dem Lubbock City Cemetery besuchen. Seit 1999 gibt es auch ein

Lubbock 1 Buddy Holly Center 2 Cactus Theater 3 Texas Tech University
4 Ranching Heritage Center

kleines Museum über den Werde-
gang des Musikers und Sängers:
Das **Buddy Holly Center** (1) (1801
Ave. G, Di–Do 10–18, Fr–Sa 10–19
Uhr) befindet sich im ehemaligen
Bahnhof der Fort Worth & Denver
Railway.

Dieser Ort ist dafür äußerst passend, denn das ehemalige Bahn-
hofsgebäude befindet sich mitten
im Depot District. Hier traf sich
schon zu Buddys Zeiten und trifft
sich auch heute noch die Muszsze-
ne der Stadt. In Stubb's Bar-B-Q neben dem Buddy Holly Center wird

Blues gespielt. Im Library an der
Avenue G gibt es Rock und viel
Platz zum Tanzen. Der Nachtclub
Tom's Daiquiri Place, das Sports
Café Bleechers und die Brauerei
Hub City Brewery liegen – passen-
derweise – an der Buddy Holly Ave-
nue. Dort stößt man auch auf das
Cactus Theater (2) in einem schö-
nen Gebäude aus den 1930er Jah-
ren, das früher mal ein Kino war.
Heute werden hier Konzerte und
Shows veranstaltet, darunter das gut
besuchte Musical »The Buddy
Holly Story«.

Texas Tech University

(3) Dass Lubbock eine so lebendige Musikszene und ein reges Nachtleben hat, liegt nicht zuletzt an den vielen Studenten, die hier leben. Es gibt zwei kleine religiöse Colleges, die meisten Studenten, nämlich etwa 24 000, besuchen allerdings das Texas Tech, die größte Universität in Westtexas und der wichtigste Arbeitgeber der Stadt.

Auf dem Campus sind zwei Museen zuhause: Das **Texas Tech Museum** (4th St. & Indiana Ave., Di–Sa 10–17, Do 10–20.30, So 13–17 Uhr) besteht aus einer naturwissenschaftlichen Abteilung, einem Planetarium sowie einer Kunstabteilung und zeigt außerdem häufig hochkarätige Ausstellungen. Das zweite Museum ist das besonders interessante und sehenswerte **Ranching Heritage Center** (4), (4th St. & Indiana Ave., Mo–Sa 10–17, So 13–17 Uhr). In einem kleinen Museum kann man hier die Entwicklung der Ranchindustrie nachvollziehen, etwa die Verbindung zwischen spanischen *vaqueros* und amerikanischen *cowboys* oder die Auswirkungen, die die Erfindung des Stacheldrahtes auf die Viehzucht in Texas hatte. Der beeindruckendste Teil des Ranching Heritage Center ist allerdings das dazugehörige große Freilichtmuseum, in dem man sich über dreißig Gebäude aus dem 19. und dem frühen 20. Jh. ansehen kann, die das Leben der frühen weißen Siedler in dieser Gegend anschaulich werden lassen. Die zu besichtigenden Häuser reichen von einer Blockhütte, einem Schulhaus und einer Schmiede bis hin zu mehreren Windmühlen.

Weingüter

Nachdem die amerikanische Armee gegen Ende des 19. Jh. die Komantschen vertrieben hatte, zu deren Jagdgründen das Gebiet um das spätere Lubbock gehörte, kamen neben Viehzüchtern auch Farmer in die Gegend. Sie bauten hier vor allem Baumwolle an, die noch immer das wichtigste landwirtschaftliche Produkt der Region ist. Seit einiger Zeit wird außerdem auch etwas angebaut, was man hier eigentlich nicht vermuten würde, nämlich Wein.

Die **Llano Estacado Winery** (an der FM 1585, Mo–Sa 10–17, So 12–17 Uhr) südlich der Stadt ist das älteste Weingut der Gegend und hat mit ihren Cabernets und Chardonnays schon viele Preise gewonnen. Nur wenige Meilen weiter südlich liegt das Weingut **Cap Rock** (US 85 & Woodrow Rd., Mo–Sa 10–17, So 12–17 Uhr), dessen Weine vielleicht noch nicht ganz mit den Produkten von Llano Estacado mithalten können, das aber dafür in einem schönen Gebäude im spanischen Stil untergebracht ist.

ⓘ **Convention & Tourism Bureau of Lubbock**, 1301 Broadway, Suite 200, Lubbock, TX 79401, Tel. 806-747-5232 oder 800-692-4035, www.lubbocklegends.com

Llano Estacado Winery, Lubbock

 Holiday Inn Hotel & Tower ($$), 801 Ave. Q, Tel. 806-763-1200, zentral gelegen, bei der Buddy-Holly-Statue.
Broadway Manor Bed & Breakfast ($$), 1811 Broadway, Tel. 806-749-4707, kleines B&B im Zentrum.
Motel 6 ($), 909 66th St., Tel. 806-745-5541, günstiges, einfaches Kettenmotel südlich der Stadt.

im **Yellowhouse Canyon** südöstlich der Stadt.

Einstein's, 1824 Ave. G, Tel. 806-762-5202, Sandwiches und mehr mitten im Depot District.
Grapevine Café & Wine Bar, 2407 19th St., Tel. 806-744-8246, nettes Restaurant am Rand des Campus, Montagabend geschlossen.

Gardski's Loft, 2009 Broadway, Tel. 806-744-2391, bekannt für seine Gourmet-Hamburger und Steaks.

 Tejas Western Outlet, 5715 19th Street, Westernzubehör.
Broadway Festivals, 2313 Broadway, Buddy-Holly-Souvenirs.

Die meisten bekannten Clubs befinden sich im Depot District, in unmittelbarer Nähe des Buddy Holly Center. Außerhalb des District lohnen u. a. auch das **Midnight Rodeo,** 7301 University Ave., am Texas Tech und das Lokal **Jazz: A Louisiana Kitchen,** 3703C 19th St.

ABC Rodeo, im März; **Buddy Holly's Birthday,** Festival mit viel Livemusik, um den 5. September.

Schwimmen und Angeln am Buffalo Springs Lake im Yellowhouse Canyon südlich der Stadt.

Abilene

Abilene entstand 1881 praktisch über Nacht, als die Texas & Pacific Railway den Ort erreichte. Man benannte die Siedlung nach der gleichnamigen Stadt in Kansas, dem Endpunkt des Chisholm Trail, denn Abilene in Texas wurde damals genau wie sein Vorbild in Kansas von der Viehzucht und dem Viehhandel geprägt. Die Routen der großen Viehtriebe, die bisher nach Dodge City geführt hatten, endeten jetzt in Abilene und die Rinder wurden hier in Züge verladen. Die Viehzucht ist auch heute noch ein wichtiger Wirtschaftszweig in Abilene und dem umliegenden *big country,* wie die Einheimischen die Region wegen der endlosen Weite ihrer Landschaft nennen. Das Westernerbe der Stadt wird ganz besonders während der beiden jährlichen Rodeos lebendig, dem Western Heritage Classic am zweiten Wochenende im Mai und dem West Texas Fair & Rodeo Mitte September.

Wer in Abilene nicht mit Rindern handelt, arbeitet bei der Armee, dem größten Arbeitgeber der 100 000-Einwohner-Stadt, oder lebt vom Öl, das in der Gegend reichlich vorhanden ist. Als man 1981 das 100-jährige Bestehen von Abilene feierte, wurde auf dem Festgelände eine Ölpumpe aufgestellt, um den Besuchern die Technik einer solchen Pumpe zu demonstrieren. Dabei stieß man zufällig auf eine große Ölquelle.

In Abilene leben selbst für hiesige Verhältnisse ungewöhnlich viele christliche Fundamentalisten. Alle drei Universitäten der Stadt sind religiöse Einrichtungen: die Hardin-Simmons University ist baptistisch, die McMurry University methodistisch und die Abilene Christian University repräsentiert die Church of Christ.

Das Zentrum von Abilene befindet sich immer noch dort, wo alles begann: am Bahnhof, dem **Texas & Pacific Depot.** Die Wiederbelebung der Innenstadt, die lange Zeit völlig ausgestorben und heruntergekommen war, hat in den letzten Jahren Fortschritte gemacht. Besonders entlang der Hickory Street und der Cypress Street werden immer mehr Häuser renoviert und Geschäfte und Restaurants eröffnet. An der Cypress Street stehen auch das schöne, im Art-déco-Stil erbaute **Paramount Theatre** (352 Cypress St.) und das **Grace Museum** (102 Cypress St., Di–Sa 10–17 Uhr). Das ansprechend gestaltete Museum ist in einem ehemaligen Hotel untergebracht. Es gibt einen historischen Teil über die Geschichte der Gegend, ein Kindermuseum und wechselnde Kunstausstellungen.

Weitere Sehenswürdigkeiten der Stadt sind der **Zoo** (im Nelson Park, Mo–Fr 9–17, Sa–So 9–19 Uhr) und das Freilichtmuseum **Buffalo Gap** (15. März bis 15. November Mo–Sa 10–18, So 12–18, 16. November bis 14. März Fr–Sa 10–17, So 12–17 Uhr) etwa 13 Meilen südlich der Stadt, in dem man eine Reihe von

Gebäuden aus der Pionierzeit besichtigen kann.

 **Visitor Information Center,** 1101 N. 1st St., Abilene, TX 79604-2281, Tel. 915-676-2556 oder 800-727-7704, www.abilene.com

BJ's B&B ($$), 508 Mulberry, Tel. 915-675-5855, kleines B&B in günstiger Lage in der Innenstadt.
Holiday Inn Express ($$), SH 351 & I-20, Tel. 915-673-5271, Mittelklasse-Motel an der Autobahn.
Tower Motel ($), 3417 S. 1st St., Tel. 915-672-7849, einfach und preiswert.

im **Abilene State Park** bei Buffalo Gap.

Joe Allen's Pit Bar-Be-Que, 1233 S. Treadaway, Tel. 915-672-6082, beliebtes BBQ-Lokal, sonntags geschlossen.
Cypress Street Station, 158 Cypress, Tel. 915-676-3463, schickes Lokal in der Innenstadt, sonntags geschlossen.

Art Reed Custom Saddles, 904 Ambler, Sättel und Gürtel im Westernstil.

West Texas Fair & Rodeo, im September; **Western Heritage Classic,** zweites Wochenende im Mai.

Greyhound, 535 Cedar St., Tel. 915-677-8127.

Midland und Odessa

Die Städte Midland und Odessa, die heute jeweils etwas über 100 000 Einwohner zählen, entstanden beide im späten 19. Jh., als die Eisenbahn diesen Teil des Staates erschloss. Das Permian Basin, wie die Gegend genannt wird, war allerdings schon sehr viel früher bewohnt: Auf der Scharbauer Ranch südlich von Midland haben Anthropologen Überreste des 22 000 Jahre alten ›Midland Man‹, des texanischen Neandertalers, ausgegraben. Reproduktionen dieses Fundes sind im **Midland County Museum** (301 W. Missouri, Mo, Mi, Fr–Sa 14–17 Uhr) zu sehen.

Unter der Erde des Permian Basin verbergen sich allerdings noch ganz andere Schätze, nämlich große Mengen von Öl. Über 20 % der amerikanischen Erdölvorkommen liegen hier. Midland und Odessa sind daher seit den 1920er Jahren das Zentrum der Ölindustrie von Westtexas. Das **Permian Basin Petroleum Museum** (1500 I-20, Exit 136, Mo–Sa 9–17, So 14–17 Uhr) in Midland widmet sich ganz diesem Wirtschaftszweig. Selbst diejenigen, die sich eigentlich nicht sonderlich für Öl interessieren, sollten für dieses anschaulich gestaltete Museum einen Stopp einlegen, zumal es unmittelbar an der Autobahn I-20 liegt, auf der man sich auf einer Texasreise ohnehin regelmäßig wiederfindet.

Auch die Innenstadt von Midland zeigt deutlich, welchen Wohlstand das Öl dem Ort brachte. Das Geschäftszentrum hat eine verblüffende Zahl von Hochhäusern aufzuweisen. Hier sind von der verspiel-

San Angelo, General Store

ten *skyscraper gothic* des Petroleum Building aus den 20er Jahren bis zu postmodernen Glastürmen der 90er Jahre alle Baustile der Hochhausarchitektur vertreten.

In **Odessa** lebt man zwar auch vom Ölgeschäft, es geht hier allerdings nicht annähernd so schick zu wie im benachbarten Mini-Dallas. Während in Midland Geschäftsleute im Anzug das Stadtbild dominieren, sind es in Odessa eher die Arbeiter, die auf den Ölfeldern beschäftigt sind. In Odessa begann übrigens ein prominenter Texaner seine Karriere: 1948 traf der junge George Bush mit Ehefrau Barbara und Sohn George junior hier ein, um im Ölgeschäft

sein Glück zu machen. Daran erinnert eine Tafel vor dem **Presidential Museum** (622 N. Lee St., Di–Sa 10–17 Uhr), das den amerikanischen Präsidenten von George Washington bis in die Gegenwart gewidmet ist.

In Midland: Convention & Visitors Bureau, 109 N. Main St., Midland, TX 79702, Tel. 915-683-3381 oder 800-624-6435.

In Odessa: Convention & Visitors Bureau, 700 N. Grant, Odessa, TX 79760, Tel. 915-333-7871 oder 800-780-4678, www.odessa-edu/city oder www.odessa chamber.com.

In Midland: Super 8 ($), 1000 I-20 West, Tel. 915-684-8888, direkt neben dem Petroleum Museum.
In Odessa: Mellie Van Horn's: A Historic Inn ($$), 903 N. Sam Houston, Tel. 915-337-3000, B&B in historischem Gebäude.

In Midland: Wall Street Bar & Grill, 115 E. Wall St., Tel. 915-684-8686, nettes Lokal, Downtown, in dem sich zum Lunch die Geschäftsleute treffen.

In Odessa: Yana 615, 615 Sam Houston Ave., Tel. 915-332-5305, nur Lunch.

Dos Amigos, 47th St. & Golder, Tel. 915-368-7556, Tex-Mex in einem ehemaligem Pferdestall.

 Midland Jazz Classic, beliebtes Musikfestival im Oktober.

Wie wäre es mit ein wenig Sandsurfen? Wer den I-20 entlangfährt und die Fahrt für etwas Bewegung unterbrechen möchte, sollte dies im **Monahans Sandhill State Park** westlich von Odessa tun. Die Sanddünen sehen nicht nur beeindruckend aus, man kann außerdem *sand disks* ausleihen, eine Kreuzung aus Surfbrett und Schlitten, und die Wüste auf diese Art erleben.

In Midland: Greyhound, 1308 W. Front St., Tel. 915-682-2761.

San Angelo

Im 19. Jh. gab es im westlichen Texas eine Kette von Forts, die die Siedlungsgrenze schützen und die Indianer der Gegend in Schach halten sollten. Aus einem solchen Fort hat sich die Stadt San Angelo entwickelt. **Fort Concho** (213 E. Ave. D, Di–Sa 10–17, So 13–17 Uhr) ist dementsprechend die interessanteste Sehenswürdigkeit der Stadt, die ganz im Süden des Panhandle, praktisch an der Grenze zwischen Panhandle und Hill Country liegt. Das

1867 gegründete Fort südlich des Concho River besteht aus 22 Gebäuden und ist das am besten erhaltene Fort in ganz Texas.

Die Soldaten der Kavallerie- und Infanterieeinheiten, die hier stationiert waren, verbrachten ihre Freizeit auf der anderen Seite des Flusses, wo sich bald nach dem Bau des Forts Saloons und Bordelle angesiedelt hatten. Eines dieser Etablissements war **Miss Hattie's** an der Concho Avenue, das nach fünfzig Jahren im Geschäft von den Texas Rangers geschlossen wurde, Gebäude und Einrichtung sind aber erhalten geblieben. Es gibt zwar keine geregelten Öffnungszeiten, aber man kann sich nebenan in **Miss Hattie's Café and Saloon** (26 E. Concho) nach Führungen erkundigen.

 Convention & Visitors Bureau, 500 Rio Concho Dr., San Angelo, TX 76903, Tel. 915-653-1206 oder 800-375-1206, www.sanangelo-tx.com.

 Best Western ($$), 3017 Loop 306, Tel. 915-223-1273; **Hinkle Haus** ($$), 19 S. Park, Tel. 915-653-1931, nettes B&B.

 Campingplatz im **San Angelo State Park.**

 Zentner's Steakhouse, 2715 Sherwood Way, Tel. 915-942-8631, einfaches Restaurant mit großen Steaks.

Enrique's, 34 Ave. D, Tel. 915-653-8222, günstiges Tex-Mex.

 San Angelo Stock Show & Rodeo am ersten Märzwochenende.

TIPPS & ADRESSEN

Alle wichtigen
Informationen rund
ums Reisen – von
Anreise bis Zoll –
auf einen Blick

INHALT

REISEVORBEREITUNG

Informationsstellen

... in Texas

Exzellentes, kostenloses Informationsmaterial gibt es bei den zwölf staatlichen »Texas Travel Information Centers«. Hier gibt es Straßenkarten und Stadtpläne, Informationen über Unterkunft, Sehenswürdigkeiten etc. Solche Zentren findet man in Amarillo, Anthony, Austin, Denison, Gainesville, Harlingen, Langtry, Laredo, Orange, Texarkana, Waskom und Witchita Falls. Sie befinden sich meistens direkt an der Autobahn und sind gut ausgeschildert. In Austin liegt das Büro in der Innenstadt, auf dem Gelände des Kapitols. In fast allen texanischen Orten gibt es außerdem Fremdenverkehrsbüros, auf die im Reiseteil hingewiesen wird.

... in Deutschland

Texas Tourism
c/o Mangum Management GmbH
Herzogspitalstr. 5
80331 München
089-23662143

Anreise

Die beiden größten texanischen Flughäfen – Houston und Dallas/Fort Worth – werden von Europa aus direkt angeflogen. Preislich kann es aber manchmal günstiger sein, im Osten der USA umzusteigen. Es lohnt sich, die Preise der verschiedenen Fluglinien gründlich zu vergleichen.

Einreise, Zoll & Reisepapiere

Inhaber eines deutschen, österreichischen oder schweizerischen Passes, die nicht länger als neunzig Tage bleiben möchten, müssen kein Visum mehr beantragen, sondern nur noch während des Fluges ein Formular ausfüllen. Der Reisepass muss nach Reiseende noch mindestens sechs Monate gültig sein. Die Einwanderungsbeamten stellen jedem Reisenden ein paar Fragen, etwa wohin man möchte und wann man wieder zurückfliegt. Außer einem Einreiseantrag muss man auch eine Zollerklärung ausfüllen. Man darf alle persönlichen Gegenstände zollfrei einführen. Alkohol ist auf ein Quart (etwa ein Liter), Zigaretten sind auf 300 Stück begrenzt. Es dürfen weder Pflanzen noch Obst oder Gemüse eingeführt werden.

Besonders an der mexikanischen Grenze werden regelmäßig Autos angehalten und Papiere kontrolliert. Pass und Einreiseformular muss man unbedingt bei sich haben. Dies gilt doppelt für Ausflüge nach Mexiko.

Reisezeit

Texas ist zu jeder Jahreszeit eine Reise wert. Wer zeitlich flexibel ist, sollte aber im Frühling oder im Herbst nach Texas reisen, denn außerhalb der Sommerferien sind Sehenswürdigkeiten und Nationalparks weniger voll. Außerdem sind die Temperaturen in dieser Zeit meistens angenehmer.

Internet

Texas ist komplett vernetzt. Man kann eine Reise dorthin planen und organisieren, ohne auch nur einen Fuß in ein Reisebüro zu setzen.

Umfangreiche Informationen über Sehenswürdigkeiten findet man unter **www.tourtexas.com** oder **www.traveltex.com**. Informationen zu bestimmten Städten findet man über **www.usacitylink.com**.

Der Staat **www.state.tx.us** informiert auf seiner Homepage über Regierung, Verwaltung, Bildungssystem und Wirtschaft und gibt Reisehinweise.

Unter **www.texaslodging.com** kann man alles über Unterkunftsmöglichkeiten herausfinden und auch online Reservierungen vornehmen.

Ein Veranstaltungskalender findet sich unter **www.traveltex.com/events.**

In Internetflugbörsen findet man die billigsten Flüge, zum Beispiel bei **www.travel-overland.de.**

Leihwagen kann man bequem im Netz reservieren und buchen, so etwa bei Hertz (www.hertz.com) oder bei Alamo (www.freeways.com). Avis offeriert manchmal sogar spezielle Deals für Netuser (www.avis.com).

Wer mit der Bahn reisen möchte, findet bei **www.amtrak.com** die aktuellsten Routen und Fahrpläne. Bei **www.greyhound.com** findet man Fahrpläne, Preise, Routen der Busse und Infos über den Ameripass.

Lesetipps

McCarthy, Cormac, *All the Pretty Horses,* 1992 (dtsch. All die schönen Pferde), die Geschichte von zwei jugendlichen Ausreißern, die sich von Texas auf den Weg nach Mexiko machen.

McMurtry, Larry, *The Last Picture Show,* 1966 (dtsch. Die letzte Vorstellung), Roman über die Jugend in einer texanischen Kleinstadt der 1950er Jahre. Zu den Romanen von McMurtry s. S. 40.

Peery, Janet, *The River Beyond the World,* 1996 (dtsch. Der Fluss jenseits der Welt), die Geschichte zweier Frauen aus der Tex-Mex Kultur am Rio Grande, deren höchst unterschiedliche Lebensläufe sich zufällig kreuzen.

Powell, Deborah, *Bayou City Secrets,* 1991 (dtsch. Heißer Winter in Texas), feministischer Kriminalroman.

Sealsfield, Charles, Das *Kajütenbuch oder nationale Charakteristiken,* 1841, der einzige der vielen deutschen Texasromane aus dem 19. Jh., der immer noch aufgelegt wird.

Walker, Mary Willis, *The Red Scream,* 1994 (dtsch. Der Rote Schrei), *Under the Beetle's Cellar,* 1995 (dtsch. Unter des Käfers Keller), *All the Dead Lie Down,* 1998 (dtsch. Lass die Toten ruhn), diese in Austin handelnden Kriminalromane befassen sich mit brisanten Themen, so dass man bei ihrer unterhaltsamen Lektüre nebenbei einiges über Politik, Religion und Kultur in Texas erfährt.

Wolfe, Tom, *The Right Stuff,* 1979 (dtsch. Helden der Nation), Reportageroman über die Anfänge der amerikanischen Raumfahrt.

ABBILDUNGS- UND ZITATNACHWEIS

Hauke Dressler, Look, München 48, 86, 177, 202,
Christian Heeb, Look, München Umschlag vorne, 10, 22, 123, 133, 178, 181, 194
Holger Leue, San Francisco vordere Klappe, 1, 2, 12, 15, 26, 29, 35, 38, 43, 46, 50, 65, 74, 77, 95, 103, 120, 124, 129, 132, 134, 138, 148, 150, 158, 170, 173, 184, 188, 206, 214, 218, 221, hintere Klappe
Ute Ritzenhofen, Mainz 16, 28, 36, 53, 63, 64, 76, 83, 84, 89, 91, 99, 105, 106, 110, 115, 119, 142, 144, 145, 147, 156, 161, 166, 169, 192

Karten:
Berndtson & Berndtson Productions GmbH
Fürstenfeldbruck
© DuMont Buchverlag

Das Zitat auf Seite 9 entnahmen wir dem Band: John Steinbeck, Travels with Charlie. In Search of America, 1962 (Übersetzung der Autorin).

UNTERKUNFT

In Texas gibt es ein breites Unterkunftsangebot. Die Preise variieren je nach Jahreszeit und von Ort zu Ort. Reservierungen sind im Fall von B&Bs, Gästeranches oder besonders günstig gelegenen Hotels zu empfehlen, bei Motels sind sie meistens nicht nötig.

Für die in diesem Reiseführer erwähnten Unterkünfte gelten folgende Preiskategorien:

$ =   unter 50 $
$$ =   50 bis 100 $
$$$ =   über 100 $

Preise werden in Texas pro Zimmer angegeben, es macht keinen oder nur einen relativ geringen Unterschied, wie viele Personen dort übernachten.

Hotels und Motels

In jedem etwas größeren Ort und entlang der Autobahnen hat man die Wahl zwischen diversen landesweiten Ketten und anderen Hotels und Motels. Kleinere, familienbetriebene Häuser sind meist billiger als die großen Ketten. Andererseits kann man sich bei Ketten sicher sein, dass man keine bösen Überraschungen hinsichtlich Ausstattung und Sauberkeit erlebt. Unter den bekannten Ketten ist Motel 6 die preiswerteste. Auch

Super 8 und Econo Lodge sind relativ günstig. Holiday Inn, Quality Inn, Best Western und LaQuinta sind in Texas häufig vertretene Ketten der mittleren Preisklasse. Am besten rüstet man sich gleich zu Beginn der Reise mit den Verzeichnissen mehrerer Ketten aus, um Lage und Preise vergleichen zu können. Auch bei den Ketten unterscheiden sich die Preise der einzelnen Häuser: Je attraktiver ein Ort und je zentraler das Hotel oder Motel, desto teurer ist das Zimmer.

B&Bs

Texanische B&Bs sind nicht mit europäischen zu verwechseln, denn sie sind meistens teurer. Dafür bieten sie allerdings auch Vorteile gegenüber den meisten Hotels und Motels: Sie befinden sich häufig in historischen Häusern mit viel Atmosphäre, sie bieten im Gegensatz zu vielen Motels auch Frühstück an, sie liegen meistens näher am Ortskern. Weitere Informationen gibt es bei Bed & Breakfast Texas Style, 4224 W. Red Bird Lane, Dallas, TX 75237, Tel. 972-298-8586.

Jugendherbergen

Es gibt in Texas vergleichsweise wenig Jugendherbergen. In Austin, San Antonio, El Paso und Houston gibt es Häuser der Kette HI-AYH (Hostelling International – American Youth Hostels), in denen man preisgünstig übernachten kann. Weitere Infos findet man unter www.hostels.com.

Camping

In Texas gibt es zahllose Campingplätze, die sich in Lage, Preis und Ausstattung erheblich unterscheiden. Die größte amerikanische Kette, deren Campingplätze man fast überall findet, heißt KOA (= *Kampgrounds of America*). Die KOA-Plätze sind teurer als öffentliche oder kleine private Campingplätze, dafür aber verlässlich und gut ausgestattet. Alle KOA-Plätze haben Duschen, Waschmaschinen und einen Laden. In der Hauptreisezeit sollte man sich rechtzeitig einen Platz reservieren.

Einen Katalog bestellt man bei: Texas KOA Kampgrounds Owners Association, 602 Gembler, Austin, TX 78744. Unter www.koakampgrounds.com kann man Reservierungen online vornehmen.

Eine Liste kleinerer privater Campingplätze findet man unter www.rving.com. Über die Campingplätze in den Nationalparks, die meistens spartanisch ausgestattet, dafür aber landschaftlich schön gelegen sind, kann man sich unter www.nps.gov informieren. Wildes Campen ist in Texas wie überall in den USA verboten.

Gästeranches

Ein paar Tage auf einer Ranch mit Pferden und Ausritten gehören für viele zu einem Texasurlaub einfach dazu. Die meisten Gästeranches (Dude Ranches) befinden sich im landschaftlich reizvollen Hill Country bei Austin. Detaillierte Informationen und verschiedene Ranches findet man im Internet unter: www.duderanches.com

UNTERWEGS IN TEXAS

Leihwagen

Ein Leihwagen ist in Texas die einfachste und bequemste Fortbewegungsmöglichkeit. Mit Bus oder Bahn kann man viele Orte nicht erreichen und man ist durch Fahrpläne und Platzreservierungen weniger flexibel. Bahnfahren ist außerdem sehr teuer, und auch die Greyhoundbusse sind nicht so billig, wie man meinen sollte. Ab zwei Personen ist daher ein Leihwagen auch finanziell die beste Lösung. Am einfachsten ist es, schon vor der Abreise einen Wagen zu reservieren. Unter den Leihwagenfirmen, deren Autos man international reservieren kann, ist meistens Dollar Rent-A-Car am billigsten (www.dollarcar.com). Ohne Kreditkarte einen Wagen zu mieten ist völlig unüblich und immer mit einer hohen Kaution verbunden. Bei Leihwagenfirmen gilt ein Mindestalter zwischen 21 und 25. Teilweise müssen Fahrer unter 25 Jahren einen Zuschlag zahlen. Es lohnt sich also, die Preise und Mietbedingungen zu vergleichen.

Busse

Greyhound Busse fahren alle größeren und viele kleinere Orte an. Wer mit dem Greyhound durch Texas reisen möchte, sollte vor Reiseantritt den Greyhound Ameripass kaufen, der nach dem Interrail Prinzip funktioniert. Es gibt ihn für 5, 7, 15, 30 oder 60 Tage und man kann in diesem Zeitraum unbegrenzt viele Meilen zurücklegen. Um sich über aktuelle Greyhound-Fahrpläne zu informieren, ruft man in Texas die gebührenfreie Nummer 1-888-GLI PASS an. Man sollte immer etwa 45 Minuten vor Abfahrt am Terminal sein. Da die Greyhound Terminals häufig in eher ungemütlichen Stadtteilen liegen, sollte man darauf achten, möglichst Busse zu nehmen, die vor Einbruch der Dunkelheit ankommen. Dies gilt besonders dann, wenn man in eine Stadt fährt, die man noch nicht kennt. Weil nur begrenzt Plätze zur Verfügung stehen, empfiehlt es sich, Reservierungen vorzunehmen. Dies ist allerdings nur persönlich an einem Busterminal vor Ort möglich. Weitere Informationen erhält man in Reisebüros, unter www.greyhound.com oder bei Greyhound International, 625 Eighth Ave., New York City, NY 10018, U.S.A., Tel. 212-971-0492.

Zugfahren

Das Streckennetz in Texas ist äußerst dünn und die Strecken werden nur unregelmäßig befahren. Die wenigen Eisenbahnverbindungen, die es gibt, fahren allerdings interessante Strecken ab und führen in die wichtigsten Städte. Der Sunset Limited von New Orleans nach Los Angeles hält in Texas in Beaumont/Port Arthur, Houston, San Antonio, Del Rio, Alpine (in der Nähe des Big Bend Nationalpark) und El Paso. Der Texas Eagle von Chicago nach Los Angeles hält in in Texarkana, Mineola, Marshall, Longview,

Dallas, Fort Worth, Cleburne, McGregor, Taylor, Austin, San Marcos und San Antonio. Es gibz besondere Angebote für europäische Reisende, über die man sich in Reisebüros oder unter www.amtrak.com informieren kann. Fahrten mit den komfortablen Amtrak-Zügen sind ein eher luxuriöses Vergnügen, langsam und nicht billig.

Motorrad

Wer schon immer davon geträumt hat, mit einer Harley über die endlosen texanischen Highways zu brausen, kann dies leicht in die Tat umsetzen. Motorräder kann man vor Ort ausleihen, einfacher ist es allerdings sie schon vor Reiseantritt zu reservieren. Die Motorräder des Verleihers Cruise America, der Anmietstationen in Dallas und Houston hat, können direkt unter www.cruiseamerica.com gebucht werden.

Fliegen

In einem riesigen Staat wie Texas lohnt es sich u. U. lange Strecken zu fliegen. Alle größeren texanischen Städte haben Flughäfen. Wenn man sich rechtzeitig informiert, kann man manchmal erstaunlich billige Flüge finden. Die Fluggesellschaftz Southwest hat fast immer die günstigsten Angebote und fliegt Amarillo, Austin, Corpus Christi, Dallas, El Paso, Harlingen, Houston, Lubbock und Midland/Odessa an. Weitere informationen findet man unter www.southwest.com.

URLAUBSAKTIVITÄTEN

Angeln

Nach Alaska ist Texas der amerikanische Staat mit den meisten Flüssen und Seen, in denen 247 verschiedene Fischarten leben. Dazu kommt die tausend Kilometer lange Meeresküste, die die Möglichkeit zum Hochseefischen bietet. Wer nicht aus Texas stammt, braucht zum Angeln eine Lizenz. Sie wird in den meisten Sport- und Angelgeschäften verkauft. Weitere Informationen findet man unter www.tpwd.state.tx.us/fish.

Birding

Ob im Big Bend-Nationalpark oder Rio Grande – irgendwo sieht man bestimmt einmal eine mit Ferngläsern ausgerüstete Wandergruppe auf der Suche nach einer seltenen Vogelart. Wegen der landschaftlichen und klimatischen Vielfalt sind in Texas fast alle amerikanischen Vögel vertreten, insgesamt über 600 Arten. In den Hafenstädten am Golf von Mexiko werden auch Bootsfahrten zum *birding* angeboten. Auch für vogelkundliche Laien empfehlenswert sind die Bootsausflüge vom kleinen Hafenort Rockport nördlich von Corpus Christi, denn an diesem Küstenstück überwintert u. a. eine seltene Kranichart.

Kajak & Kanu

An der Küste kann man in vielen Hafenorten Kajaks und Kanus für Ausflüge aufs Meer mieten, so etwa in Galveston, Corpus Christi und auf Padre Island. Auch viele Flüsse und Seen kann man mit Kanu oder Kajak erkunden. Besonders geeignet sind zum Beispiel der Caddo Lake in Osttexas, der Colorado in der Gegend von Austin oder der Big Bend Nationalpark, wo der Rio Grande durch Schluchten fließt, die man nur vom Wasser aus wirklich erleben kann.

Reiten

Natürlich ist Reiten im Cowboystaat eine beliebte Freizeitbeschäftigung. Um Texas im Sattel zu erleben, kann man sich auf einer Gästeranch (Dude ranch) einmieten, wo man Reitstunden nehmen und an geführten Ausritten teilnehmen kann. In vielen Orten gibt es außerdem Reitställe. Auch manche State Parks bieten die Möglichkeit zum Reiten. Im Huntsville State Park kann man zum Beispiel in den Lake Raven Stables Pferde mieten und auf organisierten Ausritten die Gegend kennenlernen. Reitställe gibt es außerdem im Lake Livingston State Park, im Caprock Canyon State Park und im Palo Duro Canyon State Park. In Study Butte oder Lajitas kann man Pferde mieten und dann in den Big Bend-Park hineinreiten. Dazu

bieten sich etwa die Big Bend Stables in Study Butte oder die Lajitas Stables in Lajitas an.

Scenic Driving

Autofahrten durch die texanische Landschaft sind ein Erlebnis, und erst wenn man einmal im dünn besiedelten Westen stundenlang über schnurgerade Highways gefahren ist, kann man sich ein Bild von den riesigen Ausmaßen des Staates machen. Landschaftlich besonders reizvolle Strecken sind der **Trans-Mountain Highway** bei El Paso, der **Davis Mountains Loop** bei Fort Davis, die **River Road** von Lajitas nach Presidio, der **Basin Drive** und der **Ross Maxwell Scenic Drive** im Big Bend Nationalpark, die Strecke durch den **Palo Duro Canyon** im Panhandle, der **Willow City Loop** im Hill Country, die Küstenstrecke von Rockport zum Aransas National Wildlife Refuge, die Route durch den Big Thicket National Preserve und die Strecke vom Daingerfield Park zum Caddo Lake. Ausführliche Beschreibungen dieser und anderer Routen findet man in dem Buch »Scenic Driving Texas«, das in Buchhandlungen vor Ort erhältlich ist.

Schwimmen

Ein paar Tage an einem der vielen Seen oder an der Golfküste sind eine erholsame Ergänzung einer Rundreise durch Texas. Die Highland Lakes in der Nähe von Austin sind zum Beispiel beliebte Ausflugsziele, an denen Großstadttexaner Erholung suchen. An der Golfküste gibt es unendliche Sandstrände. Auf Padre Island und Mustang Island findet man unberührte und leere Strände. Galveston oder South Padre Island sind lebhafte Badeorte. Ein netter Badeort ist auch das kleine Port Aransas.

Surfen

Die Wellen auf dem Golf von Mexiko sind meistens nicht sehr hoch. Für Anfänger ist die texanische Küste daher ideal. Am südlichen Teil der Golfküste und auf den vorgelagerten Inseln sind die Bedingungen zum Surfen meistens besser als im Norden. In South Padre Island gibt es sogar eine kleine Surferszene.

Während man auf große Wellen oft vergeblich wartet, weht meistens aber doch ein kräftiger Wind. Die Voraussetzungen zum Windsurfen sind daher deutlich besser als zum Wellenreiten. Ideale Bedingungen herrschen wiederum in South Padre Island, wo jeden Mai das bekannte ›South Padre Island Windsurfing Blowout‹ stattfindet. Eine wasserlose Variante des Surfens kann man u. a. im Monahans Sandhill State Park bei Odessa ausprobieren, wo riesige Dünen zum Sandsurfen einladen.

Tubing

Ein *tube* sieht etwa wie der Gummischlauch eines Traktorreifens aus. Man setzt sich einfach rein, lässt die Füße ins Wasser baumeln und treibt in aller Ruhe – oder je nach Strömung auch schneller – einen Fluss herunter. Die Tube-Verleihe organisieren meistens auch eine Busverbindung zu gekennzeichneten Abholpunkten, so dass man sich lange Strecken treiben lassen kann, ohne sich Sorgen über den Rückweg zu machen. Der Guadalupe River und der Comal River im Hill Country bei New Braunfels sind dazu sehr beliebt (zum Beispiel im Landa Park). Auch bei Bandera gibt es mehrere Geschäfte, die Tubes nicht nur verleihen, sondern ihre Kunden dann auch ein Stück den Medina River hochfahren, so etwa die Medina River Company am Highway 16 etwas nördlich von Bandera.

Wandern

Die beiden Nationalparks – die Guadalupe Mountains und der Big Bend Park – sind wahre Wanderparadiese. In beiden gibt es gut ausgeschilderte Wanderrouten der unterschiedlichsten Schwierigkeitsgrade. In Rangerstationen erhält man Wanderkarten, man erfährt Wissenswertes über den Zustand der Strecken und über die aktuellen Wetterbedingungen. Die Ranger bieten manchmal auch geführte Wanderungen oder thematische Spaziergänge an, auf denen man über Flora und Fauna der Gegend unterrichtet wird. Weitere Informationen unter www.nps.gov.

Die vier großen texanischen Nationalwälder befinden sich im dicht bewaldeten Osten des Staates: Der Angelina National Forest, der Davy Crockett National Forest, der Sabine National Forest und der Sam Houston National Forest. In diesen Waldgebieten gibt es nicht nur viele Wanderstrecken, in jedem der vier Wälder gibt es auch mindestens einen See und mehrere Campingplätze.

REISEINFORMATIONEN VON A BIS Z

Alkohol

Etwa ein Fünftel aller Verwaltungsbezirke in Texas sind ›trocken‹, d. h. Alkoholverkauf und Ausschank sind völlig verboten. In ›halbtrockenen‹ Bezirken sind Bier und Wein, aber keine härteren Getränke erlaubt. In vielen Gegenden werden sonntags keine alkoholischen Getränke verkauft. Man muss über 21 Jahre alt sein, um Alkohol zu kaufen oder in Lokalen zu bestellen. Alkoholkonsum ist an allen öffentlichen Plätzen und auch im Auto streng verboten.

Autofahren

Von der Rush Hour in Großstädten abgesehen ist Autofahren in Texas angenehm und geruhsam. Man fährt langsamer und durch die schachbrettartige Anlage vieler Orte fällt die Orientierung in Städten leichter als in Europa, die Beschilderung ist meistens gut. Die Verkehrsregeln unterscheiden sich nur in wenigen Punkten: Außer wenn es explizit verboten ist, darf man an roten Ampeln rechts abbiegen. Man darf auf mehrspurigen Straßen auch rechts überholen, daher ist beim Spurwechseln Vorsicht geboten. Ausfahrten auf Autobahnen können sich auch links befinden. Die zulässigen Höchstgeschwindigkeiten liegen im Stadtgebiet meistens bei 20 bis 35 Meilen, auf Landstraßen häufig bei 55 Meilen und auf Autobahnen zwischen 55 und 70 Meilen. Wer Mitglied des ADAC ist, kann die Hilfe des größten amerikanischen Automobilclubs, AAA, in Anspruch nehmen. Die Notrufnummer der Polizei ist überall 911.

Behinderte

Texas ist besser als die meisten Reiseländer auf Behinderte eingerichtet. Es gibt fast immer behindertengerechte Eingänge, Hotel- und Motelzimmer, WCs, Telefonzellen etc. Vor Museen und Restaurants sind immer einige Parkplätze für Behinderte reserviert. Manche der größeren Leihwagenfirmen (z. B. Avis und Dollar) haben behindertengerechte Autos im Programm. Auch die amerikanischen Fluggesellschaften müssen dafür sorgen, dass ihre Maschinen für Behinderte zugänglich sind. Über die Homepage der Disability Travel Services, www.dts.org, findet man zum Beispiel Reiseführer, Reisebüros und Newsletters, die sich auf die Bedürfnisse Behinderter spezialisiert haben.

Diplomatische Vertretungen

Deutsches Generalkonsulat:
1330 Post Oak, Suite 1850, Houston, Tel. 713-627-7770.
Weitere deutsche Konsulate:
5580 Peterson, Suite 160, Dallas, Tel. 972-239-0788.
5440 Old Brownsville, Corpus Christi, Tel. 512-289-2416.
Konsulat der Schweiz:
1000 Louisiana, Suite 5670 Houston, Tel. 713.650-0000.

Konsulat Österreichs:
1535 West Loop South, Suite 2480, Houston, Tel. 713-623-2233.

Feiertage

An Feiertagen sind zwar Banken und Behörden geschlossen, die meisten Geschäfte und Restaurants sind aber trotzdem geöffnet. Manche offizielle Feiertage werden in den USA jedes Jahr neu datiert, damit sie immer auf einen Montag fallen und den Arbeitnehmern so ein langes Wochenende verschaffen.

1. Januar	New Year
Dritter Montag im Januar	Martin Luther King Day
Dritter Montag im Februar	President's Day
2. März	Texas Independence Day
21. April	San Jacinto Day
Letzter Montag im Mai	Memorial Day
4. Juli	Independence Day/ Nationalfeiertag
Erster Montag im September	Labor Day
Zweiter Montag im Oktober	Columbus Day
11. November	Veteran's Day
Vierter Donnerstag im November	Thanksgiving
25. Dezember	Christmas Day

Festivals, Fiestas und Fairs

Januar
Cotton Bowl Classic: In Dallas findet dieses wichtige Spiel im College Football statt.
Livestock Show & Rodeo: Typisches Rodeo in Fort Worth.
Janis Joplin Birthday Bash: in ihrer Geburtsstadt Port Arthur wird die legendäre Rocksängerin gefeiert.

Februar
Texas Citrus Fiesta: In dem kleinen Ort Mission am Rio Grande feiert man die Texas Ruby Red Grapefruit.
Southwestern Livestock Show & Rodeo: Traditionelles Rodeo in El Paso.
Mardi Gras: Es mag an der Nähe zu Louisiana liegen, dass der Karneval besonders in Osttexas groß gefeiert wird, so etwa in Jefferson, Port Arthur und Galveston.
Charro Days: mexikanisches Rodeo in Brownsville.

März
Rattlesnake Roundup: Bei diesem Fest wird in Sweetwater die Klapperschlange geehrt.
St. Patrick's Day: Der irische Nationalfeiertag wird nicht nur in Dublin (Dublin, Texas natürlich), sondern auch in anderen Städten groß gefeiert.
Easter Fires: Das Osterfest wird in Fredericksburg mit historischem Umzug und mit Osterfeuern begangen.

April
Buffalo Bayou Regatta: Großes Kanurennen in Houston.
Bluebonnet Trail Spring Celebration: Im Gebiet der Highland Lakes bei Austin werden die im April in voller Blüte stehenden Lupinen gefeiert, die

schließlich die texanische National-
blume sind.

Fiesta San Antonio: Eines der ältesten
Volksfeste in Texas.

Mai

Cinco de Mayo: der mexikanische
Nationalfeiertag wird in vielen Orten
fast genauso groß gefeiert wie der
amerikanische Unabhängigkeitstag.

Juni

Dog Days of Summer: In Denton un-
terhält ein Umzug verkleideter Hunde die Besucher.

Frontier Days & Rodeo Celebration:
Rodeo und Jahrmarkt in Van Horn.

Chisholm Trail Roundup & Powwow:
In Fort Worth wird der legendäre
Chisholm Trail gefeiert, u. a. mit Indi-
anertänzen beim Powwow.

Viva El Paso: Dieses sehenswerte Musical über die Geschichte von El Paso
wird an den Wochenenden von Juni
bis August aufgeführt.

Juneteenth: Feiert die Befreiung der
afroamerikanischen Texaner aus der
Sklaverei, u. a. in Richmond.

Juli

West of the Pecos Rodeo: Das älteste
Rodeo der Welt findet immer noch
jedes Jahr in Pecos statt.

July 4: Der amerikanische Unabhängigkeitstag wird im ganzen Staat mit
Festen und Feuerwerken begangen.

August

Houston International Jazz Festival:
Hier treten auf diversen Freiluftbüh-
nen bekannte Jazzkünstler auf.

September

Pioneer Days: Viel Country und
Westernunterhaltung in den Stockyards von Forth Worth.

Fiesta Patrias: Große hispanische
Fiesta in Houston.

National Championship Powwow:
Bei diesem Fest in Grand Prarie kommen Indianerstämme aus den gesamten USA zusammen.

Oktober

Oktoberfest: texanische Variante des
Münchener Originals in Fredericksburg.

Seafair: Musik, Flohmarkt und viel
Fisch und Seafood in Rockport.

**Memorial Championship Chili Cook-
off:** Dieser Chili-Kochwettbewerb in
Terlingua ist Kult.

November

Gathering of the Clans: texanische
Version der schottischen Highland
Games mit Dudelsackspielern und
Schottenröcken.

Dezember

Dickens on the Strand: Musik, Theater und viele Verkleidungen, die an
das viktorianische England erinnern,
in Galveston.

Fiestas de las Luminarias: Weih-
nachtlicher Umzug in San Antonio.

Kristkindlmarkt: pseudodeutscher
Weihnachtsmarkt in Fredericksburg.

Campfire Christmas: Weihnachts-
feiern am Lagerfeuer auf der George
Ranch bei Houston.

Geld

Es ist zwar durchaus möglich in Texas
ohne Plastikgeld zu überleben, aber
man macht sich das Leben damit un-
nötig schwer. Wer mit Kreditkarte
reist, muss weniger Bargeld mitneh-
men, und gerade in Notfällen ist die

Karte viel wert. Die gängigsten Kreditkarten sind Mastercard und Visa. Ganz ohne Bargeld kommt man aber auch nicht aus, denn einfache Lokale, Kneipen und Cafés nehmen Kreditkarten häufig nicht. In Banken kann man mit einer Kreditkarte auch Bargeld erhalten; die Gebühren für ein solches *cash advance* sind aber sehr hoch. Um nicht zu große Mengen Bargeld mit sich herumzutragen, empfehlen sich außerdem auch kleine Dollar-Reiseschecks, die überall akzeptiert werden. Euroschecks werden nicht akzeptiert.

Gesundheit

Da die meisten europäischen Krankenkassen die Kosten für Behandlungen in den USA nur zum Teil oder auch gar nicht übernehmen, sollte man eine Reisekrankenversicherung abschließen. Am günstigsten ist meistens ein Versicherungspaket, das auch Haftpflicht, Unfall- und Gepäckversicherung miteinschließt. Die Behandlungskosten beim Arzt oder in der Notaufnahme eines Krankenhauses müssen bar oder mit Kreditkarte beglichen werden. Sie werden dann später von der Reisekrankenversicherung bei Vorlage des Belegs zurückerstattet. Medikamente gibt es in Drugstores oder Supermärkten. Einfache Medikamente wie Erkältungsmittel oder Schmerztabletten sind dort rezeptfrei und billig.

Kinder

Texas ist wie der Rest der USA ausgesprochen kinderfreundlich. Restaurants haben praktisch immer Kinderstühle und bieten häufig Kinderportionen zu günstigen Preisen an. Auch viele Museen haben Abteilungen, die kindgerecht gestaltet sind. Ein Problem kann es bei Übernachtungen in B&Bs geben, die manchmal keine Kinder akzeptieren (bei telefonischer Reservierung unbedingt nachfragen).

Maße und Einheiten

Längen
1 inch (in.) = 2,54 cm
1 foot (ft.) = 30,48 cm
1 yard (yd.) = 3 ft. = 0,91 m
1 mile (mi.) = 1760 yd. = 1,61 km
Flächen
1 square inch = 6,45 cm^2
1 square foot = 0,9 m^2
1 square yard = 0,84 m^2
1 acre = 4840 square yards = 4046,8 m^2
1 square mile = 2,59 km^2
Hohlmaße
1 pint (pt.) = 0,47 l
1 quart (qt.) = 2 pints = 0,95 l
1 gallon (gal.) = 4 quarts = 3,79 l
1 barrel (bl.) = 119,23 l
Gewichte
1 ounce = 28,35 g
1 pound = 16 ounces = 453,59 g
1 ton = 907 kg

Medien

Wer sich für texasspezifische Themen interessiert, sollte einen Blick in das monatliche Magazin *Texas Monthly* werfen, in dem man immer gute Artikel über Kultur, Politik und Life Style findet. Überregionale amerikanische Tageszeitungen wie *USA Today* und

New York Times sind in Texas fast überall erhältlich, mit der internationalen Presse sieht es allerdings deutlich schwieriger aus. Die großen amerikanischen Fernsehstationen ABC, CBS, NBC und Fox werden überall empfangen; viele Motels und Hotels haben auch den Spielfilmkanal HBO.

Mexiko

Für Aufenthalte von weniger als drei Tagen braucht man in Mexiko kein Visum. Während man auf dem Weg nach Mexiko meistens überhaupt nicht kontrolliert wird, muss man auf dem Rückweg nach Texas mit einer Kontrolle rechnen und daher unbedingt den Reisepass und den Abschnitt des bei der Ankunft ausgefüllten Einreiseformulars dabei haben. Wer mit dem Leihwagen unterwegs ist, sollte die genauen Leihbedingungen durchlesen, denn die meisten Firmen erlauben es ihren Kunden nicht, mit dem Wagen nach Mexiko zu fahren. Da die meisten Grenzstädte entlang des Rio Grande direkt neben mexikanischen Städten liegen, kann man das Auto auch einfach auf der texanischen Seite stehen lassen und den gegenüberliegenden mexikanischen Grenzort zu Fuß erkunden. Dies ist in El Paso/Juárez und Laredo/Nuevo Laredo ganz einfach, denn die Stadtzentren liegen nah zusammen.

Öffnungszeiten

Behörden sind meistens von montags bis freitags, jeweils von 9 bis 17 Uhr geöffnet, Banken ebenfalls nur montags bis freitags von 9 (oder 10) bis 15 (oder 16) Uhr, manche haben allerdings auch drive-through Schalter, die länger offen bleiben. Geschäfte im Einzelhandel öffnen meistens um 10 und schließen um 18 Uhr, in größeren Einkaufszentren auch erst um 20 Uhr. In allen größeren Orten gibt es Supermärkte, die rund um die Uhr geöffnet sind. Viele Museen sind montags geschlossen (genauere Angaben zu einzelnen Museen im Reiseteil).

Post

Das Kennzeichen der U.S. Mail ist eine US-Flagge. Ihre landesweiten Öffnungszeiten sind Mo–Fr 9–17 bzw. 18, Sa 8–12 Uhr. Briefmarken gibt es auch in Hotels und in Geschäften, die Postkarten verkaufen. Telefonieren kann man auf Postämtern nie.

Steuern

In den USA wird auf die Preise immer noch eine Verkaufssteuer *(sales tax)* aufgeschlagen. In Texas beträgt sie 8,25 %. Auch in Hotels kommen zu den Preisen immer noch Zimmersteuern *(room taxes)* hinzu, die von Stadt zu Stadt unterschiedlich sind. Am meisten kassiert El Paso mit 15 %.

Strom

Die Stromspannung in Texas beträgt wie überall in den USA 110 V. Auch umschaltbare Elektrogeräte sind nicht ohne weiteres zu benutzen, da Stecker und Steckdosen eine andere Form haben. Adapter gibt es in jedem

Elektrogeschäft, z. B. in der Kette Radio Shack.

Telefon

Telefonieren ist in Texas nicht ganz einfach. Die privaten Telefongesellschaften haben unterschiedliche Systeme und auch in Hotels gibt es immer verschiedene Möglichkeiten, eine Nummer in den USA oder auch in der Heimat anzurufen. Es ist meistens unverhältnismäßig teuer, einen Anruf über das Hotel abzurechnen. Wer häufiger in Europa anrufen möchte, sollte sich am besten vor Reiseantritt eine internationale Telefonkarte – etwa der größten amerikanischen Telefongesellschaft AT&T – zulegen, mit der man von jedem privaten oder öffentlichen Telefon aus bargeldlos telefonieren kann.

Trinkgeld

Das normale *tip* ist 15 %, wenn man mit dem Service zufrieden war, eher 20 %. Es ist mehr als nur unhöflich kein Trinkgeld zu geben, denn Angestellte in Restaurants und in Hotels arbeiten für den Mindestlohn, der in den USA so niedrig ist, dass man davon unmöglich leben kann.

Wetter

Wetter und Temperaturen sind an der Küste und im Landesinnern unterschiedlich. Auch zwischen dem eher feuchten Osten und dem eher trockenen Westen gibt es ein deutliches Gefälle. Im Hochsommer ist es häufig wochenlang über 30 °C und die Temperaturen erscheinen besonders im Osten des Staates durch die Luftfeuchtigkeit noch höher. Im Winter sind Schnee und Frost äußerst selten. Besonders, wenn man sich an der Golfküste aufhält, sollte man immer die Wetterberichte verfolgen, denn Wetterveränderungen sind schneller und extremer als in Europa. Zwischen August und Oktober kann die Küste von Orkanen heimgesucht werden. Das nationale Wetterradio NOAA hat in Texas die Frequenz 162,4.

Temperaturen

0 °C =	32 °F
5 °C =	41 °F
10 °C =	50 °F
15 °C =	59 °F
20 °C =	68 °F
25 °C =	77 °F
30 °C =	86 °F
35 °C =	95 °F
40 °C =	104 °F

Zeitzonen

Texas liegt in zwei Zeitzonen. Der größte Teil des Staates gehört zur Central Time Zone (= mitteleuropäische Zeit minus sieben Stunden). Nur der äußerste Westen (El Paso und Umgebung) gehören zur Mountain Time Zone (= mitteleuropäische Zeit minus acht Stunden). Genau wie in Europa werden die Uhren im Frühling und im Herbst um eine Stunde umgestellt, allerdings zu anderen Terminen: Die Sommerzeit (Daylight Saving Time) beginnt am ersten Wochenende im April und endet am letzten Wochenende im Oktober.

ORTSREGISTER